EPRHAIM G. SQUIER

ASÍ ERA CENTROAMÉRICA EN 1850

(LA VISIÓN DE UN EMPRESARIO ESTADOUNIDENSE)

ERANDIQUE

COLECCIÓN

ASÍ ERA CENTROAMÉRICA EN 1850 (LA VISIÓN DE UN EMPRESARIO ESTADOUNIDENSE)
EPRHAIM G. SQUIER

Supervisión Editorial: Óscar Flores López
Diseño de portada: Andrea Rodríguez
Administración: Tesla Rodas—Jessica Cordero
Director Ejecutivo: José Azcona Bocock
Primera Edición
Tegucigalpa, Honduras—Diciembre 2025

INTRODUCCIÓN GEOGRÁFICA

En el año de 1850, que ocupaba yo la posición de representante diplomático de los Estados Unidos en Centroamérica, tuve el designio de visitar la bahía de Fonseca, que ocupa un punto geográfico de bastante importancia entre los estados de Nicaragua y San Salvador, en el océano Pacífico. Durante mi permanencia en el puerto de La Unión, me llamó la atención la circunstancia de que parte de la bahía sufría los fuertes vientos del norte, haciéndome inferir que debía existir una interrupción en la gran cadena de montañas de la cordillera, que, de otra manera, debía oponer una insuperable muralla a los vientos que soplan en aquella dirección. Mayores fueron mis presunciones cuando supe que los vientos del norte no se experimentan allí sino en el período en que dominan en la costa del Atlántico; y por último se confirmaron por la adicional circunstancia de que estos vientos corren, hasta llegar al Pacífico, por un estrecho espacio que no excede de cuarenta millas.

Así pues, subiendo el volcán de Conchagua, que se eleva sobre el puerto de La Unión, fijé mi anteojo hacia el norte, y sin ninguna sorpresa vi que, en efecto, las montañas de Honduras estaban completamente cortadas en aquella dirección.

Este hecho no me interesó entonces sino como un rasgo notable del carácter físico del país; y no fue sino hasta el año de 1852 que me ocurrió la idea de establecer por allí una comunicación interoceánica. En este tiempo, los reconocimientos prácticos del istmo de Tehuantepec, con objeto de establecer un camino de hierro entre los dos mares, habían dado por resultado la falta absoluta de puertos a propósito en los dos océanos. Además, el proyecto de una comunicación por aquel punto envolvía, políticamente, un grado de esperanza muy pequeño para proseguirlo con suceso, sino hasta que un nuevo orden de cosas se estableciera en México, el que, según la historia de aquel país, no debía esperarse dentro de muchos años.

Esta triste convicción persuadió al público que, en la necesidad de pasar para California, tenía que continuar la molesta y dilatada ruta del istmo de Panamá.

Entonces fue que las observaciones que yo había hecho en La Unión me indujeron a investigar si sería factible establecer un camino de hierro que cortara el continente y terminara en la bahía de Fonseca, lo que debía cumplir la predicción que había aventurado de que, por su posición y capacidad, debería ser con el tiempo el emporio del comercio y el centro de las empresas en aquella parte del continente. Pronto encontré que en el año de 1504 los empleados de la corona de España habían descubierto un pasaje entre los dos mares en esta línea, y que habían fundado la ciudad de Comayagua en la medianía del Atlántico y el Pacífico, con objeto de comunicar fácilmente con uno y otro, evitando las enfermedades, fatigas y privaciones que había experimentado en el viaje del Nombre de Dios a Panamá.

Habiendo comunicado mi pensamiento a unos pocos amigos personales y hombres de bastante espíritu público, fue adoptado por ellos, y se aprontaron a concurrir con el contingente necesario para los gastos de un prolijo reconocimiento del país en cuestión. En el acto procedí a la organización de un competente cuerpo de reconocimiento, y la fortuna me favoreció con la concurrencia y asistencia de personas de grandes conocimientos científicos y de una práctica habilidad. Debo aquí mencionar los nombres del teniente W. N. Jeffers, últimamente profesor de matemáticas en la Academia de Navegación de los Estados Unidos; del Dr. S. W. Woodhouse, cuyas calificaciones en la expedición del gobierno al Colorado, en California, bajo las órdenes del capitán Sitgreaves, habían sido satisfactoriamente formadas; y de M. D. C. Hitchcock, que acompañaba la expedición como dibujante.

Esta salió de los Estados Unidos en febrero de 1853, y en abril siguiente comenzó sus operaciones en el terreno, tomando la bahía de Fonseca por punto de partida. La exactitud de mis primeras experiencias pronto se verificó. Una línea de observaciones y medidas barométricas fue seguida a través del continente por el teniente Jeffers. Otra igual, desde León de Nicaragua hasta la ciudad de Comayagua, en Honduras, llevó el Dr. Woodhouse; y otra tomé yo mismo desde Comayagua hasta Santa Rosa, en el extremo occidental de Honduras, y de allí a la ciudad de San Salvador, en el estado del mismo nombre, recorriendo este desde Sonsonate hasta La Unión, punto de nuestra partida.

Sobre las observaciones y hechos recogidos en este reconocimiento está fundada la memoria que, precipitadamente escrita, presento ahora. No creo de más manifestar que mi primitiva intención fue ilustrarla con un pequeño Mapa de Honduras y San Salvador; y que si he dado la forma y extensión que tiene el que acompaña este volumen, ha sido en la convicción de que el interés público no sería satisfecho con un simple detalle de los rasgos físicos y característicos de aquellos poco conocidos, pero importantes estados.

En el deseo de presentarlo de una manera inteligible, he tenido que seguir en un todo mis propias observaciones. En verdad, todo ha sido preciso formarlo: no hay una sola autoridad acreditada, no hay un solo dato que pudiese servir de núcleo para una agregación de hechos. La condición primera de Centroamérica bajo el celoso y exclusivo sistema colonial de España, y las deplorables circunstancias en que se ha encontrado desde la independencia, han sido bastante desfavorables para toda clase de investigaciones, aun en los departamentos geográfico y estadístico. Todo lo que pertenece a la historia, caracteres naturales, clima, población, producciones, comercio y riqueza del país, está en una casi completa ignorancia. Aun las personas que se supone estar mejor instruidas sobre las peculiaridades del país, no son capaces de dar un informe circunstanciado y exacto acerca de ellas, y el investigador tiene que sujetarse a su propio trabajo, tan penoso y difícil, que no deja de desalentar. En vano se buscan libros impresos o documentos que lo ayuden. De los pocos que puede recoger no hay una sola colección completa, y en vano se buscan también datos en los archivos públicos, donde un total abandono y falta de orden hace imposible adquirir ninguno.

Podía suponerse que, respecto a la geografía general del país, o de algunos estados, fuese fácil encontrar informes claros y positivos; pero, excepto un mapa del solo estado de Guatemala hecho por don Alejandro Marure, intitulado «Atlas de Guatemala, en ocho cartas formadas y grabadas en Guatemala, de orden del jefe del Estado ciudadano Dr. Mariano Gálvez, año de 1832», puede decirse que ninguno hay grabado del todo o parte de Centroamérica. Los pocos mapas, así llamados, que existen en los archivos de algunos estados, apenas difieren de las rudas pistas que forman los indios para guiar a sus compañeros en el camino de la guerra. Sin embargo, fui bastante afortunado en encontrar en poder de una persona residente en San Salvador un mapa sin concluir, intitulado «Mapa del Reino de Guatemala, año 1810, por el coronel Lacierba, ingeniero real». Este mapa, por lo que hace a Costa Rica, Nicaragua y Guatemala, está concluido, y según mis observaciones en los puntos que he recorrido, es exacto. Empero, para mi trabajo fue de muy poca importancia, porque los estados de Honduras y El Salvador están completamente en blanco, y aun sin definir la línea costa del Pacífico. Así que no lo he seguido más que en lo que toca a la llamada «Costa Mosquito», cuya exactitud he confirmado por mí mismo. El mapa de Marure, siendo, como he dicho, solamente de Guatemala, tampoco pudo auxiliarme para la construcción del que presento, no teniendo, por consiguiente, ninguna fuente que pueda llamarse nativa o indígena.

Cuando Humboldt intentó la formación de un mapa de la Nueva España, notó la insuficiencia e inexactitud de todos los publicados. No solo lugares de importancia fueron equivocadamente colocados, sino que muchos caracteres geográficos, cadenas de montañas y grandes ríos, se pusieron donde no existían, y los que realmente debían incluirse se omitieron. «Muchos de los mapas americanos ejecutados en Europa», observa, «están llenos de nombres desconocidos en el país mismo. Estos errores se han perpetuado, y difícilmente se puede encontrar su origen».

México era un país, comparativamente, mejor conocido que Centroamérica; y si sus mapas eran equivocados, los de esta debían considerarse como absurdos geográficos. Aun en los últimos tiempos en que las costas se han definido con exactitud, el interior ha permanecido en una oscuridad como cien años antes.

Los últimos mapas, algunos de ellos bastante pretenciosos, son en su mayor parte conjeturales, y las descripciones geográficas que contienen son absolutamente inaplicables al país que quieren representar. Citaré un solo ejemplo que demostrará mejor el poco conocimiento que el mundo ha tenido de Centroamérica. No obstante que el proyecto de abrir una comunicación entre los mares, vía de Nicaragua, se discutía hay trescientos años, todos los mapas que habían llegado a mis manos presentaban una alta cadena de montañas interponiéndose entre el lago de Managua y el Pacífico. La ciudad de León la colocaban sobre una montaña o rodeada de estas; y en todo lo que tenía relación con el canal interoceánico, se hacía referencia, como muy importante para la empresa, de un río llamado «Tosta», inmediato al puerto del Realejo. ¡Y bien! Montaña alguna no hay entre el lago de Managua y el Océano; la ciudad de León está en el propio centro de un vasto llano; y el tal río «Tosta» no ha existido jamás, como se demuestra en el mapa de aquel estado que publiqué en 1851. Y aun en el de Mr. Baily, publicado en Londres en el mismo año, se presenta una no interrumpida cadena de montañas que se extiende desde el lago de Managua hasta el golfo de Fonseca; cuando no hay tal cadena, pero ni una montaña, excepto una serie de conos volcánicos, enteramente separados uno de otro, que se elevan en el plano. Estos errores son todavía más sorprendentes, en razón de que Mr. Baily fue empleado por el general Morazán, presidente de la antigua federación de Centroamérica, para hacer un reconocimiento en el istmo de Nicaragua sobre el proyectado canal.

Por otra parte, la ciudad de Comayagua, capital de Honduras, que era grande y floreciente antes que Hudson descubriera la bahía de New York, algunas veces varía más de un grado de su verdadera latitud y longitud, y en muchos mapas lleva el nombre de Valladolid, que hay más de ciento cincuenta años que no se usa. La ciudad de Tegucigalpa, la primera de Honduras en punto a población, tiene todavía una posición más variada.

Entre las cosas desagradables para viajar en Centroamérica es el estereotipado uso que hacen los mapas de nombres de lugares que, si alguna vez los han tenido, al presente son desconocidos, o que son miserables aldeas que no merecen ser colocadas sino en mapas locales, mientras que muchos de importancia no se encuentran absolutamente. Así es que vemos en los de Honduras a Tambla, y no están Las Piedras y la villa de San Antonio, que existen en el mismo llano. Y Tambla no es más que una aldea de doscientos habitantes, en tanto que Las Piedras tiene cinco mil y la villa de San Antonio dos mil quinientos. Además, en el departamento de Gracias, en el mismo estado, Guancapla, una colección de pocos ranchos, es claramente indicada, y Santa Rosa, una grande y hermosa ciudad, que contiene seis mil habitantes, está absolutamente omitida.

Estos ejemplos pudieran llevarse a lo infinito; pero ellos son errores debidos a los pocos informes que el mundo ha tenido de estos países. Los que se han ocupado en formar mapas, destituidos de toda especie de datos exactos, se han visto obligados a copiar las obras de sus antecesores, y han contribuido así a la perpetuación de los errores. Los que los han hecho, con poco o ningún cuidado, son en cierto punto excusables, porque el poco interés que se había tenido del país no los estimulaba a hacer una exacta investigación de él. Hoy todo es diferente: no solo se conoce el valor de Centroamérica en todos sus puntos de vista, sino que ya el espíritu de empresa se dirige progresivamente sobre aquel lugar privilegiado.

Pero aparte de los errores puramente geográficos, hay otros en varios mapas de Centroamérica que no tienen excusa ninguna. Hablo de esa servil perpetuación seguida por los mapas americanos de la arbitraria división política del país, hecha por las autoridades inglesas, sosteniendo así las injustas pretensiones del gobierno británico. Este servilismo de los autores americanos demuestra cuán poco trabajo se han tomado para verificar los hechos que han procurado representar, y cuán profunda ha sido la ignorancia en que han permanecido acerca de las pretensiones inglesas en Centroamérica. Varios mapas publicados en el espacio de un año en los Estados Unidos merecen la más severa censura en este respecto.

Tomaré, para probar la justicia de esta censura, y para aprovechar la oportunidad de corregir varios desatinos sorprendentes, un mapa intitulado «Johnston's Illustrated and Embellished Map and Chart of the New World. New York, 1854». Conviene observar que, aunque este mapa tiene errores por lo que toca tanto geográfica como políticamente, es menos digno de crítica que las nueve décimas partes de los otros.

1.° En primer lugar encontramos en todos los mapas a Vera Paz como un estado independiente. Este es, y ha sido siempre, un departamento de Guatemala.

2.° Los límites del asentamiento británico de Belice, que son claramente definidos por los tratados celebrados entre Inglaterra y España, extendiéndose solamente del río Jabón al río Hondo, se representan incluyendo cuatro veces más territorio que el que legítimamente corresponde, y extendiéndose desde el río Hondo hasta la bahía de Amatique. Tales límites jamás fueron reconocidos ni por España, ni por los herederos de los derechos de su territorio en esa cuarta parte del mundo, ni por los Estados Unidos, ni por ningún país civilizado. Esas son pretensiones impudentes, que los autores de mapas ingleses, accesoriamente a los designios de su gobierno, han adoptado sin escrúpulo. Si se colocara el estado de Michigan como una parte del Canadá Occidental, sería la mayor ofensa a la verdad; y si los autores americanos aceptaran tal pretensión, no sería más absurdo que admitir las serviles divisiones políticas de Centroamérica hechas por las autoridades inglesas.

3.º Honduras, que se extiende de mar a mar, teniendo un frente de más de cincuenta millas en el Pacífico (golfo de Fonseca), es representado en este mapa como enteramente cortado antes del Océano por los estados de El Salvador y Nicaragua; cuando, como he manifestado, estos son separados por territorios de Honduras.

4.º Casi una tercera parte de todo Centroamérica está señalada como «Costa Mosquito», que se presenta como un distinto estado soberano. El término «Costa Mosquito» jamás ha tenido una significación política, sino que siempre se ha usado geográficamente para designar una porción de la costa oriental de Centroamérica. Los indios conocidos con el nombre de «Mosquitos» son solamente unos pocos miles de miserables salvajes, confinados en la costa sin ninguna clase de establecimientos. Esencialmente pescadores, apenas obtienen una escasa subsistencia en las numerosas lagunas cerca de la costa, y su tráfico consiste solo en unas pocas conchas de tortuga y alguna zarzaparrilla. Pero aun cuando estos salvajes se consideraran en el rango de nación, jamás podrían tener una pretensión de soberanía sobre la gran porción de territorio que este mapa señala. Mas no solo no tienen ninguna soberanía sobre la pequeña fracción que ocupan; no solo no la reclaman ni la desean, sino que ni tienen idea de nada; y es solamente la Gran Bretaña, por miras siniestras, la que la ha tomado a nombre de aquellos, hecho altamente reprobado por los Estados Unidos y por todas las naciones del globo. La porción de territorio atribuida a la ficticia nacionalidad mosquita por este mapa es hasta sobre el río Segovia, más allá de Honduras, tomando parte de Nicaragua.[1]

5.º Los límites de Costa Rica al norte no son exactos, ni concedidos por Nicaragua. Pero este error puede excusarse en razón de la disputa que hay entre estos dos estados; mas no parece propio que el autor de un mapa sea el que venga a decidir cuestiones de límites. Los verdaderos de Costa Rica están definidos en su propia constitución, extendiéndose desde abajo de la boca del río San Juan hasta el río Salto de Nicoya o Alvarado, cayendo al golfo de Nicoya. Consiguientemente, el territorio de Costa Rica no toca ni al río San Juan ni al lago de Nicaragua, sino que pasa por el sur de los dos. El mapa en cuestión es también erróneo en este respecto. En suma, en todo lo que concierne a Centroamérica no puede mirarse como una autoridad: puede servir solamente para confusión y extravío.

Sin embargo, debe advertirse que es general en su carácter, y que no pretende ninguna específica exactitud. No sucede lo mismo con un gran mapa recientemente publicado en Londres, y que ha sido generalmente aceptado como autoridad, llamado «Mapa de Centroamérica, incluyendo los estados de Guatemala, Honduras, San Salvador, Nicaragua y Costa Rica, etc., por John Baily, Esq. Trelawney Saunders, London, 1850».

No nos admira encontrar en este mapa comprendidas todas las pretensiones territoriales y la arbitraria división política hecha por el gobierno británico. Unas pocas brochas con colores han bastado para indicar la soberanía inglesa en las dos terceras partes del departamento de Vera Paz, en Guatemala, y convertir las islas de Honduras, en la bahía del mismo nombre, en dependencias británicas; y llevar la jurisdicción mosquita más allá de la mitad de los estados de Honduras y Nicaragua. No ha sido menos potente colocar la

---

[1] Escándalo del mundo, ofensa a la razón y a la justicia es la última división hecha por los agentes británicos de este territorio. Muchos son los pueblos de Honduras y Nicaragua que declaran «Mosquitos». Su línea comienza en Punta de Castilla, tomando el puerto de Trujillo, casi todo el departamento de Olancho, parte del de Tegucigalpa y todo el de Segovia, hasta el fuerte de San Carlos. Decidlo, hombres imparciales: ¿es esto respetar las propiedades de las naciones?

cuestión de límites entre el propio Nicaragua y Costa Rica a favor de este, en donde por una singular coincidencia ha predominado siempre la influencia británica[2]. Tales peculiaridades, atendido su origen, no deben absolutamente sorprender. Los que lo formaron bien deben haberse reído al conocer con qué servil ignorancia lo copiaron de este lado del Atlántico.

Confesaremos, no obstante, que en ciertos puntos es el que más se aproxima a la exactitud, aunque en algunos rasgos geográficos y políticos es deficiente, y en otros totalmente erróneo. Dejando a Guatemala y Costa Rica, hallamos en los otros estados una porción de errores bastante trascendentales, que son tanto más notables cuanto que Mr. Baily ha permanecido muchos años en Centroamérica, y viajado por algunos puntos de su territorio. Por ejemplo, en el estado de El Salvador coloca el río Lempa como divisorio entre este estado y el de Honduras, cuando corre en la mayor parte de su extensión por el centro longitudinal del último, y forma su límite norte solamente en unas pocas millas de su curso. Luego las aguas superiores del río Santiago, en el departamento de Gracias, las marca describiendo el segmento de un círculo de este a oeste, antes de tomar su curso general de este a norte, hasta el mar; cuando es precisamente todo lo contrario. Por consecuencia de este error, el pueblo y ruinas de Copán caen al territorio de Guatemala, siendo evidente que están bastante al interior de los términos de Honduras. La laguna de Yojoa se halla con la singular circunstancia de tener cinco bocas. El curso del río Humuya está demasiado inclinado al este de su verdadero curso. El Guallambre y el Guayape, que, en efecto, unidos forman el Patuca, que corre a la bahía de Honduras en Brus, son señalados como los principales afluentes del gran Segovia, que va al mar Caribe en el Cabo Gracias a Dios. También está representado este río, que nace en las montañas de Chile, alrededor del Ocotal o Nueva Segovia, como

---

[2] Si la excepcional influencia inglesa que se ha ejercido en Guatemala y Costa Rica hubiera sido puramente local, los pueblos de Centroamérica la habrían visto con la indiferencia o la compasión con que se ven los extravíos de la razón humana; pero desgraciadamente a esa influencia deben los otros estados la mayor parte de sus divisiones; a ella deben los ultrajes, los despojos y las exacciones injustas que sufrieron del cónsul Chatfield; y ella fue el agente más temible que se empleara para alcanzar ciertos fines de partido. ¡Pueda, en fin, el nombre centroamericano ocupar el lugar que había cedido a pequeños intereses!

naciente al este de aquellas montañas, y la cabeza de las aguas del río Escondido o Bluefields sustituyendo a las de aquel. El río Guascorán, que toma su origen cerca del del Humuya y corre al sur a la bahía de Fonseca, no se encuentra. Los errores sobre la colocación de los lugares no son menos notables, e infinitamente más numerosos. Estos, empero, son más disimulables, porque ellos serán puestos sin duda alguna por informes de personas mal orientadas de las distancias.

El distinguido geógrafo prusiano Berghaus es el primero que ha indicado con más aproximación a la verdad los grandes caracteres físicos de Centroamérica. En lugar de admitir una continua cadena de montañas extendiéndose por aquel país desde Tehuantepec hasta Panamá, dividió las montañas de Centroamérica en tres sistemas o grupos: 1.º el de Costa Rica, cuyo núcleo es el volcán de Cartago; 2.º el de Honduras; y 3.º el de Guatemala. Entre el primero y el segundo se interpone el bajo transversal del lago de Nicaragua, con una mínima altura de 480 pies; y entre el segundo y el tercero el plano de Comayagua, con sus dependientes valles, termina a una altura máxima de dos mil pies. Bajo este respecto, y en todos en general, el mapa de Berghaus publicado en su Physikalischen Atlas en 1840 ha sido, en un período reciente, el mejor de Centroamérica.

En explicación del de Honduras y San Salvador que ahora presento, debo advertir que los puntos sobre que la línea del proyectado camino de hierro por Honduras debe pasar fueron determinados por el teniente Jeffers por numerosas y prolijas observaciones astronómicas. Estos constituyen las bases calculadas de las relaciones de los lugares visitados por la expedición o sus miembros. Estos cálculos tienen la adicional confianza de que, tanto en Honduras como en El Salvador, el gran número de montañas y picos volcánicos que constantemente se presentan a la vista del viajero dan la mayor facilidad para determinar su posición con la mayor exactitud. Cuando se presentaba la oportunidad de examinar la situación de estos puntos, no se descuidaba, lo cual ha servido satisfactoriamente para la formación del mapa. Se notará que aquellos cuya posición se considera como aproximada a la exactitud están señalados con una pequeña raya debajo. Los otros son de la más cumplida que se ha podido obtener, y son muy pocos los que se han colocado como conjeturales. El curso del río Patuca, en la relativa posición de los pueblos situados en su cabecera, es tomado de un rústico mapa formado por los cortadores de madera establecidos en el río y sus tributarios. Muchos de los datos que contiene el mapa, dentro de los límites del departamento de Gracias, son extraídos del que formó don José María Cacho en 1834, actual secretario de Estado de Honduras.

De paso haré observar la poca confianza que se puede tener en los «itinerarios» que se publican en apéndice de algunos «calendarios» en Centroamérica, respecto a las distancias. Las computaciones son en leguas, obtenidas en general de los arrieros del país, que calculan tan vagamente las distancias como lo confiesan algunas veces con sencillez, «según las cualidades de sus mulas». He visto que en los comparativos terrenos planos de Honduras y San Salvador el valor de una legua raramente excede dos millas inglesas; y que en los distritos montañosos disminuyen a milla y media de distancia horizontal.

Cuanto he dicho acerca de los datos geográficos que contienen esta memoria y mapa incluso, puede considerarse también respecto de los hechos estadísticos que se presentan. Ellos son el resultado de observaciones y trabajos personales, pero formados de una manera que naturalmente deben tener imperfecciones. Por ejemplo, los hechos sobre la población han sido recogidos unos de los registros parroquiales, y otros de las irregulares tablas publicadas por las gacetas oficiales de cada estado. Pocos de los que no hayan emprendido un trabajo semejante podrán comprender cuántas fatigas e investigaciones se necesitan para obtener algún resultado en tan desfavorables circunstancias, y que después de agotar todos los esfuerzos posibles no se puede alcanzar una completa exactitud. Nadie más que yo mismo siente los defectos y deficiencias que esta memoria tiene sobre muchos puntos de interés general. Sin embargo, me lisonjeo de que ella será de alguna importancia sirviendo de punto de partida para lo sucesivo, y que, corrigiéndose sus errores y llenándose las omisiones que tenga, se concluirá por dar al mundo un todo completo y exacto del carácter, clima, riqueza, población y condición física y política de los estados de Centroamérica; y tengo la esperanza de que estos ensayos influirán en despertar la atención del pueblo y gobiernos de aquel país en recoger y publicar lo que contribuya a este objeto.

No hay más que una obra impresa en Centroamérica que intente dar una idea del país acerca de su carácter, riqueza, etc.: esta es la Historia del reino de Guatemala, por Juarros. Pero esta obra no es más que una pequeña transcripción de las crónicas municipales y monacales de Guatemala. Raramente se hace referencia de los rasgos físicos del país, y aun en un exagerado y maravilloso tono, que siempre denota la falta positiva de conocimientos. Historietas de la producción de una planta, como «la calabaza», o de los depósitos de los huevos de un insecto conocido con el nombre de «chapulín», son las que se encuentran en Juarros. Extraño parecerá decir, pero nada es más cierto, que todos los escritos que se han publicado en Centroamérica sobre el país mismo no han sido más que una repetición servil, rara vez cambiando de lenguaje, de las aserciones de Juarros.

Después de la independencia, don José del Valle, y posteriormente don Alejandro Marure, dedicaron su atención al estudio del país bajo su aspecto físico, y a la reunión de datos ilustrativos sobre su riqueza y condición política; pero excepto una memoria sobre el canal de Nicaragua, y una breve lista cronológica de algunos acontecimientos históricos de Centroamérica, no tenemos nada de Marure, aunque se dice que escribió bastante en común con Valle respecto de todo. El único nombre que merece ser mencionado es el de don José María Cacho, como el solo hijo de Centroamérica que ha hecho un trabajo completo del departamento de Gracias. Sus breves notas acerca de él son de grande interés, y pueden servir como un modelo que deben seguir sus conciudadanos.

Todo lo poco que se ha escrito sobre Centroamérica ha sido por los extranjeros; pero sus obras, en la mayor parte, no han contenido más que rápidas narraciones de viajes y aventuras, desnudas de observaciones e inexactas en sus asertos. Pocas son las que se han escrito por personas de competente capacidad, o acostumbradas por hábito a hacer investigaciones formales y ciertas. Especialmente dedicadas a hechos políticos, están llenas de incidentes y conmociones, cuyo origen y significación son incógnitos para sus autores. Puedo, quizá, excluir las obras de Thompson, Henderson,

Young, Roberts, Dunn, Baily y Brow, que ciertamente contienen hechos y observaciones de mérito.

Como una revista de todo, yo creo que haré un servicio al público incluyendo, en apéndice a esta memoria, una lista de los libros y panfletos concernientes a Centroamérica en general, o a algunas de sus partes, que se han publicado desde el principio de este siglo y que he tenido a la vista. Mi objeto ha sido hacer esta lista tan completa como fuese posible, sin atender al mérito de las obras. Se observará que los títulos siguen unos a otros en orden cronológico.

APUNTAMIENTOS SOBRE CENTROAMÉRICA

CAPÍTULO I: POSICIÓN GEOGRÁFICA Y TOPOGRÁFICA DE CENTROAMÉRICA, Y SU INFLUENCIA ACERCA DE LA POBLACIÓN

Centro-América[3], respecto a su posición geográfica, casi realiza la antigua idea de centro del mundo. No solamente une las dos grandes divisiones del continente americano, los hemisferios del norte y del sur, sino que abre sus puertos a Europa y África por el E., y a la Polinesia, Asia y Australia por el O.

Examinando el mapa, encontramos el istmo de Tehuantepec y el golfo de México aproximándose poco menos de doscientas millas del Océano occidental, y las aguas del río Coatzacoalcos, que desemboca en el primero, casi mezclándose con las del Chicapa, que caen en el segundo. Abajo de este punto el continente se extiende, abrazando las altas plataformas de Guatemala al O., y los dilatados llanos de Tabasco, Chiapas y Yucatán al N. y al E. El golfo o bahía de Honduras, sin embargo, cierra en redondo esta sección al S. E., y aun estrecha el continente a menos de ciento cincuenta millas. Colocado el país entre esta bahía y el Pacífico, es cortado por una completa interrupción de cordilleras, y cruzado por un gran valle transversal de norte a sur, por el cual corre el caudaloso río Ulúa hacia el Atlántico, y el pequeño Goascorán a la bahía de Fonseca en el Pacífico.

Descendiendo y pasando el gran bajo de Nicaragua, se encuentra el bien conocido y estrecho istmo de Panamá o Darién, sobre el cual el flujo de la emigración ha derramado dos veces sus inundaciones; una al Perú, y otra a las doradas playas de California.

No son menos notables los caracteres topográficos de Centro-América que sus figuras geográficas. En su aspecto físico y en la configuración de su superficie, se ha considerado justamente como un epítome de todos los países y climas del globo. Altas filas de montañas, separados volcanes, en formas enteramente cónicas,

[3] Respetamos la utilización de Centro-América como está en el libro original.

elevadas planicies, profundos valles, anchos y fértiles llanos y extensos aluviones se encuentran allí agrupados y variados por dilatados y hermosos lagos y majestuosos ríos; produciendo todo una vida animal y vegetal, y gozándose de una gran variedad de climas, desde los tórridos calores hasta la fresca y fortificante temperatura de una eterna primavera.

La gran cadena de cordilleras aquí, como en la América del Sur, se aproxima más a la costa del Pacífico; pero cortada en varios puntos, como he dicho, toma la forma de separados ramales, grupos o collados, entre los cuales pasan hacia los dos Océanos los riachuelos de los altos valles del interior. Por consiguiente, los principales aluviones van a morir al golfo de México o al mar Caribe. Las lluvias son más o menos copiosas por todo el año, la vegetación exuberante, el clima húmedo y proporcionalmente insalubre. Los monzones soplan al N. E., y la humedad con que son saturados, condensada en las partes elevadas del continente, cae en el Atlántico. Por esto es por lo que la pendiente del Pacífico es comparativamente seca y saludable, como todas las regiones elevadas del interior.

Topográficamente, Centro-América presenta tres marcados centros de elevación, que tienen a cierto grado fijadas sus divisiones políticas. El primero es el gran llano, o las altas entrecortadas planicies en que está situada Guatemala, y que es a más de cuatro mil pies sobre el nivel del mar. Aquí toman su nacimiento los grandes ríos Usumasinta y Tabasco, que corren hacia el norte por Chiapas y Tabasco al golfo de México. Sus fuentes se tocan con las del Motagua o Gualán, que desemboca al este en el golfo de Honduras, y con los de una porción de riachuelos que derraman al oeste en el Pacífico. Honduras ocupa un grupo de montañas, presentando casi una muralla en frente del Pacífico; pero formando numerosos espolones o ramales, como los dedos de una mano abierta, al norte y al este. Entre estos ramales, y en algunos puntos circulados por collados, hay varios valles y llanos en diferentes elevaciones, donde se reúnen las aguas de mil arroyos, que forman considerables ríos, que desaguan al norte y al este en el mar Caribe, y al sur y al oeste en el Océano meridional. Entre los más notables se cuentan el Chamelecón, el Ulúa, Leán, el Romano o Tinto, Patuca, Coco o Segovia sobre la inclinación oriental; y el Choluteca, Nacaome, Goascorán, San Miguel y Lempa sobre la occidental.

Entre estos y el tercer gran centro de elevación en Costa Rica está el bajo del lago de Nicaragua, con sus verdes pendientes y poco ondulantes planadas. El núcleo de la elevación de Costa Rica es el gran volcán de Cartago, que domina en el medio. Aquí las cordilleras toman el aspecto general de una gran barrera de montañas continuada; pero pronto descienden a las bajas cimas del istmo de Panamá.

Además de los ríos de Centro-América, de los cuales he enumerado los principales, hay porción de extensos y hermosos lagos; a saber: Nicaragua y Managua, en Nicaragua; Yojoa o Taulabé, en Honduras; Güija e Ilopango, en San Salvador; golfo Dulce, Petén o Itzá, Atitlán y Amatitlán, en Guatemala. De todos los lagos, los de Nicaragua y Managua son los más grandes.

He dicho que los puertos de Centro-América se abren a Europa y África por una parte, y a la Polinesia, Asia y Australia por otra[4]. En el Atlántico, Guatemala tiene Belice, Izabal y Santo Tomás (este último solamente de valor); Honduras tiene Omoa, Puerto Caballos, Puerto Sal, Triunfo de la Cruz, Trujillo y otros; Nicaragua tiene Gracias a Dios, Bluefields y San Juan. Costa Rica no tiene ningún puerto bueno al este; pero tiene varios al oeste, de los cuales Golfo Dulce, Punta Arenas y Caldera son los principales. Nicaragua tiene sobre el Pacífico Culebra, Salinas, San Juan del Sur y Realejo; Honduras tiene una reunión en la bahía de Fonseca, a saber: Amapala, puerto libre, San Lorenzo, La Paz, etc.; San Salvador tiene La Unión, también en la bahía de Fonseca, Jiquilisco o Espíritu Santo, Jaltepec

[4] Hoy que el vapor ha disminuido considerablemente las distancias, hoy que las relaciones del mundo se extienden con admirable rapidez, Centro-América puede comunicar en pocos días con los Estados Unidos y algunas repúblicas del Sur, y en pocas semanas con Europa. ¡Posición feliz! Ella llama a ese país a la agricultura y a la marina. Que lo conozca, pues; que abandone ese espíritu de desunión que lo desuela; que escuche la voz de la razón; que entre en la vía de la cordura y del buen sentido; que se fije en la apertura de las vías de comunicación interior; que piense en remover los obstáculos que embarazan el desarrollo de la primera; que atienda al mejoramiento de sus puertos, etc., y gozará de las relaciones que da la una y de las riquezas que proporciona la otra.

o Concordia, La Libertad y Acajutla o Sonsonate. Los dos últimos apenas puede llamárseles puertos, porque realmente no son más que radas. Guatemala tiene solamente un puerto o rada, llamado Iztapa. Los mejores puertos del Atlántico son Santo Tomás, Omoa, Puerto Caballos y San Juan del Norte; y los del Pacífico, el Realejo, el puerto libre de Amapala (Isla del Tigre) y La Unión.

El área de Centro-América puede calcularse en un número redondo de 455,000 millas cuadradas, casi igual al de la Nueva Inglaterra y los estados del medio reunidos. La población se estima solamente en 2,000,000 de habitantes; de los cuales Guatemala tiene 850,000; San Salvador 394,000; Honduras 350,000; Nicaragua 300,000; y Costa Rica 125,000.

La posición geográfica y topográfica de todos los países ha tenido, y deberá siempre tener, una importante y frecuentemente una poderosa influencia en el carácter y destinos de sus poblaciones. La naturaleza y extensión de esta influencia recibe una brillante ilustración tanto en la pasada como en la presente condición de Centro-América. En la época de su descubrimiento se encontró ocupada por dos familias, presentando la una a la otra los puntos más diversos de contraste. En las altas planicies del interior del país, y en el declive del continente en el Pacífico, donde las lluvias son comparativamente ligeras, el país abierto y el clima relativamente sano, se encontraron grandes y populosas naciones, bastante avanzadas en civilización, conservando un sistema religioso y una organización civil. En el declive opuesto del Atlántico, en los espesos bosques, que las constantes lluvias hacen vegetar con lozanía, en las costas bajas donde los pantanos y lagunatos, recalentados por un sol ardiente, exhalan miasmas húmedos, se encontraron tribus de hombres salvajes, sin habitaciones fijas, viviendo de frutas naturales, con el precario auxilio de la pesca y de la caza, sin religión, y casi sin ninguna reunión social ni establecimiento político.

Es imposible resistir a la convicción de que las diferentes condiciones de estas dos familias son debidas al contraste físico de sus respectivos países. Con los primitivos naturales del lado del Atlántico en Centro-América, ningún progreso, más allá de los rústicos hábitos de la vida, era posible. Ningún poder tenían contra la exuberante vitalidad de la naturaleza salvaje, que aun el hombre civilizado, con todos los recursos que la inteligencia ha llamado gradualmente en su auxilio, es incapaz de subyugar, y que aun conserva su antiguo dominio en los anchos aluviones, tanto en la América Central como en la del Sur. Sus medios de subsistencia eran extremadamente escasos y precarios para que pudiesen hacerse establecimientos permanentes, que, a la vez, desenvolviesen las relaciones y ajustasen una organización social. Por esta razón eran necesariamente cazadores, nómadas en sus hábitos, y obligados a disputar su vida con los que, como ellos, eran casi menos que las bestias de los bosques.

Jamás la civilización se habría desarrollado bajo tan adversa situación. Solamente donde favorables circunstancias físicas pudiesen aliviar al hombre de sus inmediatas y exigentes necesidades, donde un clima benigno y un terreno fácilmente de cultivar produjese frutos indígenas, podría no solo decidirlo a fijar su residencia, pero que aun le inclinaría a ocupar porción de su tiempo en el mejoramiento de su ser.

Tales eran las circunstancias que rodeaban a los aborígenes de las altas plataformas de Honduras y Guatemala. Extensas y fértiles sabanas convidan allí a la agricultura, y retribuyen a los groseros métodos de cultivo que se emplean abundantes cosechas. El maíz, ese sustento de la primitiva civilización en América, fue probablemente indígena, y de allí transmitido al norte de México y a las Floridas por varias familias que se establecieron en aquellas regiones, y cuyas lenguas y tradiciones señalan las alturas de Guatemala como su asiento original.

Las condiciones naturales que favorecen el desarrollo de la especie humana son en una parte de Centro-América inflexiblemente suprimidas, y en otras activas y potentes. Los españoles no pensaron en sostener una lucha desigual contra la naturaleza salvaje de la parte del continente en el Atlántico, sino en establecerse en los puntos más secos, más sanos y más suaves del lado del Pacífico. La costa de Mosquitos es una guarida de salvajes que trescientos años de contacto con la civilización no los ha podido hacer progresar; mientras que San Salvador contiene una población dos veces más grande, en proporción a su área, que ninguna otra extensión igual en la América

Española, y relativamente tan grande como la de la Nueva Inglaterra misma.

Estas condiciones naturales continuarán fomentando la población por una parte, y debilitándola y oponiéndose a ella por otra; hasta que aquellos lugares del sur y del centro de América que son más favorecidos en su posición y clima sean poblados; y que los progresos de los descubrimientos en las ciencias y en las artes hayan ilustrado suficientemente a los hombres para combatir con suceso las enfermedades y dificultades físicas que existen en los valles del Amazonas y del Orinoco, y en la costa Mosquito, sometan aquellas regiones a la influencia de la civilización, o las hagan residencia de grandes y considerables poblaciones.

Las relaciones naturales de Centro-América, como lo indica la posición física descrita, son evidentemente con el Pacífico y con los estados existentes, o que se formen en la costa. California, la mayor parte de México y algunos de los estados de Sudamérica tendrán tarde o temprano que sostener una posición correspondiente a la que las Indias Occidentales han conservado con los Estados Unidos y Europa, con la importante adición de ser una vía de comunicación, y quizá últimamente de comercio entre los hemisferios oriental y occidental. Su destino está plenamente escrito en la delineación de sus costas e impreso en su superficie, así como demostrado en su posición geográfica.

CAPÍTULO II: OBSERVACIONES SOBRE EL CLIMA DE CENTROAMÉRICA EN GENERAL

Las peculiaridades de Centro-América, acerca de la configuración de su superficie, explicarán la casi indefinible variedad de climas que he referido, y que en ninguna parte es tan notable como en este país.

Está entre los 8° y 17° de latitud boreal; y si no fuera por esta posición, la temperatura general sería algo más elevada que la de las Indias Occidentales. Como en ellas, el clima de las costas es casi el mismo que el de las islas indicadas, y extremadamente uniforme. Es, no obstante, un tanto modificado por la forma y posición de la costa, por la proximidad de las montañas y por los vientos dominantes. El calor de las costas del Pacífico, sin embargo, no es tan opresivo como el de las del Atlántico; menos, tal vez, por ninguna diferencia considerable de temperatura, que por la mayor sequedad y pureza de la atmósfera.

En la parte septentrional de Guatemala, llamada «Los Altos», la temperatura media es más baja que en ninguna otra del continente. Algunas veces cae nieve en las inmediaciones de Quezaltenango, capital de este departamento; pero pronto desaparece, así como el termómetro no permanece mucho tiempo en el punto de helar. En las inmediaciones de Guatemala la línea del termómetro es de 55° a 80°, término medio 72° Fahrenheit. En Vera Paz, departamento nordeste de Guatemala, y abrazando la costa bajo Yucatán y el Golfo Dulce, hay casi diez grados más de calor. Esta costa, de Belice hacia abajo, Izabal y Santo Tomás, es caliente e insana. Con algunos grados menos, las costas oriental y septentrional de Honduras, de Omoa al cabo Gracias a Dios, son lo mismo. Pero allí hay la favorable circunstancia del encierro aproximado de las montañas a la costa, y del dominio de los refrigerantes vientos del norte en la mayor parte del año.

El Estado de San Salvador está todo al lado del Pacífico. Es el más pequeño, pero proporcionalmente el mejor poblado de los otros. Tiene menos elevación que los de Guatemala y Honduras, y su temperatura es naturalmente más alta. Sin embargo, el calor jamás es opresivo, excepto en ciertos puntos inmediatos a la costa, como Sonsonate, San Miguel y La Unión, los cuales deben su excesiva elevada temperatura a circunstancias locales.

Honduras, como su nombre mismo lo explica (el plural de «Hondura»), teniendo una superficie tan variada, consecuentemente su temperatura debe ser también variada. El clima en general es delicioso, y el término medio de la temperatura de Comayagua, Tegucigalpa, Juticalpa y Gracias, que son las principales ciudades, es de 74°. El departamento de Segovia, en Nicaragua, limítrofe a Honduras, tiene la misma superficie y temperatura. Empero la parte principal de Nicaragua es bajo todos aspectos diferente, y tiene una topografía y clima peculiarmente propios. El término medio de la temperatura en el gran bajo del lago es de 80° a 90°, resultado debido no a su elevación, sino a otras causas favorables y modificantes, que ampliamente he expuesto en mi obra sobre este país.

La población de Costa Rica está concentrada al occidente, o al lado del Pacífico del volcán de Cartago, y consiguientemente todo grado de temperatura se puede obtener conforme a la elevación, desde el fuerte calor del puerto de Punta Arenas hasta la constante primavera de San José, o la autumnal temperatura de la banda sobre la antigua capital de Cartago. La parte oriental de Costa Rica puede decirse que está inhabitada, y la costa de la laguna de Chiriquí hacia el norte es baja e insalubre. En verdad, toda la costa del Atlántico en Centro-América, desde Trujillo hacia abajo, abrazando todo lo que se llama Costa de Mosquito, está sujeta a la misma impresión. Por esto es por lo que esa costa apenas es habitada, sino es por unos pocos indios enfermizos, mientras que la del Pacífico está cubierta de pueblos y habitada por una considerable población.

Las llamadas «estaciones» en los trópicos, especialmente la de las lluvias y la seca, reciben grande influencia en su principio y duración de causas locales; tanto que lo que es evidentemente cierto en un lugar puede serlo parcialmente en otro. La mayor diferencia en su curso está entre los declives del Atlántico y del Pacífico del continente. En todo Centro-América vienen los monzones al nordeste de la zona, los cuales, barriendo a través del Atlántico, llegan al continente un poco saturados de vapor. La porción de humedad de que son despojados por las islas Caribes es probablemente casi, si no toda, causada en su paso por el mar del mismo nombre. Esos vientos son interceptados por las altas montañas centrales de Guatemala, Honduras y Costa Rica, y el vapor arrojado por ellos corre hacia el Atlántico entre una multitud de ríos y arroyos. Pero las montañas de Centro-América no son tan demasiado altas para que intercepten enteramente los monzones. Además, están entrecortadas por valles transversales, como el del lago de Nicaragua y el de Comayagua en Honduras. Por consiguiente, aquellos soplan, en gran parte del año, a través del continente, llegando al declive del Pacífico sin ninguna humedad y refrescados a su paso sobre las elevadas regiones del interior. De aquí resulta la mayor salubridad de aquel declive, la comparativa frescura y sequedad de su clima, y consecuentemente su mayor población.

Propiamente hablando, no hay estación seca en el litoral de Centro-América en el Atlántico. Durante cuatro o seis meses, de mayo a octubre, los monzones son intermitentes; y cayendo, por consiguiente, menos humedad, es entonces que se aproxima lo que llaman «estación seca».

Por espacio de este tiempo, siendo los monzones intermitentes, el declive del Pacífico está sujeto a los vientos del oeste y sudoeste, que arrojan las aguas a las montañas occidentales, y constituyen la estación lluviosa. Como estos vientos del Pacífico son rara vez más que fuertes brisas de la mar, y comúnmente de pocas horas de duración, las lluvias son breves, ocurriendo generalmente por la tarde y por la noche. En efecto, es muy extraordinario que haya un día entero de lluvia, aunque ocasionalmente hay combinaciones meteorológicas que producen lo que los españoles llaman «temporales», o lluvias de varios días continuados. Durante una residencia de tres estaciones de aguas en Centro-América, yo no vi más que un solo «temporal».

Todo lo que he dicho es respectivamente a las costas del Atlántico y del Pacífico. Los lugares elevados del centro o del interior tienen climas diferentes, no sujetos ni a grandes lluvias ni a excesiva sequedad. Los vientos que alcanzan a ellos, tanto del oeste como del este, son primero purificados de la mayor parte de las humedades; pero llevan más o menos aguas. Según la aproximación de estos lugares a las costas del Pacífico, así participan de su clima, con cuyas estaciones coinciden mesuradamente. El llano de Comayagua, situado en el verdadero centro de Honduras y equidistante de los dos grandes mares, puede servir como una demostración. Las lluvias que en él caen son más o menos en cada mes; pero durante la estación seca del Pacífico no caen más que ligeras lloviznas; mientras que cuando reina la estación de las aguas, las lluvias son comparativamente dilatadas y fuertes. Los temporales no son allí conocidos.

Estas indicaciones generales se verán demostradas en los siguientes datos, que contienen todos los informes que he podido reunir sobre el particular, por mis propias observaciones y de auténticas autoridades.

Costa Rica. — «El clima de Costa Rica es bastante húmedo, y las lluvias caen por seis meses. Son frescas y sanas las costas del Pacífico; calientes, húmedas e insanas las del Atlántico; frescas y salubres las alturas del interior, donde el termómetro marca de 65° a 75° de Fahr. en el curso del año. Debe observarse que la estación lluviosa en el Pacífico y en el interior es de abril a noviembre; pero en el Atlántico este orden de cosas es inverso, y las lluvias son de noviembre a febrero».[5]

Nicaragua. — En 1850 a 1854, cuando se hacían los reconocimientos para un canal en Nicaragua, uno de los individuos interesados en la empresa hizo varias observaciones. Estas se extendieron hasta el istmo que está entre el lago de Nicaragua y el Pacífico, lugar donde los monzones, pasando al través del valle del río de San Juan y sobre el lago de Nicaragua, y no encontrando elevadas montañas, llevan sus humedades hasta los picos de los volcanes de Ometepec y Madera. De aquí proviene que este istmo de Rivas recibe anualmente más lluvias que ninguna otra de las costas del Pacífico en Centro-América.

Se observará aquí que el maximum de la escala fue en el mes de mayo, teniendo 23°. Sin embargo, el término medio en todo el año

---

[5] Bosquejo de la República de Costa Rica, etc., por don Felipe Molina, p. 28. — Galindo (Journal of the Royal Geographical Society of London, vol. 6.°, p. 134) observa que el clima de Costa Rica es extraordinariamente vario, teniendo de 50° a 60° de Fahr., según la elevación.

fue solamente de 45°. En ninguna época del año el calor es tan grande como en los meses de estío en New York. En junio, julio y agosto de 1850 el término medio de la escala del termómetro en Lansingburg, New York, fue de 74° 5′; el medio en su mayor altura de 93° 66′; el descendente 47° 33′, y el de la escala 46° 33′. En Jamaica, isla grande, en julio y agosto del mismo año, el término medio fue de 75° 45′; el de su altura 95° 50′; el descendente 61° 50′, y el de la escala 43° 27′.

Respecto a las lluvias, el principal reconocedor nos ha dado el resultado de una cuidadosa medida hecha en Rivas por un año, de 9 de septiembre de 1850 a 25 de septiembre de 1854. La cuenta fue tomada en pulgadas y decimales de la manera siguiente.

En un año exacto, del 9 de setiembre de 1850 al 9 de setiembre de 1854, la cuenta de las lluvias es de 97,74 pulgadas. El número total de días que llovió es de 139, y el de los secos de 226. Durante los seis meses de mayo a octubre inclusive, reconocidos como la estación de aguas, el número de las que cayeron fue de 90,89 pulgadas; y en los restantes seis meses de la estación seca, solamente 6,82 pulgadas.

Pero estas observaciones, como antes he dicho, fueron hechas en Rivas, a sotavento del volcán de Ometepec, donde llueve más que en Granada o León, la parte septentrional del estado. En Rivas no hubo más que un mes en que no lloviese, el de febrero. En León, en 1850, no llovió por espacio de tres meses, de 1.º de enero a 1.º de abril.

El término medio anual de las lluvias y de la nieve en el estado de New York, durante los diez años precedentes a 1846, según el informe de los regentes de la Universidad, fue de 34,44 pulgadas. La mayor altura de un año en ese período fue de 37,04 pulgadas, y la menor de 32,10.

Honduras. — Las costas orientales y septentrionales de Honduras tienen incuestionablemente una temperatura tan elevada como ninguna otra parte del estado. Sin embargo, ella disminuye considerablemente tan pronto como se entra al país. La modificante influencia de las montañas inmediatas es sensible aun antes de que se perciba el aumento en latitud. Sus altas planicies tienen un clima vario, según su altura del nivel del mar y su exposición a los vientos dominantes. Por consiguiente, ninguna generalidad puede haber en el clima de Honduras; y puede decirse que hay una variedad adaptable a cada capricho, y una temperatura propia para el cultivo de las producciones de cada zona.

Entre los datos que hay sobre el particular, se pueden citar las observaciones hechas por Mr. Thomas Young, en la boca del río Negro, en la bahía de Honduras, lat. 16° N., long. 85° O., por un año (1840–44). La siguiente indicación acompaña la tabla:

«El clima allí es casi igual, variando solamente, en todo el año, de 62° a 86° Fahr., tal que nada hay que temer de excesivos calores, especialmente en la mayor parte del año, que es temperado por las agradables brisas de la mar, y algunas veces por los refrigerantes nortes secos.

»Cuando los nortes concluyen, y las brisas comienzan de nuevo, el efecto sobre los seres humanos, y en verdad sobre todas las cosas que nos rodean, es claramente perceptible. Toda la naturaleza participa de su influencia, y no se puede expresar la alegría demostrada por el hombre que ha estado recogido alrededor del fuego en los nortes fríos y húmedos, cuando se apresura a salir a gozar de la fortificante y saludable brisa.»

RESUMEN DE LAS OBSERVACIONES TERMOMÉTRICAS hechas diariamente a medios día, por un año, en la boca del río negro, Honduras (1840-41)

MESES	TEMPERATURA MEDIA	VIENTOS DOMINANTES	CLIMA
Enero	62 á 66	Nores	Oeste: algunas veces bueno cuando es norte seco
Febrero Marzo	66 á 70 70 á 74	Variables entre brisas y nordestes.	Seco
Abril	74 á 76	Nordeste y brisas	Seco
Mayo	78	Fuerte brisas	Seco
Junio	78 á 82	Fuertes brisas	Seco
Julio	82		Húmedo
Agosto	84 á 86	Lijeros y variables aires o calmas	Húmedo, seco
Septiembre Octubre	84 á 86 78	Brisas y algunos lijeros nortes	Seco ó húmedo, según el viento
Noviembre Diciembre	72 y menos 62 á 66	Nortes	Húmedo, algunas veces bueno cuando es norte seco. Húmedo

Otras observaciones se hicieron en 1844 en la misma costa, un poco hacia el este del río Negro, en las inmediaciones de la laguna de

Caratasca, por una ilustrada comisión prusiana, compuesta de los Sres. Müller, Jellechner y Hesse. Del 23 de junio al 2 de agosto del referido año tuvieron el siguiente resultado:

Observaciones en la Laguna de Caratasca, de 13 de junio y 2 de agosto de 1841.

6 A. M.	26° de centígrado	= 78.5° de Fahr.
11 A.M.	28.40 ”	= 83.10 ”
3 P. M.	28.50 ”	= 83.40 ”
7	27.30 ”	= 82.0 ”

Esto es igual a un medio de 27.8° del centígrado, 22.24° de Réaumur y 82° de Fahrenheit. En este tiempo el viento sopló constantemente de E., E.-N.-E. o N.-E., a excepción de tres días (del 22, 23 y 24 de junio) de S.-O., y otro día (julio 31) de N.-O.. El extremo de la escala del termómetro en dicho período fue del medio minimum 64° Fahr., julio 2, al medio maximum 85° Fahr., julio 4. El capitán Haly, en una residencia de 20 años en el cabo Gracias, asegura que en los meses más fríos, esto es, octubre, noviembre y diciembre, la escala del termómetro en aquel punto es de 60° a 65° Fahr.

En el puerto de Omoa, también en la misma costa y en la misma latitud, pero tres grados hacia el oeste del río Negro, en una semana, del 5 al 12 de julio de 1853, el termómetro tuvo un medio de 85° Fahr. a mediodía; y su mayor escala, de las 6 de la mañana a la misma hora de la tarde, tuvo de 80° a 87°. En este período las mañanas eran generalmente agradables, con algunas pequeñas lluvias de las nueve a las doce. Las brisas comenzaban de las doce a la una, y de esta hora a las 6 las tardes eran claras y despejadas. De las 6 en adelante, las brisas del interior eran acompañadas de frecuentes y violentas lloviznas.

Siguiendo las observaciones al interior, en el gran valle de Comayagua, elevado 4,800 pies sobre el nivel del mar, me dieron el siguiente resultado.

Observaciones en la Laguna de Caratasca
(13 de junio a 2 de agosto de 1841)

Hora	Centígrado (°C)	Fahrenheit (°F)
6 A. M.	26.0°	78.5°
11 A. M.	28.40°	83.10°
3 P. M.	28.50°	83.40°
7 P. M.	27.30°	82.0°

Es decir que en estos meses la temperatura media, de las 6 de la mañana a las 6 de la tarde, fue de 79° 4′. El punto máximo tocado por el termómetro en dichos meses fue de 88°; el mínimo de 68°, y un extremo de la escala de 20°. Debe, empero, observarse que por ciertas peculiaridades de la posición de la ciudad de Comayagua, su temperatura marca más alto que la de ninguna otra parte del valle o llano en que está situada. La de la villa de La Paz y de San Antonio, distantes 14 millas, poco más o menos, tiene un medio de 3 a 5 grados menos. Un pequeño lugar llamado el «Sitio», veinte minutos de camino de Comayagua, y perceptiblemente más elevado, tiene como 5 grados menos. También debe tenerse entendido que en el interior los meses de abril, mayo y junio son los más calorosos del año, y que en los nueve restantes la temperatura baja considerablemente. Noviembre, diciembre y enero son positivamente fríos, y algunas veces es necesario.

El resto de mis observaciones sobre la temperatura de Honduras fueron tan pocas y tan ligeramente hechas, que no son de mucho valor. Sin embargo, los siguientes datos darán una explicación de su variedad.

La de la ciudad de Tegucigalpa, a 3,420 pies de elevación sobre el nivel del mar, en 4 días, de 28 de abril a 4 de mayo, inclusive, de 1853, es la siguiente:

Máximum: 85° Fahr.
Mínimum: 68°
Medio: 77°

La de Guajiquiro (pueblo de indios), a 5,265 pies de elevación, el 4 de mayo de 1853, a las 6 A. M., 56° Fahr.

La de Intibucá, o La Esperanza, a 4,950 pies de elevación, el 4 de julio de 1853, a las 6 A. M., 50°, y a las 11 A. M., 62°.

La de la ciudad de Gracias, 2,520 pies de elevación, es:

Julio 6	1853	12 M.	78° Fahr.
»	»	7 1/2 P. M.	75° »
Julio 7	»	6 A. M.	120° »
»	»	9	75° »
»	2	2 P. M.	79° »
»	»	6	76° »
Julio 8	»	5 A. M.	70° 5′ »

La de Santa Rosa, departamento de Gracias, a 3,400 pies de elevación, por tres semanas en el mes de julio de 1853:

Máximum ...... 65° Fahr.
Mínimum ...... 68°
Medio ...... 71° 15′

El llano en que está situada la ciudad de Guatemala tiene de 3,000 a 4,000 pies de elevación sobre el nivel del mar, y está a 80 millas del Pacífico. Los datos siguientes, relativos al clima, son tomados de la gaceta oficial de Guatemala:

Del 1.° al 7 de setiembre de 1854, el extremo de la escala fue de 64° a 75° de Fahr.; término medio 68°. Llovió en cuatro días de la semana, comenzando a las 2 de la tarde. Los tres días restantes fueron secos. Los vientos generalmente del S. O.

Del 15 al 24 del mismo, el extremo de la escala de 64° a 72° de Fahr.; término medio en la semana 68°; vientos S. O. Llovió todos los días.

Del 24 al 28 el extremo de la escala fue de 53° a 76° de Fahr.; medio 69°. Llovió cinco días, comenzando a las 2 P. M. Generalmente el viento S. E., cambiando una vez al N. E.

Los cálculos íntegros de la gaceta acerca de las lluvias que cayeron en la estación de las aguas son de 408 pulgadas, o lo que es lo mismo, 5 pulgadas por semana. Pero yo supongo que son exagerados; porque varias razones inducen a creer que las aguas que allí caen son mucho menos que las que caen en el istmo entre el lago de Nicaragua y el Pacífico, donde, según las anteriores observaciones, se ve que en el año de 1852 no pasaron de 97.7 pulgadas. El término medio de las lluvias que caen en la América bajo los trópicos es calculado por el profesor Johnson, en sus tablas, en 113 pulgadas. En algunos puntos del Brasil, como en San Luis, por ejemplo, el término medio anual es de 276 pulgadas; y en Guadalupe y algunas de las Antillas menores, la suma llega a 292.

Belice. — El establecimiento británico de Belice, situado un poco a la extremidad meridional de la península de Yucatán, en la bahía de Honduras, lat. 17° 39′ N., y long. 88° 42′ O., tiene una temperatura y un clima que puede considerarse como común en toda la costa oriental de Guatemala y Yucatán, y probablemente no muy diferente al de las islas de la propia costa en la misma bahía de Honduras. En las observaciones que hizo el capitán George Henderson, comandante de la guarnición en 1806, en siete meses, de febrero a agosto inclusive, se encuentran los siguientes resultados:

Febrero. — Termómetro: en la mañana 77° Fahr.; al mediodía 84° Fahr.; vientos reinantes N. E. y E. N. E.; días claros, 45.

Generalmente por la noche fuertes lluvias; y con frecuencia en el día lloviznas. Las lluvias que han caído en este mes, que es de los de la estación seca, son extraordinarias.

Marzo. — En la mañana 77°; al mediodía 84°; 24 días claros, reinando los vientos N., N. E., E. N. E. y S. E.

La mayor parte de este mes ha sido seco y agradable; poco rocío en la noche. Las brisas de la mar, que son las dominantes en esta estación, han sido parciales y moderadas.

Abril. — Todo este mes ha sido particularmente bueno, y las brisas regulares y fuertes. Frecuentes lluvias, con grandes truenos en la noche; y algunas veces violentas ráfagas de viento.»

Mayo. — En la mañana 82°; al mediodía 85°; 21 días claros; vientos S. y S. E.

Este mes ha sido particularmente seco; pero excesivamente agradable, por la regularidad y fuerza de las brisas. Sin embargo, al fin ha sido nebuloso; y ha habido fuertes lloviznas, precursoras de la estación de las aguas.

Junio. — En la mañana 84°; al mediodía 83°; 14 días claros; vientos E., N. E. y E. N. E.

La estación húmeda generalmente comienza a principios del mes, el 10 por lo regular, y continúa todo él. La presente estación de lluvias ha comenzado más temprano. Los truenos en este tiempo son muy comunes, y algunas veces extraordinariamente fuertes.

Julio. — En la mañana 84°; al mediodía 83°; 12 días claros; vientos N. E. y S. E.

El tiempo en la mayor parte de este mes ha sido tempestuoso; sobre todo en la noche, muchos relámpagos y truenos.

Agosto. — En la mañana 84°; al mediodía 84°; 19 días claros; vientos N. E., E. y S. E.

La mayor parte de este mes ha sido bochornoso, con frecuentes y grandes tormentas.

CAPÍTULO III: POBLACIÓN. — GUATEMALA. — SAN SALVADOR. — HONDURAS. —NICARAGUA Y COSTA RICA

En la carencia de datos exactos, la población de Centro-América no puede calcularse sino aproximadamente. Bajo la dominación de España, y sucesivamente bajo la república, se hicieron varios ensayos para obtener un censo completo; pero los resultados no fueron satisfactorios, porque siempre se encontró que las masas ignorantes del pueblo, y especialmente los indios, excusaban el censo, en razón de que le miraban como el medio de arreglar una contribución o una conscripción militar. ¡Hasta sus hogares abandonaban y se ocultaban en las montañas por algunas semanas, en escape de los comisionados! Además, la mayor parte de la población española existe en el declive del continente al Pacífico; mientras que en el del Atlántico el país está casi inhabitado, u ocupado por tribus diseminadas de indios, cuyo número se ignora. Una considerable población aborigen existe en el distrito del Petén, al norte de Guatemala, donde hay varias tribus, tales como los Hicaques, Poyas, Tonglas, Woolwas, Towkas, Ramas, Guatusos, etc.; y en las divisiones atlánticas de Honduras, Nicaragua y Costa Rica, ninguna de las cuales ha entrado como un elemento en los cálculos de la población del país.

El censo real de la Capitanía General de Guatemala (que incluía no solo los cinco estados de Centro-América, sino el presente estado de Chiapas y el distrito de Soconusco en México), hecho en 1778, dio una suma de 805,339 habitantes. Según este censo, Guatemala tenía (inclusive Chiapas y Soconusco) 392,272 habitantes.

San Salvador (incluyendo a Sonsonate, que ahora es uno de sus departamentos) tenía 164,954 habitantes.

La diócesis de Comayagua, comprendiendo la provincia (ahora estado) de Honduras, tenía 88,843 habitantes. Trece años después se hizo otro censo por el obispo de la misma diócesis, y resultaron 93,500, 5,357 de aumento. Pero, como he dicho, estos datos no merecen ninguna confianza, y no pueden servir como bases de la población actual de Centro-América.

En 1825, las autoridades del estado de Guatemala hicieron otro censo, cuyo resultado fue de 507,126 habitantes, habiendo solamente un aumento de 114,854 en 47 años. Otro, ejecutado por las mismas autoridades doce años después, en 1837, dio por resultado 490,787, es decir, 16,339 menos que el del año de 1825. Este censo fue naturalmente desechado; y el único cálculo que merece algún crédito es el que formó don José del Valle, un estadístico bastante eminente, el cual contiene 600,000 habitantes.

El gobierno general de la república de Centro-América acordó hacer un censo formal en 1834; pero salió tan imperfecto que nunca se publicó.

En la falta, pues, de datos ciertos, hemos tenido que recurrir a otros medios de cálculo. Entre estos se nos ha favorecido con los estados de nacidos y muertos de varios distritos de algunos de los estados.

Humboldt deduce, de una escrupulosa observación de las leyes de la población en México, que la proporción de nacidos era de 4 a 47, y la de muertos como de 4 a 30 de toda la población; y que la proporción de nacidos a muertos en todo el país era como de 17 a 40. Ahora, como México, en su aspecto general, clima y otras consideraciones, corresponde exactamente con Centro-América, podemos concluir que, con ligeras modificaciones, esta está sujeta a las mismas leyes.

Pero los pocos datos que tenemos demuestran que la proporción de nacidos a muertos en Centro-América es considerablemente mayor que en México. En Costa Rica, según los estados de 1850, hubo 4,767 nacidos y 1,786 muertos, habiendo una proporción de nacidos a muertos de 47 a 17. En Guatemala, conforme estos datos, hubo en 1852, exclusivo el Petén, 38,858 nacidos y 24,298 muertos, cerca de 40 muertos a 49 nacidos. En San Salvador se cuentan casi los mismos resultados. En el departamento de Sonsonate, en 6 meses, concluidos el 30 de diciembre de 1853, los nacidos fueron 4,734, y los muertos 879, cerca de 40 muertos a 24 nacidos. En el departamento de Cuscatlán, en tres meses al 30 de diciembre de 1853, nacidos 505, muertos 404. Este departamento parece ser extraordinariamente sano.

En los primeros seis meses del año de 1849, los nacidos llegaron a 4,900, y los muertos fueron 403. En el departamento de San Salvador, incluyendo la capital, en los últimos tres meses de 1849, nacidos 786, muertos 222. En el departamento de La Paz, que es comparativamente más bajo e insalubre, no hay este exceso de nacidos, pues que en los últimos 4 meses de 1853 encontramos que estos fueron 353, y muertos 244.

La siguiente tabla estadística demostrará estos resultados.

GUATEMALA

Estado oficial de matrimonios, nacidos y muertos en el estado de Guatemala, en el año de 1852, exclusivo el distrito del Petén.

GUATEMALA

Estado oficial de matrimonios, nacidos y muertos en el estado de Guatemala

Año de 1852 (exclusivo el distrito del Petén)

Departamento	Matrimonios	Nacidos	Muertos	Aumento
Guatemala	240	1848	1568	280
Sacatepéquez	170	1182	506	676
Amatitlán	130	1073	408	665
Escuintla	135	421	104	317
Vera Paz	828	1642	2018	-376
Santa Rosa	149	466	847	-381
Jutiapa	113	291	499	-208
Chiquimula	562	2127	2028	99
Izabal	32	85	-18	103
Chimaltenango	330	2192	358	1834

Quezaltenango	403	1560	1559	1
Totonicapán	905	2896	2411	485
Sololá	658	1697	1380	317
San Marcos	592	1744	867	877
Huehuetenango	373	1338	1073	265
Suchitepéquez	216	736	946	-210
TOTAL	**5836**	**38858**	**21298**	**17478**

La insalubridad del puerto de Izabal, en el Golfo Dulce, disminuyó la población en 48.

1. Los nacidos y muertos fueron en la ciudad de Guatemala, en 1805, según el almanaque de aquel año:

Matrimonios 205
Nacidos 1,360
Muertos 1,337

En 1823, según Thompson, que da a la población 50,000 habitantes, los nacidos y muertos fueron los siguientes:
Nacidos 1,551
Muertos 729
En 1854, conforme a las tablas oficiales:
Matrimonios 172
Nacidos 1,467
Muertos 548

2. En 1833, se calculó por don José Ant. Azmitia, secretario general del estado de Guatemala, que el departamento de Vera Paz, exclusivo el Petén, contenía 60,237 habitantes. El número de matrimonios en dicho año fue de 645; el de nacidos, de 4,048; y el de muertos, de 1,186.

Resulta, pues, que la proporción de nacidos a muertos en Centro-América es casi como de 24 a 42, o de 20 a 40. El estado de Honduras, que en general es notablemente saludable, tendrá probablemente la misma proporción que Costa Rica, mientras que Nicaragua, aunque en comparación bajo, no diferirá mucho de Guatemala.

Ahora, reasumiendo la proporción de nacidos y muertos como la que Humboldt fija tratando de México, respecto al número de población, como de 4 a 47 de los primeros, y 1 a 30 de los segundos, deducimos

$(38,858\times7)+(298\times3)\div2=648,763(38,858\times7)+(298\times3)\div2=648,763$

como población de Guatemala. Hay, sin embargo, muchas razones para creer que este número es inexacto. La población total de Costa Rica, exclusivas las tribus salvajes, ascendió en el último censo a 95,000, la cual, mirada con referencia a las tablas precedentes, da una proporción de nacidos de 4 a 20, y de muertos de 1 a 54.

El señor Barberena, de Guatemala, a quien se confiaron los censos de aquel estado en 1846, calculó que los nacidos eran en proporción de 4 a 25 del total de la población. Siendo los nacidos del año en que escribió (1849) 36,998, dedujo como población total 934,495. Yo me inclino a creer que este cálculo es demasiado elevado. Si adoptásemos la razón de nacidos y muertos en Costa Rica y la aplicásemos a Guatemala, tendríamos una población de 4,043,426, número evidentemente exagerado.

Prefiero, pues, el cómputo de la población de Guatemala hecho en 1852, que es de 787,000, el cual da una proporción de nacidos como de 4 a 21, y de muertos como de 4 a 38, de la población total, equivalente a cerca de 850,000 en 1.º de enero de 1855.

Costa Rica, conforme al último censo, tuvo 100,174 habitantes, incluyendo 5,000 salvajes, en proporción de 90,000blancos y ladinos a 40,000 indios, como sigue:

COSTA-RICA.

Departamentos.	Población.
San José. .	31,749
Carlago.....	23,209
Herédia......	17,289
Guanacaste.....	0,112
Alajuela........	12,575
Punta Arenas..	1,240
Tribus salvajes.	5,000
Total.	**100,174**

Don Felipe Molina, en su Bosquejo de Costa Rica, considera inexacto este resultado, y estima la población de Costa Rica, en 1850, no menos que en 450,000 habitantes; pero su dicho bajo este respecto no descansa en datos ciertos. La presente población de Costa Rica, en la razón de aumento demostrada en los censos de 1850, debe ser, con poca excepción, de 425,000.

Respecto a Nicaragua, tenemos la autoridad de don Miguel Sarabia, último gobernador bajo el régimen colonial, quien escribió una memoria sobre aquel estado en 1823. «La población, dice, según el último padrón de 1813, es de 149,754. Sabemos que este fue bastante imperfecto, porque se hizo por personas sin conocimientos, y en medio de muchas dificultades. La población en muchas secciones es dispersa e inaccesible, y gran número sigue las ideas del vulgo de que se trata de contribuciones o de servicios personales. Otro que se había hecho en 1800, aunque probablemente no más correcto, daba una población de 459,000; resultando una baja en el primero; pero eso no es exacto; porque hay muchas pruebas evidentes que demuestran el aumento del país, el cual no ha experimentado ni hambres, guerras u otras causas que dieran tal resultado.»

Sin embargo, tomando el censo de 1813 por base, y estimando el decenal aumento en un 45 por ciento, daría un total de 474,243 en 1823. Y aplicando el mismo cálculo a las bases del censo de 1800, el resultado, en 1823, sería de 212,000 habitantes.

Según los últimos cálculos de un censo formado en Nicaragua en 1846, la población total del estado, exclusivo el departamento de

Guanacaste (en disputa con Costa Rica), era de 257,000, distribuida en cinco departamentos, como sigue.

NICARAGUA — 1846

Departamentos	**Población**
Meridional	20,000
Oriental	95,000
Occidental	90,000
Setentrional de Segovia	12,000
Matagalpa	40,000
Total	**257,000**

Adoptando este cálculo como correcto, tendremos que la población actual de Nicaragua es de 300,000 habitantes.

San Salvador tiene, relativamente a su extensión, más población que ninguno de los otros estados de Centro-América; pero no tenemos ningún censo completo, sino el de un solo departamento. El año de 1849 el departamento de Cuscatlán tenía un total de 62,364 habitantes, distribuido en cuatro distritos así: Distrito de Suchitoto, 13,234; Cojutepeque, 25,737; Chalatenango, 14,011; Tejutla, 9,379 — 62,361. De estos, 46,465 son hombres, 47,903 mujeres, 45,026 niños y 43,347 niñas. El pueblo de Cojutepeque tiene 44,072 habitantes; el de Suchitoto, 6,254; el de Ilobasco, 4,259; y el de Chalatenango, 3,052.

Luego, con referencia a los datos de nacidos y muertos en varios departamentos de este estado, encontramos que la cuarta parte de aumento en el departamento de Cuscatlán es de 523, en el de Sonsonate de 425, en el de San Salvador de 564, y en el de La Paz de 409; de lo cual justamente hemos inferido que San Salvador y Sonsonate tienen respectivamente casi la misma población que Cuscatlán, y que La Paz tiene casi una cuarta menos. De los dos departamentos restantes, San Miguel tiene probablemente más que Cuscatlán, y San Vicente como dos terceras partes menos. En cuanto a La Paz, puede suponerse que la cuarta parte del año de 1852, según los nacidos y muertos, haya sido excepcional y desfavorable.

Considerando, pues, estos datos exactos, así como el que la población de Cuscatlán haya tenido un aumento anual de 2,000, como lo demuestran los estados de nacidos y muertos, podemos estimar el todo de la población del estado, a principios del presente año de 1855, de la manera siguiente:

SAN SALVADOR — 1855

Departamento	Población
Cuscatlán	75,000
Sonsonate	75,000
San Salvador	80,000
San Miguel	80,000
La Paz	28,000
San Vicente	56,000
Total	**394,000**

Los datos que tenemos para calcular sobre la población de Honduras son aún más escasos que los de los otros estados de Centro-América. No poseemos ningunos estados de la población, ni de los nacidos y muertos. Los únicos conocimientos que hay son los censos hechos por el obispo de la provincia en 4791, que dan una población de 93,500 habitantes; y los del departamento de Gracias, en 1834, de 30,017 habitantes. Podemos, sin embargo, aplicar a este estado una razón de aumento mayor que a ningún otro de los de Centro-América, porque ninguno goza de un clima tan saludable como él. Tomando la misma razón que en Costa-Rica, el departamento de Gracias tendrá al presente 50,000 habitantes, número que, después de haber viajado por la mayor parte de él, lo creemos bastante exacto. Por lo que hace a los otros departamentos de Honduras, es probable que los de Santa Bárbara y Choluteca tengan poco más o menos la misma población, siendo mayor la de los de Comayagua y Tegucigalpa, y menor la de los de Olancho y Yoro. Habiendo visitado estos departamentos, excepto los dos últimos, en sus puntos principales, estimo sus respectivas poblaciones (excluyendo las tribus salvajes de la sección oriental del estado) en números redondos, del modo siguiente:

HONDURAS — 1855

Departamento	Población
Comayagua	70,000
Tegucigalpa	60,000
Gracias	55,000
Santa Bárbara	50,000
Choluteca —	
Olancho	45,000
Yoro	20,000
Total	**350,000**

En estos cálculos son excluidos los indios que no están incorporados en ninguna organización civil en los diferentes estados, o que se conocen bajo el nombre de «Tribus errantes», calificación inexacta, pues que todos los indios de Centro-América tienen fijos sus hábitos de vida. Los que más se aproximan a la vida nómada se encuentran entre los mezclados salvajes llamados «Moscos» o «Mosquitos», conocidos en la costa-Mosquita. Son una mezcla de negros e indios, que sacan su subsistencia de los esteros y lagunas de la costa, donde su residencia está estrictamente confinada. Es probable que su número no exceda de 6,000. El de los Hicaques, Poyas, Towkas, Woolwas y Ramas, que están entre la costa y los establecimientos españoles, no puede ser estimado exactamente. Los Guatusos, Talamancas y otras tribus de Nicaragua y Costa-Rica no se pueden calcular tampoco, así como los Itzaes y familias prohijadas, Lacandones, Manches, etc., que ocupan la parte septentrional de Vera Paz, y que se suponen ser numerosos. Casi todos estos indios tienen una fidelidad señalada a los estados a que corresponden; pero sus relaciones amistosas son casi nominales. Así, en 1836 el gobierno de Centro-América hizo un benéfico tratado con los Manches, por el cual los indios reconocían la soberanía de la república, pero se les excluía por seis años de las funciones de las leyes, y además no se les interrumpía en su religión, ni en su práctica de poligamia. Donde quiera que los gobiernos ejercen su jurisdicción, es por el intermedio de funcionarios indios, que administran los negocios según la manera inmemorial de ellos mismos, como en el caso de los Nahualcos en la costa del Bálsamo en San Salvador, que está casi a la vista de la capital del estado.

La población de Centro-América, como se deduce de los datos anteriores, es la siguiente:

ESTADOS DE CENTRO-AMÉRICA

ESTADO	ÁREA EN MILLAS CUADRADAS	POBLACIÓN	NÚMERO POR MILLA CUADRADA
Guatemala	43,380	850,000	20 casi
Honduras	39,600	350,000	9
San Salvador	9,594	304,000	41
Nicaragua	49,500	300,000	6
Costa Rica	13,590	125,000	10 casi
Total	**155,664**	**2,019,000**	**13**

Pequeña como parece esta población, es sin embargo, relativamente al área de Centro-América, mayor que todas las de los estados hispano-americanos. Chile apenas tiene, respecto de ella, las dos terceras partes de habitantes por milla cuadrada, y México poco más de la mitad, como se verá en la siguiente tabla, sacada de los últimos y más auténticos originales.

Aunque los datos respecto a la proporción de sexos son demasiado imperfectos, demuestran que, como en México, hay una considerable preponderancia de hembras sobre los varones. Esta desproporción en los sexos no es tan grande en los nacidos, sino en los muertos; pues aunque hay casi tantos varones nacidos como hembras, el número anual de muertos de los primeros es muy superior al de las segundas. Esta es una observación general, y el hecho de que hay más mujeres viejas que hombres no se oculta aun al viajero menos atento. Pero este resultado no debe atribuirse a ninguna exención de fatiga de parte de las hembras, pues que ellas dividen el trabajo en el campo, y excepto en las poblaciones, están enteramente expuestas a las mismas influencias perniciosas a la salud que los hombres. Sin embargo, son menos inclinadas a la embriaguez, vicio que, en los trópicos, es rápido y cierto en sus consecuencias. El censo parcial de Nicaragua, en 1846, contiene en el departamento occidental (León) 25,870 varones y 48,058 hembras; total 73,928, o una proporción de casi dos hembras a un varón. Teniendo por exactas estas cifras, solo podemos atribuir parcialmente esta desproporción a las guerras que algunos años antes habían afligido a aquel departamento, y en que sus habitantes habían sostenido una obstinada defensa, no solo contra los demás distritos del estado, sino contra las fuerzas combinadas de Honduras y el Salvador. El departamento de Cuscatlán, en San Salvador, como hemos visto, tenía en 1849 una población de 46,465 hombres y 17,903 mujeres, un exceso de 1,838 mujeres; mientras que, por otra parte, los niños fueron 15,025 y las niñas 43,314, o un exceso de 4,709 niños.

Las relativas proporciones de blancos, mestizos (ladinos) e indios en las poblaciones de los varios estados hispano-americanos es materia de profundo interés, y al observador moderno parecerá de vital consecuencia en todo lo que concierne a la condición, capacidades y destinos de los pueblos de aquellos países. Pero en esto también tenemos el sentimiento de no poseer datos suficientes; y aunque es opinión conforme de todos los hombres inteligentes y observadores de Centro-América que los blancos puros no solo relativamente, sino absolutamente, están en descendencia; que los indios puros aumentan con rapidez, y que los ladinos siguen una progresión más y más según se aproximan al tipo aborigen; sin embargo, los datos estadísticos que expresamente se han formado son imperfectos o enteramente inexactos. El actual obispo de Guatemala, señor don Francisco García Peláez, que escribió en 1844, tomando el censo de 1837 y otros datos, calculó en aquella época la población de Centro-América en estos términos: españoles y blancos criollos, 89,979; ladinos, 649,467; indios, 681,367; total, 1,390,543. Según este cálculo, la proporción es de un blanco a 46 mestizos e indios, la cual no dudo que ha disminuido al presente, y puede tomarse como de uno a veinte. Don Miguel Sarabia, cuya memoria sobre Nicaragua, escrita en 1823, se ha citado, estimaba la población de aquella provincia en la época referida en 174,243, distribuyéndola en cerca de dos quintos, o 79,680 indios; dos quintos ladinos, y menos de un quinto blancos. A estos los considera en escala descendente, y «tal, dice, es su tendencia general».

El coronel Galindo, un inteligente irlandés que servía en la antigua federación de Centro-América, en una comunicación a la Real Sociedad de Geografía de Londres, calculaba la población de Centro-América en el período en que escribió (1837) en 4,900,000 habitantes, dividida como sigue:

ESTADOS DE CENTRO-AMÉRICA

Estado	**Indios**	**Ladinos**	**Blancos**	**Total**
Guatemala	450,000	150,000	100,000	700,000
Honduras	240,000	60,000	—	300,000
San Salvador	90,000	230,000	80,000	400,000
Nicaragua	120,000	120,000	110,000	350,000
Costa Rica	25,000	—	125,000	150,000
Total	**685,000**	**740,000**	**475,000**	**1,900,000**

La proporción de blancos es exagerada por Galindo. Además, pone a Honduras sin ninguna población de indios, cuando bien puede creerse que una tercera parte, si no la mitad de habitantes, es de indios puros, exceptuando las tribus salvajes.

Mr. Thompson, un comisionado inglés a la antigua federación de Centro-América en 1823, calculó la relativa proporción del pueblo, así:

Blancos y criollos . . . . . . Un quinto.
Mestizos . . . . Dos quintos.
Indios . . . . Dos quintos.

Estima a los europeos o a verdaderos blancos ya no más que en 5,000. Mr. Crow, refiriéndose especialmente a Guatemala, calcula la proporción siguiente:

Indios.	Tres quintos.
Ladinos.	Un cuarto.
Blancos	Un cuadragésimo.
Mulatos	Un octogésimo.
Negros	Un quincuagésimo.
Sambos	Un centésimo.

Debe observarse que el término «ladino» significa un hombre galante o civil, y se aplica a los descendientes de blancos y de indias. Solo en Centro-América se usa.

La siguiente tabla es la que probablemente presenta con más exactitud la división de clases en Centro-América, tanto por ser formada de los datos existentes como de observaciones personales.

DISTRIBUCIÓN DE LA POBLACIÓN DE CENTRO-AMÉRICA

Grupo étnico	**Población**
Blancos	1,000,000
Mestizos	800,000
Negros	10,000
Indios	1,019,000
Total	**2,019,000**

De los hechos y observaciones anteriores se deduce en general que Centro-América es relativamente la porción más poblada de la América española; que mientras su población aumenta en una constante y rápida razón, el exótico o europeo elemento no solo disminuye en proporción, sino de hecho; y que la tendencia directa de las cosas es a absorberlo las razas indígenas o aborígenes.

Bajo este respecto, como en su moral e intelectual condición, Centro-América, no menos que toda la América Española, parece suministrar una evidente demostración de las leyes que se han establecido como resultados de investigaciones antropológicas por espacio de cincuenta años. Ni el estadista ni el economista político pueden ciertamente ver con indiferencia estos resultados, pues por el curso de los acontecimientos y la multiplicación de medios o facilidades de comunicación, las naciones y razas se ponen más y más en contacto, y la cuestión de la naturaleza y carácter de sus relaciones se hace de inmediata y práctica importancia.

Sin vacilar se puede creer que las grandes diferencias físicas, intelectuales y morales que toda historia y observación ha distinguido entre las varias familias humanas no se mirarán ya como consecuencias de accidentes o de circunstancias; es decir, se conocerá que sus rasgos físicos, intelectuales y morales son radicales y permanentes, y que no pueden mezclarse familias absolutamente diferentes, o razas superiores con inferiores, y que se armonicen, sin ser malas sus consecuencias. La ciencia antropológica ha determinado la existencia de dos leyes de vital importancia para los hombres y para las naciones.

Primera.—Que en todos los casos en que tiene lugar una libre amalgamación de dos diferentes razas, no restringida por lo que algunas veces se llama perjuicio, sino que es un instinto natural, el resultado es la final y absoluta absorción de la una en la otra. Esta absorción es tanto más rápida cuanto más se aproximan en tipo las razas en contacto, y en proporción al número preponderante de la una a la otra; es decir, que la naturaleza no perpetúa razas mezcladas como, por ejemplo, una raza permanente de mulatos.

Segunda.—Que toda violación de las distinciones naturales de la raza, o de aquellos instintos designados a perpetuar las razas superiores en su pureza, invariablemente vincula los más deplorables resultados, afectando el cuerpo, el entendimiento y las percepciones morales de las naciones que son ciegas a los sabios designios de la naturaleza y negligentes de sus leyes. En otras palabras, la prole de tales combinaciones o amalgamaciones es no solamente deficiente en constitución física, intelectual y moral, sino que con frecuencia llega a un grado que contrasta desfavorablemente con las ramas originales.

En ningún respecto estas deficiencias son más evidentes que en materia de gobierno. Basta examinar el estado anárquico de la América Española para probar la verdad de las proposiciones expuestas. En el Centro y Sud-América y en México encontramos un pueblo no solo desmoralizado por la libre asociación de diferentes razas, sino que la rama superior absorbe gradualmente a la otra, y sus instituciones desaparecen bajo el relativo barbarismo de que la última es la exponente. Si existen causas y condiciones que continúan obrando, no pasarán muchos años antes de que aquellos países hayan vuelto a un estado no muy lejos del en que se les encontró en la época de la conquista.

En México hay menos de dos millones de blancos, o de personas que tengan más sangre blanca, en una población de ocho millones; en Centro-América, menos de doscientos mil, en dos millones; y en el Sud-América las proporciones son casi las mismas. Es imposible, aun concediendo toda la influencia que racionalmente se atribuya a otras causas, no convencerse de que los desastres que experimentan aquellos países son debidos al desacuerdo de las justas relaciones de las razas que los componen[6]. Los indios no poseen (menos aún los de

---

[6] Tributamos a nuestro autor el mayor respeto; pero tratándose del conocimiento de la verdad, nos vemos en el caso de separarnos por un momento de su opinión. No es él solo el que ha atribuido a la diversidad de clases las desgracias de Centro-América. Otros han pensado lo mismo, y hasta cierto punto han tenido razón para juzgarlo. Parece imposible que una población tan heterogénea pueda armonizarse; el hecho, sin embargo, es absolutamente contrario. Esencialmente pacíficas, humildes y obedientes, las masas jamás han levantado por sí el estandarte de la desunión. Son los jefes de los diferentes partidos políticos los que han promovido el desacuerdo; son ellos los que han establecido el conflicto. Así, pues, a nuestro juicio, las causas verdaderamente eficientes de ese malestar son estas:

1.ª Todos los pueblos tienen su período de prueba, y Centro-América ha estado atravesando el camino más peligroso de su carrera política. Hubo una violenta transición, y naturalmente debía haber una divergencia de ideas y de intereses. Los hombres jamás son bastante razonables y justos. Deseando los unos alcanzarlo todo de un paso, y no queriendo los otros ceder ciertos goces, el choque debió ser inevitable. ¿Fue otra cosa lo que produjo en Inglaterra ese terrible período de 30 años de destrucción y de matanza, promovido por las casas de York y de Lancaster?

2.ª Sumergido el infeliz americano en un caos de tinieblas durante la dominación de España, privado de toda clase de enseñanza, aislado y sin poder siquiera tener relaciones con nadie, consiguientemente cuando fue libre no supo usar bien de sus derechos. Por una fatalidad, los gobiernos de la independencia jamás han pensado en la importancia de una educación nacional; pero que se fijen en este esencial punto de la sociedad, y la situación del país tomará una faz diferente.

las islas de la mar del Sur, y menos todavía los negros) la capacidad de comprender los principios que constituyen el orden de las organizaciones civiles y políticas. Sus instintos y sus hábitos son inconsistentes con su desarrollo, y ninguna educación puede enseñarles a practicarlos[7].

En las islas Sandwich hay como 60,000 nativos que restan aún. Puede alegarse que ellos han constituido y sostenido un gobierno regular, y que han probado su capacidad para entrar en el gran número de las naciones; pero es notorio que, cualquiera que sea la existencia del gobierno, en su origen administrativo es la obra de los extranjeros y de los blancos.

Estas observaciones son menos aplicables a los indios de nuestras márgenes sudoeste. Bajo ningunas circunstancias los indios norteamericanos han manifestado una apreciación o disposición a sostener las recíprocas obligaciones de un gobierno popular. Sus ideas de gobierno, como las de los árabes y hordas nómadas del centro de Asia, son en consonancia con el sistema llamado patriarcal; ideas que, en el día y en nuestro país, no solo no son aplicables, pero diametralmente opuestas al sistema establecido. El único ejemplo en

---

3.ª El triste legado que los españoles dejaron a sus colonias, ese espíritu de desconcierto y de inestabilidad que todo lo desorganiza, es circunstancia no menos influyente. En España no hay diferencias de clases; España es una antigua nación, colocada en el centro del mundo civilizado y comunicando diariamente con las más ilustradas; y sin embargo, España marcha a la retaguardia de todas, y en cuanto a su organización política, ¡presenta un prospecto más triste que el de Centro-América mismo!

Si los estrechos límites de una nota nos lo permitieran, añadiríamos otras reflexiones más; pero creemos que las expuestas son bastantes para demostrar nuestro objeto.

EIT.

[7] ¿Y Anáhuac, Tenoctitlán y Lempira no prueban que en aquel país había talentos naturales más privilegiados que los de sus conquistadores mismos? ¿Y no ha habido y hay en Centro-América indios que, en varias carreras, honrarían aun a países más avanzados en civilización? ¿Y cómo contestar los hechos prácticos que todos los días se ven en los escasos establecimientos de enseñanza que hay? Ilústreseles, y ellos harán ventaja aun a las otras clases.

EIT.

que han hecho progresos sensibles en el recto camino es el de los Cherokees, bajo la dirección y predominio de la sangre europea.

Y aun puede admitirse que los indios de la antigua rama Florida son en todo respecto superiores a los de las islas del Pacífico; pero ni en industria, docilidad o tradicional deferencia a las autoridades son iguales a los de México y Centro-América, donde el intento de colocarse en una posición política y social con los blancos[8] ha atraído una eterna anarquía, amenazando una completa disolución del cuerpo social.

En Guatemala, como en Yucatán, casi ha producido una sangrienta y cruel guerra de castas, y en el primero de estos estados ha resultado un traidor e inescrupuloso indio mezclado a la cabeza de los negocios, mandando sobre un país desolado, sin ninguna responsabilidad. No menos terrible ha sido el resultado en México, mientras que en Jamaica la naturaleza salvaje ha reasumido firmemente su dominio sobre desiertas plantaciones, comenzando los bosques a cubrirse de negros medio desnudos, que viven de frutos indígenas, y casi ha removido en ellos un tanto su original barbarismo de África.

A los hombres ilustrados, inteligentes y reflexivos, que son superiores a los partidarios y seccionistas de las circunstancias de la época, estas consideraciones no pueden menos que presentárseles con una fuerza y un poder bastante dominante; porque si los Estados-Unidos, comparados con las repúblicas hispano-americanas, han adquirido una inmensa ventaja sobre todos los elementos de progreso, ese resultado es eminentemente debido a la rígida e inexorable negativa de la dominante raza Teutónica a adulterar su sangre, empeorar su intelecto, bajar su estandarte moral o arriesgar sus instituciones con la mezcla de razas inferiores o subordinadas[9].

---

[8] Eso es justamente lo que constituye los derechos del hombre libre. El hombre ilustrado, el hombre de mérito, sea cual fuese su clase, tiene derecho a todos los honores y distinciones sociales, y a defender y sostener los de su patria. El americano que con gloria combatió a los opresores de América no fue menos digno que el español que rechazó a los que sojuzgaban a España. El T.

[9] Olvida nuestro autor que los norteamericanos tuvieron una suerte muy diversa con sus dominadores; que circunstancias puramente peculiares les

Obedeciendo a los decretos de la Providencia, ha salvado a medio continente de bestias salvajes y de hombres aun más salvajes, cuyo período de existencia es terminado, y que deben ceder el lugar a más altas organizaciones y a superior vida. El ciego filántropo lamentará y derramará una lágrima de simpatía al mirar la total desaparición de esas formas humanas, pero las leyes de la naturaleza son irrevocables. Deus vult; es la voluntad de Dios[10].

De este punto de vista aparece que la sola esperanza de Centro-América consiste en evitar la decadencia de su población blanca y aumentar ese elemento de composición en su pueblo. Si no lo fomenta por un juicioso medio de emigración o por un inteligente sistema de colonización, la posición geográfica y los recursos del país indican que el fin llegará por aquellos medios violentos que, en los individuos como en el mundo material, frecuentemente anticipan las lentas operaciones de la naturaleza. Evitar los choques severos que temporalmente ocasionan, proveyendo a las necesidades de lo futuro, es la verdadera misión, y debe ser la primera atención del patriota y del hombre de Estado. Centro-América será feliz cuando encuentre entre sus hijos hombres de inteligencia y capacidad que comprendan y dominen las circunstancias en que está colocada, y que cada día se hacen más complicadas y exigentes.[11]

---

favorecieron; y que, en la época en que se necesitaba de más cordura, tuvieron un Washington, un Franklin, un Jefferson, un Maddison, un Hamilton, etc., que supieron establecer los cimientos de ese edificio verdaderamente admirable.

El T.

[10] ¡No! La ley del Crucificado no es de exterminio. La misión del hombre es ilustrar al hombre.

El T.

11 Unimos nuestros votos más sinceros a los del autor. Creemos como él que el primer elemento para el desarrollo del progreso de Centro-América es una competente inmigración. Un pueblo se civiliza de la manera que otro se ha civilizado; y esta es que los más ilustrados comuniquen sus luces a los que no lo son. Brinde, pues, el pueblo centro-americano sus inagotables riquezas a los que carecen de ellas, y recoja en cambio lo que él necesita. Establezca y fomente un juicioso sistema de inmigración. Fije leyes liberales y prudentes, que protejan al emigrado y que este sepa obedecer y respetar. Es Honduras el que hoy piensa en sus verdaderos intereses.

CAPÍTULO IV : HONDURAS: DESCUBRIMIENTO.—LÍMITES.—ASPECTO GENERAL.—TOPOGRAFÍA

En Honduras fue donde primero puso los pies Colón en el continente de América. En 1502, en su cuarto viaje, descubrió la isla de Guanaja (o Bonacá), que llamó isla de Pinos. Desde esta isla divisó hacia el sur las altas montañas de tierra firme, y prosiguiendo su curso en aquella dirección llegó el 4 de agosto al punto que llamó Punta Casinas (hoy cabo de Honduras), y formalmente tomó posesión del país a nombre de la corona de España. Continuando costeando al este, tocó la boca del Tinto, o río Negro, y por último, después de algún tiempo y de bastantes peligros, arribó al lugar donde la costa, dando vuelta precipitadamente al sur, forma un cabo, al que, en gratitud de su salvación, le dio el nombre de «Cabo Gracias a Dios». Procurando entrar al Gran Cabo o río Wank, perdió un bote con algunos marineros, y en consecuencia de esta desgracia, le llamó él al Río del Desastre. Del cabo Gracias siguió su viaje a lo largo de la costa Mosquito, que llamó «Cariay», hasta el istmo de Darién.

Poco menos de veinte años después, el conquistador de México, Hernán Cortés, inspirado por las narraciones de los vastos y populosos reinos hacia el sur del humillado imperio de Montezuma, emprendió una expedición a Honduras, que entonces era llamado Hibueras o Higueras. Esta expedición, por la distancia y por las dificultades que la rodeaban y debían sobrevenir, ha sido y será siempre sin ejemplo en la historia de las marciales aventuras.

Partiendo del istmo de Tehuantepec, Cortés entró atrevidamente a los vastos y desconocidos desiertos interpuestos entre los confines de México y el país que buscaba. Por espacio de dos años luchó entre profundos lagos, anchos e impasables ríos, y altas y desoladas montañas, con un valor y una firmeza casi sobrehumanos. Al cabo de este tiempo llegó al lugar donde Colón desembarcó por primera vez

---

Honduras, abriendo sus puertos a una vía de comunicación interoceánica, abre también los de su progreso. Si ella se embaraza, por lo menos ha puesto su primera piedra para lo sucesivo; se ha fijado ya en lo que le conviene; y si se efectúa, será tan grande en su poder moral como lo es en el físico. El T.

en Honduras, y después de haber obtenido la sumisión de los vecinos jefes, fundó allí la antigua ciudad, hoy puerto de Trujillo.

En adición a los nombres de Colón y Cortés, se encuentran los de Alvarado, Cristóbal de Olid y Córdoba en la lista de los intrépidos y celosos capitanes que se distinguieron en la exploración del país y su sujeción a la corona de España. Pero no es mi propósito escribir la historia del poder de España en Honduras. Baste decir que hacia el año de 1540, sesenta años antes que fuese fundada Jamestown, y casi cien años antes que Hudson entrara a la bahía de New York, Honduras tenía sus grandes y florecientes ciudades, y se había establecido la Audiencia de los Confines en su jurisdicción.

Después se trasladó esta Audiencia a Guatemala, y desde aquella época hasta la independencia de los estados hispano-americanos, Honduras constituyó una parte del reino o capitanía general de Guatemala, que comprendía las provincias o intendencias de Guatemala, Honduras, San Salvador, Nicaragua y Costa Rica. Estas se declararon libres del dominio de España en 1824, y asumieron el rango de estados soberanos, formando luego una confederación denominada «República de Centro-América». Pero a consecuencia de las divisiones intestinas y del choque de las facciones, se disolvió esta unión en 1839, desde cuya época, a pesar de varios esfuerzos hechos para restablecerla, algunos estados la han rehusado, y al presente conservan su primitivo poder soberano, como repúblicas independientes. Así que la de Honduras comprende el territorio que le pertenecía como provincia.

Sus límites son, por el N. y E., la bahía de Honduras y el mar Caribe, extendiéndose desde la boca del río Tinto, 45°45' lat. N. y 88°30' long. O., hasta el cabo Gracias a Dios, en la boca del río Wanks o Segovia, en lat. 14°59' y long. 83°44', siguiendo una línea de costa de cerca de 400 millas. Por el S. confina con la república de Nicaragua. La línea divisoria sigue por el río Wanks hasta cerca de dos tercios de su extensión, y desde allí, apartándose al S. O., hasta la cabeza del río Negro, continúa al golfo de Fonseca. Tiene una línea de costa de cerca de sesenta millas en este golfo, desde el río Negro hasta el río Goascorán, abrazando las grandes islas del Tigre, Zacate Grande y Gueguensi. Al O. y S. O. confina con las repúblicas de El Salvador y Guatemala. La línea divisoria es irregular. Comenzando en el golfo de Fonseca, en la boca del río Goascorán, sigue el curso de este río por cerca de treinta millas hacia el norte, hasta la boca de uno de sus afluentes al N. O., llamado el Pescado. Desde la cabeza de este río, cortando un brazo del Torola (que desagua al S. O. en el Lempa), le sigue hasta su boca. De allí continúa por el curso del Lempa hasta la boca del Sumpúl, que crece casi en su nacimiento, hasta el punto donde sus aguas se aproximan al río Paz, que divide a San Salvador de Guatemala. De este punto pasa un poco al N. E. a lo largo de la cadena de montañas del Merendón y la Grita, abrazando las ruinas de Copán, casi quince millas al S. E., hasta cortar la cabeza del pequeño río Tinto, que desemboca en la bahía de Honduras.

Así, pues, el estado se encuentra enteramente dentro de los 83°20' y 89°30' de longitud oeste, y los 13°40' y 16° de latitud norte, comprendiendo no menos que 39,600 millas cuadradas, cerca de la misma área del estado de Ohio.

La extensa isla de Roatán, con sus dependencias, Guanaja, Bonacá, Utila, Helena, Barbarat y Morat, también pertenecen a Honduras; pero están hoy bajo la denominación de «colony of the Bay Islands» (colonia de las islas de la Bahía), violentamente ocupadas por la Gran Bretaña, con violación de los derechos y soberanía de Honduras y de los términos explícitos del tratado de 1850 con los Estados Unidos. También ha puesto sus dominios la Gran Bretaña en una considerable porción de la costa oriental de Honduras, desde el cabo Camarón hasta el cabo de Honduras, pocas millas hacia el E. de Trujillo, al cabo Gracias a Dios, a nombre del supuesto «rey mosquito».

La posición física de Honduras queda indicada en el capítulo precedente sobre la geografía y topografía de Centro-América en general. Sin embargo, como la mayor parte de la presente memoria se contrae a este estado, tengo que entrar en más detalles acerca de él.

Su aspecto general, como he indicado, es montañoso; es decir, está atravesado en varias direcciones por líneas de montañas y collados radiantes de la común base de las cordilleras. Esta gran cadena, que puede mirarse como el primer apoyo del continente, no se aproxima en Honduras menos que 50 o 60 millas al Pacífico. No conserva por todas partes el carácter general de una entrecortada línea, sino que en su curso cambia algunas veces su faz sobre sí misma, formando interiores valles, donde se unen las aguas de los grandes ríos que atraviesan el país en dirección al océano Atlántico. No obstante, vista desde el Pacífico, tiene la apariencia de una muralla natural, con una baja línea de montañas, variada con picos de volcanes, de admirable regularidad en su redondez, que se interponen entre ella y el mar occidental. Podría casi creerse que en algún tiempo las aguas del Pacífico rompieron a los pies mismos de esta gran barrera de montañas, y que la línea inferior de la costa había sido subsecuentemente elevada por fuerzas volcánicas. En San Salvador parece verificarse esta conjetura. En la alta superficie, que tendrá algunos dos mil pies en término medio, y que se extiende desde el volcán de San Miguel hasta el de Apaneca, separada de la verdadera cordillera por el valle paralelo del río Lempa, todo es de origen volcánico. No menos que once picos de volcanes erizan su cima, y el viajero camina de uno a otro extremo del estado por una no interrumpida capa de escoria y cenizas, mezcladas de piedra pómez y algunas veces de lava y piedras volcánicas. En Nicaragua esta línea volcánica se aplana por intervalos, y es notable solamente por altos conos y abiertos cráteres, mientras la cordillera sigue su curso al S. E. en los límites N. del bajo transversal del lago de Nicaragua.

Conforme he indicado, Honduras tiene solo una estrecha frente de cerca de sesenta millas, en cuyos términos la línea volcánica desaparece. Ocupan su lugar altas islas, de origen volcánico, pertenecientes al estado, en la bahía de Fonseca.

Las costas septentrional y oriental de Honduras presentan varios grupos prominentes de montañas, que son los términos de los dependientes ramales N. y E. de las cordilleras. Estas montañas inferiores cortan la costa del norte diagonalmente, y arrollan a una y a otra porción en cierta manera, según se ve del mar, como una entrecortada cadena. De ahí ha ocurrido que en varias cartas de esa costa, aunque se señalan las bocas de los grandes ríos que corren del interior, siendo imposible el curso de los mismos ríos por una continuada cadena de montañas, los colocan como cortando la costa a poca distancia de tierra firme.

Las verdaderas cordilleras, o la gran división que separa las aguas que corren al Pacífico de las que van al Atlántico, atraviesan el estado en una dirección general de N. O. y S. E. Su curso, no obstante, es serpentino; y en un punto, al menos, es interrumpido por un ancho valle transversal, que es el que probablemente ofrece más facilidad para un camino de hierro entre los dos mares, como tendré ocasión de indicarlo. Partiendo de las altas plataformas de Guatemala, esta línea sigue un curso casi al E. hasta llegar a la frontera de Honduras, donde se aparta al S. E., mientras un grande espolón, no inferior en elevación a la «Sierra Madre», corre del E. por el norte a la bahía de Honduras. En el punto de separación, esta línea es llamada «montaña del Merendón», en otro tiempo «La Grita», y cerca a la costa, «montaña del Espíritu Santo». En la misma costa, donde se eleva a la majestuosa altura de siete a ocho mil pies, se llama «montañas de Omoa». Por su base norte corre el río Motagua, que nace cerca de la ciudad de Guatemala y cae a la bahía de Honduras; y a sus pies, en el sur, pasa el Chamelecón, que, en la vuelta, es separado del paralelo río Santiago solamente por una línea de collados, que termina en el ancho llano de Sula, cerca de la boca del río Ulúa.

Continuando el curso de la montaña Madre, la encontramos envolviéndose en una entrelazada masa o nudos de montañas conocidas con el nombre de «montañas de Celaque». En su intermedio está el ancho valle de Sensenti, donde toma su nacimiento el río Santiago. Este gran llano no tiene menos que treinta millas de largo, de diez a veinte de ancho, y es casi circunvalado de montañas. La sola abertura que tiene es el estrecho valle, o más bien la garganta, por donde pasa el río Higuito o Talgua.

Las montañas de Selaque constituyen uno de los principales centros de elevación de Honduras, y sus cimas suben de 8 a 10,000 pies. El mayor brazo del río Santiago, llamado en varios puntos Talgua, Higuito, Alas y río del Valle, tiene su cauce alrededor de estas montañas al norte y al oeste. Otro brazo, el río Mejocote, o río Grande de Gracias, las separa al este de las montañas de Patuca, con sus altos picos, y de las planas montañas de Opalaca o Intibucá, donde se producen todos los cereales y frutos de la zona templada.

Siguiendo el mismo orden, viene el valle del río de Santa Bárbara, uno de los principales afluentes del Santiago, el cual, abajo de su confluencia, toma el nombre de la Venta. El río de Santa Bárbara, como el Santiago, tiene su nacimiento en altos planos, siendo el primero el valle o llano de Otoro, separado del de Comayagua solamente por el grupo de montañas conocidas con el nombre de «Montecillos». Estas son formadas de la verdadera línea de la cordillera, que, cambiando precipitadamente de su general curso de este a sur, a la dirección norte, termina perdiéndose en varios ramales hacia la costa. Tal división forma otro valle encerrado, en el que está el lago de Yojoa o Taulabé.

Ahora vamos a los rasgos topográficos más importantes del estado, considerados con relación a las facilidades que ofrecen para la grande y económica vía de comunicación proyectada entre los dos océanos. En la base oriental de la línea de los Montecillos, donde la interrupción de las cordilleras es completa, está el llano de Comayagua, en el cual, extendiéndose al norte hacia el océano Atlántico, está el valle del río Humuya; y al sur hacia el Pacífico, el valle del río Goascorán; que unidos forman un gran valle transversal de uno a otro mar. Estos dos ríos puede decirse que nacen en el mismo llano, porque se forman uno al lado del otro, en la pequeña elevación que describe la extremidad sur.

El llano de Comayagua tiene una extensión como de 40 millas de largo y de 5 a 15 de ancho. Su eje principal es casi de norte a sur, coincidiendo con la dirección general de los dos ríos mencionados. Se inclina casi imperceptiblemente hacia el norte, y es bañado por el río Humuya, que corre por todo su centro. Es separado del considerable llano del Espino, al norte, por bajos collados, que impiden que estos llanos se miren como uno solo. Unidos, ambos, de una belleza, una fertilidad y un clima extraordinarios, ocupan casi la tercera parte de la distancia entre la bahía de Honduras y la de Fonseca.

Pasando el llano de Comayagua, las cordilleras se reúnen en una masa o grupo de altas montañas conocidas en el norte con el nombre de «montañas de Comayagua», y en el sur con el de «montañas de Lepaterique». Se extienden cerca de ochenta millas de norte a sur, y casi en el centro sale un alto ramal, que llaman montañas de Ule, a cuyo alrededor pasa describiendo un círculo el río Choluteca.

El valle de este río, después que da vuelta a los flancos de las montañas de Ule, es ancho y fértil. En su aproximación a la bahía de Fonseca su anchura es extensa, llena de aluviones cubiertos de bosques, que, sin embargo, son tan altos para ser inundados, que no tienen pantanos ni lagunatos. Dependiente de este valle está otro más pequeño de gran belleza, llamado valle de Yuguare.

Un poco hacia el este de las altas montañas de Comayagua, después de pasar el río y valle de Sulaco, se llega al nudo o grupo de altas montañas llamadas «montañas de Sulaco». Colocadas casi en el centro del estado, despiden los ríos que nacen en su garganta, en un verdadero punto de compás. Allí tiene su origen el gran río Wanks o Segovia, que desemboca en el cabo Gracias a Dios en el Atlántico, así como los ríos Aguán o Romano y el Tinto o río Negro, que desaguan al norte en la bahía de Honduras, y los tributarios del Choluteca, que corre al Pacífico. De este elevado centro radian también varias extensas líneas de montañas, muy poco inferiores a las principales en elevación. Las que se extienden al N. E., separando los numerosos ríos que llevan sus aguas a la bahía de Honduras del valle del río Segovia, se llaman «montañas de Misoco». La línea que se extiende al norte, y que termina sus numerosos espolones en los picos de Congrehoy, frunciéndose en la bahía de Honduras, se conoce con el nombre de «montañas de Pija», mientras que la cadena que sigue un tortuoso curso al S. O., y que finaliza los límites hacia el norte del valle del lago de Nicaragua, tiene el de «montañas de Chile».

La última puede mirarse como una verdadera cordillera. En la base de las montañas de Sulaco, al E. y N. E., están los anchos y elevados llanos de Olancho y Yoro, célebres aun en Centro-América por la abundancia y excelencia de sus ganados. Los ríos de este declive del continente abundan en oro en polvo, y, cuando el país llegue a ser conocido, darán quizás muy poco menos que el que se ha obtenido de California. Desgraciadamente, la más ancha región entre las montañas de Sulaco y el Atlántico, abrazando casi la mitad del territorio del estado, no está habitada sino por algunas tribus salvajes. Poco se conoce del país; solamente se sabe que es muy variado y rico en las producciones naturales de su suelo, como por la diversidad de sus minerales.

La costa del norte de Honduras presenta una diferente superficie. Una parte es plana y cubierta de maderas de construcción. Entre estas, la que más abunda es la caoba. Sería un error creer que esta costa tiene el mismo carácter que la conocida con el nombre de Costa Mosquita, donde la tierra es baja y está llena de mil pantanos y lagunatos. Las montañas, como he indicado, frecuentemente vienen a aplanarse en la mar o se elevan a corta distancia; las de Omoa sombrían en la bahía de Amatique, y las de Congrehoy y Poyas son verdaderos fanales del océano, a cuyos pies viene casi a estrellarse.

Secciones físicas

Los rasgos topográficos que he descrito serán probablemente mejor explanados, acompañándolos de secciones verticales formadas de una serie de observaciones barométricas.

I. Una sección de Honduras, comenzando en Puerto Caballos, en la bahía de Honduras, y extendiéndose hacia el sur, siguiendo los valles primero del río Ulúa y después del Humuya, por los planos del Espino y Comayagua, pasa la altura divisoria (que tiene su mayor elevación en la extremidad sur del último) al valle del río Goascorán, en la bahía de Fonseca, en el Pacífico, a distancia de ciento cincuenta millas. Esta sección corre por el paso más bajo de toda la línea de cordilleras, en el valle transversal del lago de Nicaragua al istmo de Tehuantepec. Presenta una vista longitudinal de los planos del Espino y Comayagua, que pueden considerarse como uno solo. Estos son notables, no solo por tener su más largo eje de norte a sur, sino porque, colocados transversalmente en el general curso de las cordilleras, la altura donde son interrumpidos es también perteneciente a la sección.

Esta misma sección demuestra el perfil del proyectado camino de hierro de Puerto Caballos a la bahía de Fonseca, y evidencia su eminente facilidad respecto a grados. Bajo este aspecto, considerándose como una avenida entre los dos mares el gran valle de Comayagua, puede justamente mirarse como el rasgo físico más importante de Honduras.

II. Otra sección comienza en la ciudad de León, en Nicaragua, y siguiendo el camino provincial casi al norte hacia el Ocotal, capital de la Nueva Segovia[12], pasa de allí un poco al N. O. de los departamentos de Tegucigalpa y Comayagua, a Santa Rosa, en el departamento de Gracias, en Honduras. Esta sección debe observarse

[12] Las observaciones barométricas sobre esa porción de la sección de León a Comayagua son hechas por el doctor S. W. Woodhouse, a quien le debo las notas originales.

que casi coincide con el curso de las cordilleras. De León a la cima de las montañas inmediatas a San Juan de la Maya, el camino va a la parte O. de las cordilleras, y de allí a la cima de las montañas de Chile, sobre su declive E. De este último punto a la cima de las montañas que miran al valle de Comayagua, las aguas corren al S., y de este a la cima de las de Intibucá, al N. Las siguientes cimas se cruzan cerca del pequeño pueblo de San Juan (departamento de Gracias), del otro lado del cual las aguas corren al N. En otras palabras, estas secciones interceptan las cordilleras en seis puntos:

- Cerca de San Juan de la Maya, en Nicaragua, a una elevación de: 1,900 pies.
- En la cresta de las montañas de Chile, a una elevación de: 3,400 pies.
- En la cresta de las montañas de Comayagua, a una elevación de: 4,900 pies.
- En el alto paso de Guajoca, llano de Comayagua: 2,400 pies.
- En la cresta de las montañas de Intibucá: 5,900 pies.
- Cerca del pueblo de San Juan de Gracias: 4,000 pies.

El camino de Santa Rosa a San Salvador cruza las cordilleras en el paso de Canguacota, a una elevación de 4,100 pies; pero el camino de mulas solamente las atraviesa en su parte más baja. Estas tendrán una elevación de 3,800 pies. Según estas bases y otras observaciones, yo creo que la elevación común de las montañas de Honduras, excepto los picos separados, no puede ser menos que de 6,000 pies. La plataforma de Tegucigalpa tiene una elevación de 3,400 pies; la de Intibucá, de 5,300; y la de Santa Rosa, o más bien del departamento de Gracias en general, de 3,200; y el plano de Comayagua, de 4,900. Las porciones centrales inhabitadas del estado, que bien pueden llamarse el gran plateau de Honduras, tienen una común elevación de 3,200, o algo menos de la mitad de la gran plataforma de México. Se calcula que la temperatura disminuye en la proporción de un grado de Fahrenheit por cada 334 pies de elevación. La temperatura media en la boca del río Negro al mediodía, en la costa de Honduras, como se demostró en la tabla anterior, es de 70° Fahr. Estos elementos de cálculo darían, pues, una temperatura común de 60° Fahr. en el gran plateau de Honduras, que es igual a casi el medio común de 55°.

III. Esta sección debe entenderse como coincidente con el meridiano 89° 40' long. O. de Greenwich, o 42° 40' O. del de Washington. Comienza en el punto preciso donde termina la sección segunda, es decir, en Santa Rosa, departamento de Gracias, en Honduras, y se extiende de allí un poco al sur, cruzando el estado de El Salvador al océano Pacífico. Forma un perfil longitudinal del valle de Sensenti, como también una sección transversal del valle del río Lempa, que puede considerarse extendiéndose desde el paso de Monte Redondo hasta la línea volcánica que se interpone entre la verdadera cordillera y el océano Pacífico. Las particularidades de esta sección serán más explanadas cuando tratemos especialmente de la conformación física del estado de El Salvador.

Se comprenderá fácilmente que el curso de estas secciones es solamente aproximativo respecto de las distancias horizontales, y que las generales elevaciones, excepto en ciertos puntos, son también dadas aproximadamente. Fuera de esto, ninguna otra cosa es posible en un reconocimiento general de un país tan diversificado.

Así, pues, topográficamente Honduras tiene la mayor diversidad de superficies y de elevaciones: anchos aluviones, fértiles valles, extensos y elevados llanos, y planizas montañas forman colectivamente toda la variedad posible de climas, suelos y producciones. Estas favorables condiciones alimentarían y sostendrían una inmensa población, cuyos resultados ciertos serían el pronto y grande desarrollo de un rico y poderoso estado. Un gobierno estable y liberal, que atendiese primordialmente a los intereses materiales del país, y que abriese nuevas y buenas vías de comunicación, indefectiblemente atraería a Honduras una emigración europea, no menos, en proporción, a la que constantemente afluye en las playas de los Estados Unidos.

CAPÍTULO V: RÍOS, LAGOS Y LAGUNAS

Los ríos de Honduras son numerosos; muchos de ellos bastante caudalosos, y merecen una particular mención. El Chamelecón, Ulúa, Aguán o Romano, Tinto o río Negro, Patuca y Wanks o Segovia, que corren a la mar del norte; y el Choluteca, Nacaome y Goascorán, que van a la del sur, en la bahía de Fonseca, son los más importantes. De estos, el Ulúa, Aguán, Tinto, Patuca, Segovia y Choluteca son naturalmente capaces de navegación, en más o menos extensión, por vapores.

Río Chamelecón.—El Chamelecón es un largo río; pero comparativamente desagua una estrecha sección del país, y por consiguiente no es muy caudaloso. Es rápido en su corriente y está lleno de bajos.

Río Ulúa.—El Ulúa, sobre ser el más ancho río de Honduras, riega una extensa porción del territorio, comprendiendo casi la tercera parte de todo el estado; y probablemente es el que más descarga en la mar, de todos los de Centro-América, excepto quizá el Segovia. Sus principales tributarios son el Santiago, Santa Bárbara o Chinda, Blanco, Humuya y Sulaco; y abajo de su confluencia es majestuoso. De los reconocimientos hechos por el teniente Jeffers aparece que tiene una barra en la boca, en la que solamente hay nueve pies de agua; pero que, excepto en el tiempo de los fuertes vientos, puede ser navegado por buques que calen siete pies. Ligeros vapores pueden ir hasta la confluencia del Humuya, y en la estación de las aguas hasta la del Sulaco. La misma clase de buques se cree que pueden subir el Santiago a un punto algo distante de su unión con el Santa Bárbara. Donde se pasa el Santiago en el tránsito de Yojoa a Omoa, es un ancho y profundo río, que tiene de 8 a 12 pies de agua. El río Blanco es angosto, pero profundo, y podría ser un ventajoso medio de comunicación interior. La capacidad del lago de Yojoa o Taulabé, con que se comunica, no es bien conocida. Los informes sobre su extensión y profundidad difieren mucho, pero todos convienen en que es bastante profundo. Se dice que don José del Valle escribió una memoria sobre la posibilidad de abrir una comunicación comercial entre el río y este lago, vía el río Ulúa y la mar[13].

En general, el Ulúa y sus tributarios ofrecen muchas facilidades para una comunicación por agua con el interior, que sería un poderoso medio para el desarrollo del país. No es imposible; al contrario, según la cantidad de agua que todos tienen, es más que probable. El Chamelecón y el Santiago podrían ser artificialmente mejorados para transportar a la costa los productos naturales de los ricos departamentos de Gracias y Santa Bárbara. Pero si esto no se verificase, es cierto que los valles de estos ríos ofrecen toda facilidad para la construcción de caminos carreteros o de rails, toda vez que las

---

[13] No hemos visto ese escrito; pero podemos asegurar que, si hay una empresa sencilla, es esta. Sabemos que algunos hijos de Honduras han pensado en ella; pero desearíamos que se fijara seriamente la atención en un objeto que tanto la merece. No debe más el comercio de Europa a los caminos de hierro que al Támesis, al Mosa, al Rin, etc., y a los lagos Uri y Verbano; así como los Estados Unidos al Misisipi.
Que el Ulúa es navegable hasta su unión con el Blanco, y que este lo es hasta las inmediaciones del lago de Yojoa, no hay duda. Tampoco la hay de que el último lo es en toda su extensión hasta Taulabé, diez y siete leguas de Comayagua. El único inconveniente que se presenta es que el segundo de los ríos indicados se pierde dos o tres leguas en su nacimiento del lago. Pero esta dificultad se salvaría o por una canalización, o por un macadam, o por un rail, pues que el terreno es enteramente plano. Mas, si ni aun este pequeño trabajo se quisiese emprender, bien podría establecerse la comunicación hasta Yojoa solamente: no por eso dejaría de ser de la mayor importancia, pues proporcionaría al negociante un medio breve y económico para la exportación e introducción de sus mercancías, y evitaría al viajero las penalidades de la costa.
También el Humuya puede ser, con pocos gastos, una fácil vía de comunicación hasta los Ojos de Agua, a 12 leguas de Comayagua, no pudiendo pasar hasta el Espino por la catarata de Guasistagua. El coronel José María Buezo, del Carrizal, demostró la posibilidad de este tránsito. En 1851 se embarcó en aquel punto en un pitpante cargado de artículos del país; llegó a Omoa, y regresó con mercancías del puerto. En 15 días subió el río, y en 9 o 10 descendió. ¿Por qué, pues, el gobierno de Honduras no dirige una mirada hacia esos puntos de interés general? Que deje de ser puramente político, y que sea progresista, en el sentido propio de la palabra.

circunstancias exijan su sustitución a los tardíos y costosos de mulas que hoy existen.

Respecto al Ulúa, puede añadirse que tiene una ensenada un poco al este de la boca, la cual se extiende casi doscientas varas del río. Pueden en ella llegar los buques hasta tierra con comparativa facilidad y sin riesgo. En caso de que se abriese alguna comunicación por el Ulúa, esta ensenada serviría de fondeadero, y evitaría la necesidad de pasar la barra. Blunt, en su Piloto de la costa, observa: «El río Ulúa es ancho y profundo, y en frente tiene un anclaje de excelente asidero». El Ulúa, en su unión con el Santiago o la Venta, corre por un extenso llano que los conquistadores llamaron el plano de Sula. El suelo de sus riberas es extraordinariamente fértil. Durante la estación de aguas, varias porciones al este son inundadas por el río, así como algunas tierras entre él y el Chamelecón. En verdad, en esta época las aguas de estos dos ríos frecuentemente se unen.

Río Aguán.—El Aguán o Romano es un ancho río que nace en las montañas de Sulaco, y cae en la mar un poco al este de Trujillo. Su total extensión es casi de ciento veinte millas. Su principal tributario es el Mangualil o Mangulile, célebre por sus auríferas arenas y gran cantidad de oro en polvo. En su curso pasa por la ciudad de San Jorge Olanchito, a través del rico valle del mismo nombre, y del igualmente rico valle de Sonaguera. Toda la parte de Honduras que comprenden sus riberas es superior a cualquiera otra del mundo en fertilidad, maderas preciosas, minerales y otros productos. Tiene, según informes, una comparativamente favorable barra (de cinco a siete pies de agua) y es practicable por ligeros vapores hasta ochenta millas. Su capacidad para una vía de transporte es cuestión de mucho interés, por la riqueza de los lugares que están junto a él, como se ha dicho.

Río Tinto, o Negro.—Este río, que a una corta distancia de la mar toma el nombre de Poyer, Polyer, Poyas o Payas, es bastante considerable, y se dice que tiene ciento veinte millas de largo. Como muchos de los otros ríos de la costa, tiene una mala y variable barra en la boca, donde las aguas, según las estaciones, son de cinco a nueve pies. Pequeños buques pueden entrar hasta cuarenta o sesenta millas. En este río fue donde los ingleses tuvieron una fortaleza y algunos establecimientos en el último siglo, que evacuaron en 1786, de conformidad con el tratado que en ese año celebró España con

Inglaterra. Subsecuentes tentativas se hicieron después para formar permanentes establecimientos, uno bajo los auspicios del cacique de los poyas «Sir Gregor M.° Gregor», y otro en 1839–44 por una compañía inglesa, bajo la protección del de Belice; pero los dos fracasaron[14]. Los últimos aventureros llamaron al distrito «Provincia Victoria», e hicieron un importante establecimiento al que dieron el nombre de «Fuerte de Wellington». La narración que sobre esta expedición escribió M. Thomas Young, persona de alguna conocida capacidad, contiene informes importantes acerca de esta porción de la costa. Dice que parte del río llamado Tinto pasa por un bajo, pero rico y cubierto de maderas; que un poco más arriba es pantanoso y lleno de sauces. En el lugar donde el brazo del río principal se separa a unirse con la Criba o laguna del río Negro, comienza la sabana y pinares, donde algunos sambos tienen un establecimiento. La sabana alimenta un poco de ganado; pero la tierra es estéril e inútil para cultivo; «mas a pesar de su aridez es de gran belleza». Se extiende algunas millas por cada dirección, y parece haber sido arreglada por algún hábil jardinero. Toda está variada de grupos de arbustos, que son las guaridas de multitud de ciervos.

Hay también gran cantidad de elevados pinos. Algunos de los pinares de esta costa son muy extensos, de muy buena madera de

---

[14] Aunque el plan de Mc Gregor era oscuro y sin combinación, deslumbró la imaginación de muchas personas irreflexivas, y sus agentes pensaron disponer de muchas partes del imaginario reino de Poyas. Posteriormente se publicó en Londres una obra, en 1822, intitulada: «Bosquejo de la Costa Mosquito, incluyendo el territorio de Poyas, etc., por Thomas Strangeways, K. G. C., etc.», que contenía algunos informes importantes, particularmente sobre los recursos, carácter y producciones del país. Parece que Mc Gregor tenía pretensiones no solo sobre la Costa Mosquito, sino también sobre las islas de la bahía de Honduras. Un panfleto publicado en Londres, sin fecha, se titulaba: *Constitución de la nación poya en Centro-América*, comenzando: «Gregor, por la gracia de Dios, cacique de los Poyas», y concluía: «en el año de 1825, sexto de nuestro reinado». El artículo 4.° dividía el reino de Poyas en doce provincias, a saber:

- Isla de Roatán — **Provincia Neustria**
- Guanaja — **Panamaker**
- Provincia Caribania — **Towkas**
- Romana — **Cackeras**
- Tinto — **Wolwas**
- Cartago — **Bamas**

construcción, y muy ricos en resinas de varias clases. En dichos pinares se elevan muchos terrazos sobre el nivel de la superficie, de ocho y diez pies de altura, y cuyas cimas son tan anchas que pueden edificarse casas en ellas. Sin embargo, en algunas partes la sabana es pantanosa, y produce molestos insectos. Arriba de estos pinares, los bordes del río están cubiertos de arbustos, variados por graciosas bambúas y altos palmitos, cuyo cogollo es un agradable alimento, y de cuyo recto tronco sacan los indios hermosas planchas para construir sus casas.

Como a diez y seis millas de la boca del río, los antiguos ingleses tenían un establecimiento donde ahora se encuentran zarzaparrilla y cacao. Cerca de este punto había un cafetal, en un lugar llamado «las montañas de Lowry», en cuyas inmediaciones había un ingenio de azúcar, del cual existían los hornos en tiempo de la visita de Young. «Mil pies de bananos cargados de frutos habían crecido espontáneamente. Aquí el terreno se eleva tanto que el Poyar, o pico Pan de Azúcar, impide la vista de la mar. En el embarcadero el río es obstruido por bancos, que aun en pequeños botes es difícil pasar». Young añade que en una avenida del río se va en un pitpante, del Fuerte Wellington al embarcadero, en seis días y medio. Descendiendo, en iguales circunstancias, se puede ir en día y medio. Este embarcadero lo calcula Roberts (Strangeways siguiendo su historia) noventa millas distante de la mar; pero este cálculo probablemente es exagerado.

En el propio río Poyer los bancos no son numerosos, pero la corriente es fuerte. La caoba que se había cortado comienza a reaparecer. La escena también cambia; los bordes son de altas rocas, y aun el cauce mismo es formado de rocas. Entrando luego en las montañas Poyer, no se conoce más sino que es rápido y tortuoso. A cierto punto del embarcadero se divide en dos brazos principales, llamados respectivamente Agalta y Paon. Este punto ha sido examinado por don Guillermo Herrera, jefe político de Olancho, quien bajó el Paon y Poyas en 1840, «como treinta y cinco leguas en el valle de Olancho, siendo el camino escabroso y pasando el Paon no menos que veinte y tres veces; río, según dice, de mucha agua y muy pedroso». Enfáticamente concluye manifestando la imposibilidad de abrir ninguna comunicación entre el distrito de Olancho y la mar por el río Poyas y sus brazos.

Los indios poyas tienen un gran número de establecimientos entre las montañas del mismo nombre y los tributarios de este río. Young refiere que el terreno cerca de las montañas Poyer es excesivamente fértil y el temperamento saludable.

La laguna del río Negro, llamada Criba por los españoles, de acuerdo con Roberts que la visitó, es de cerca de quince millas de largo y siete de ancho. Contiene varias pequeñas islas, que fueron cultivadas durante la ocupación del río Negro por los ingleses. En esta época hicieron algunos trabajos de defensa, que continuaron y aumentaron los españoles después de la evacuación inglesa, cuyas ruinas se encuentran todavía. En los bordes de la laguna hay algunas sabanas y pinares, de que los pobladores sacaron considerable cantidad de goma, alquitrán y trementina.

El río Patuca entra a la mar por una boca principal cerca de la medianía entre las lagunas Cartina (llamada por los españoles Brus, y por los ingleses Brewer's) y Cartago, o Caratasca. Parece ser el más ancho de los de la costa del norte de Honduras, entre el Ulúa y el Herbias, o cabo Gracias a Dios. Toma su nacimiento en el verdadero corazón del departamento de Olancho, en la inmediación de la población española de Juticalpa (capital del departamento) y el pueblo de indios de Catacamas. Los principales ríos que concurren a formar el Patuca son el Jalán, Tinto de Olancho, Guayape y Guallambre. Los dos últimos son célebres por su abundancia de oro en polvo, como se ha dicho en otra parte. El geográfico bajo en que este río reúne sus aguas es uno de los más ricos y hermosos de Centro-América. Es separado del del río Segovia por una alta y estrecha cadena de montañas, escarpadas en el sur, pero aplanadas en el norte. El señor Herrera, en su informe citado, asegura que el Patuca es navegable por canoas hasta su unión con el Jalán y el Guayape. Sin embargo, en los aluviones de la costa tiene una poderosa corriente, y es interrumpido por rápidas corrientes que llaman «chiflones». En la boca del Guallambre está el puerto Delon, y abajo de este punto hay numerosos «chiflones», siendo los principales de ellos el Campanera y el Caoba.

En cierto lugar el río se estrecha entre altas y precipitadas rocas por una gran distancia. Este lugar es llamado «Portal del infierno», y a él probablemente se refiere Roberts cuando dice «que en una parte de su curso el río ha forzado el paso en medio de unos collados, siendo uno de ellos completamente cavado por él mismo, formando un arco natural de cerca de quinientas varas por donde desciende». Los principales afluentes abajo del Guallambre son los siguientes, en dialecto poyas, a saber: río Guineo, Cuyamel, Armac-was (río de la Colmena), Was-pres-senia (bramido de las aguas), Vampu y Ulpurra (río del retiro).

La principal boca del Patuca se abre a la mar por una mala e irregular barra, en que hay generalmente de ocho a diez pies de agua. Algunas veces, después de las tormentas, es de más profundidad. Aunque el flujo y reflujo es ligero, ocasionalmente corre la marea por el río algunas millas. Las tierras por lo común, y según el informe dado por los señores Haly, Upton y Deacon en 1844, esas sabanas no son pantanosas como las de la costa, y tienen un suelo negro y fértil. Una grande extensión de pinares se encuentra en más o menos de treinta millas arriba del río, sobre el cual, como abajo, cerca de la mar, las márgenes están cubiertas de maderas; siendo el terreno de una gran variedad, todo admirablemente adaptable al cultivo del café, cacao, caña-miel, algodón, índigo, etc. Es inmensa la cantidad de caoba, cedro, rosa y palo de santa-maría que se encuentra en todo el valle del río, y los pinares pueden suministrar una inagotable cantidad de buenos pinos y encinas. Además de las maderas preciosas, los bosques producen abundancia de zarzaparrilla, hule, copal y vainilla. Haly pretende «que el Patuca es navegable por pequeños vapores hasta las inmediaciones de los establecimientos españoles de Olancho, no hasta la caída del "Portal del infierno", y que es el mejor río que entra a la costa, excepto el de San Juan de Nicaragua, para el comercio con el interior». Piensa igualmente que un establecimiento en la boca, sostenido por el río y por caminos al interior, sería en breve tiempo el más importante de la costa de Omoa. Según Haly, se puede subir en diez y siete días hasta los pueblos de Olancho, porque la corriente es fuerte y la navegación debe ser tardía. Calcula treinta millas por día, y añade «que dichos pueblos están a quinientas diez millas distantes de la boca del río». Este cálculo es absolutamente absurdo, pues que tal distancia, en la dirección del curso del río, no solo atravesaría el continente, sino que llevaría al viajero más allá de la vista de la tierra en el océano Pacífico. Como he manifestado ya, las distancias en Centro-América se aumentan demasiado, pues según el uso del país las calcula uno conforme al caballo que monta. En otras palabras, lo que son cinco leguas con un buen caballo, son diez con uno malo. Roberts, más moderado, calcula el largo del Patuca en ciento cincuenta millas, y Strangeways en ciento solamente. Varios establecimientos de caribes y sambos existen en la parte más baja del río, y los toacas y poyas (payas en español) en algunos de sus tributarios.

Un brazo del Patuca, llamado Zoomtoom Creek, separándose de la madre del río, a corta distancia de la boca, se reúne con el Brus. Este tiene una ancha boca; pero no admitirá buques que calen más de seis a siete pies. A tres o cuatro millas de su entrada hay una isla de pequeña altura, de casi dos millas de circunferencia, bastante fértil, antiguamente fortificada por los ingleses, y al parecer bien cultivada. En este río abunda el buen pescado, aves acuáticas, y tiene una gran cantidad de ostras. «El país hacia el norte», dice Roberts, «es hermoso y variado por altas colinas, valles y sabanas; y el suelo, generalmente hablando, es excelente».

La laguna Caratasca o Cartago «es de considerable extensión, variando en ancho, y teniendo en algunos lugares la apariencia de varias lagunas reunidas, en diferentes direcciones, la mayor parte paralelas a la costa; pero no excediendo de doce millas de ancho». Tiene dos entradas; una de ellas es una pequeña ensenada, llamada «Tibacunta». La boca principal es ancha, con trece o catorce pies de agua en la barra. La laguna se calcula en treinta y seis millas de extensión. En la mayor parte es seca, variando en profundidad de seis a doce y diez y ocho pies. El capitán Henderson, que la visitó, describe el país inmediato al pueblo sambo de Carta o Cartago como una espaciosa sabana, formando un completo nivel cubierto de verdura y de buen pasto, cortado por un lado por las aguas de la laguna, y por otro por elevadas colinas. «Las cúpulas de los pinos y de los altos árboles, esparcidos graciosamente, dan una agradable vista y apariencia de estar todo cultivado con arte, presentando un hermoso relieve». Varios pequeños ríos descargan en la laguna, a saber: el Ibentára, Cartago, Locca, Warunta y Caucarí. Tiene también tres considerables islas. Un gran número de pueblos de sambos rodean la laguna, que poseen algún ganado; pero el suelo está sin ningún cultivo, hallándose grosera e indolentemente descuidado. «Las tierras inmediatas a la laguna», según Roberts, «son en su mayor parte hermosas sabanas cubiertas de buenos pastos, y abundantes en ciervos». Hay algunos pinos en Caratasca; pero en el lado opuesto, es decir al sur, hay unas lomas de tierra llenas de madera de construcción, tan anchas como en ninguna parte de la costa. Detrás de ellas las sabanas son cortadas por altas colinas, cuyas cimas son cubiertas de la más exuberante vegetación. En las márgenes del río en el interior hay excelentes caobas y cedros de la mejor calidad y grosura. El pimiento y otras varias plantas indígenas se encuentran también.

El río Wanks o Segovia (llamado también Herbias, Yare, Cabo, Coco y Oro), que entra a la mar en el cabo Gracias a Dios, es el río más largo, aunque en otros respetos no el más ancho, de Centro-América. Nace en el departamento de la Nueva Segovia, en el extremo N. O. de Nicaragua, poco menos de 50 millas de la bahía de Fonseca, y corre al N. al mar Caribe. En la mayor parte de su curso forma los límites de Honduras y Nicaragua. Su total extensión no puede ser menos que de trescientas cincuenta millas. Casi a doscientas cincuenta millas de su boca pasa por desiertos entre altas montañas, y en una gran parte de su curso por un cauce rocalloso e irregular. Sin embargo, es ocasionalmente navegable por canoas a poca distancia del Ocotal (o Nueva Segovia). Don Francisco Irias, vecino de este país, bajó por él en 1842 en una canoa, y regresó de la misma manera. Salió de un punto llamado el Coco, que parece no distar mucho del Ocotal. De ese lugar al de Pailla, dice que el río no tiene ninguna obstrucción. «Justamente sobre Pailla cae en el principal río otro ancho y hermoso, llamado Bocay, cuya boca está cerca del no menos ancho Pantasma, que entra a la derecha. Hay otros tributarios más pequeños, entre los cuales está el Poteca, que nace en la base izquierda de las montañas que terminan el gran valle de Jalapa, en el punto llamado Macarali. El Poteca es demasiado irregular para navegarse. Hay también otro, llamado Coa, que corre del sur entre altas y escarpadas montañas. Abunda en pescado, y los bosques de las márgenes son ricos en colmenas y en maderas preciosas».

Abajo de Pailla comienza una serie de corrientes que se suceden con rapidez, por algunas de las cuales no pueden pasar sino canoas descargadas, y algunas veces es preciso llevarlas sobre tierra. «Estas son las solas obstrucciones», continúa el señor Irias, «en la navegación del río desde el embarcadero hasta la mar, en el cabo Gracias a Dios. Al presente se emplean cerca de diez días descendiendo. Dos se ocupan pasando las corrientes, de la misma manera, y cuatro remontándolas. Debe observarse que en todo el viaje no hay más que una quinta parte obstruida en el río. El lapso de tiempo empleado depende de la más o menos carga por el paso de las corrientes referidas. De Tilras y Quipispe, la última de estas, al cabo apenas hay corriente alguna, y es necesario el uso de los remos. Todo el país por donde pasa el río es de una belleza extraordinaria, consistiendo en abiertos llanos cubiertos de yerba y de árboles dispersos. Son propios para repastos, y se podría criar mucho ganado y caballos para exportarlos a Cuba y Jamaica. Subiendo el río desde el cabo, he tardado veinte días».

En 1688 un cuerpo de piratas ingleses y franceses, como de trescientos hombres, habiendo abandonado sus buques en el golfo de Fonseca, se vieron forzados a atravesar el continente por Nueva Segovia y a bajar por este río al cabo Gracias. Hicieron el viaje en pequeñas balsas que llamaban «pipiries», llevando cada una dos o tres hombres. Muchos se ahogaron, y De Lussan, uno de los jefes, nos ha dejado una animada, aunque tal vez exagerada, descripción.

«Este río —dice— nace en las montañas de Segovia y descarga en la mar del Norte, en el cabo Gracias a Dios, después de un largo y rápido curso por un vasto número de rocas de prodigioso tamaño, y por los más espantosos precipicios, que pueden considerarse como cascadas, las cuales no bajarán de ciento: es imposible que a su aspecto no tiemble el hombre y no cambie la cabeza al ver y oír la caída de las aguas en aquellos profundos abismos. Es aquello tan formidable, que solamente los hombres de experiencia pueden formarse una idea justa. En cuanto a mí, que he pasado esos lugares, que he vivido tanto y que tengo mi imaginación llena de todos los riesgos que he corrido, no podré darla exacta, por la misma razón de que he conocido tantos y que aquellos no hicieron en mí toda la impresión debida».

De Lussan habla de una cantidad de bananos que encontraron en las márgenes del río, «que les servían para alimentarse», porque aunque había «abundante caza, tenían la pólvora mojada y no podían cazar nada». El resto del río le describe como «muy bueno».

Roberts, que pasó algunos meses en el cabo Gracias, dice «que el suelo de las inmediaciones es muy pobre, y que excepto unos pocos lunares sembrados de casave, es incapaz de producir más que una gruesa yerba, que, sin embargo, sirve de pasto». Los pocos habitantes que residen allí viven de los que hacen un considerable viaje por el río, que les venden plátanos, maíz y otras provisiones. La caza es insignificante, y hay una grande escasez de agua buena, de manera que el cabo no presenta ventaja alguna para ningún establecimiento de agricultura, aunque sí pueden formarse algunos de comercio y para la cría de ganados.

El río entra al océano a poca distancia al norte de la bahía, con la cual se une por un estero o canal, pasable por canoas, y que podría profundizarse para pequeños buques que quisieran evitar la peligrosa barra, pues tendrá de cuatro a cinco pies de agua. «A cuarenta o cincuenta millas de la boca —continúa Roberts— el terreno es bajo, arenoso y pobre, con algunas lomas de pinos, teniendo varios trechos de tierra buena».

No hay duda de que el río Segovia pueda ser útil para el desarrollo del comercio del país. Tres ríos notables corren en el interior de Honduras hacia el Pacífico. Estos son el Goascorán, el Nacaome y el Choluteca: el último es el más ancho. Nace en las montañas de Lepaterique, en la cabeza del llano de Comayagua, corre al este hasta el meridiano de Tegucigalpa, donde cambia al norte, pasa por esta ciudad; y después, describiendo un círculo, entra un poco al sur en la bahía de Fonseca, teniendo una extensión de cerca de 450 millas. Su curso demuestra lo que he dicho respecto a las peculiaridades de los grupos de las montañas de Honduras.

Las de Lepaterique se hacen un gran nudo, y, bastante interrumpidas en la curvatura del río, abrazan uno de los distritos minerales más ricos de Centroamérica. Las minas de Yuscarán, San Antonio, Santa Lucía, San Juan Cantarranas, etc., todas están dentro de esta vuelta. El valle del Choluteca es estrecho hasta el punto en que toma dirección al sur, donde gradualmente se extiende en anchos aluviones sobre el golfo. En medio de estos aluviones está situada la ciudad de Choluteca (antiguamente Jerez de la Frontera), lugar algo considerable.

El Yuguare es un tributario del Choluteca. Corre por un ancho valle, distinguido aun en Honduras por su belleza y fertilidad. Bongos y otras canoas del país suben el Choluteca hasta largas distancias. Ciertamente, el río a 40 o 12 millas del golfo puede mirársele como un brazo de la mar. Sus márgenes, en toda la parte baja de su curso, están cubiertas de cedros, caobas y otras maderas, que la facilidad de extraerlas por su inmediación a la costa las hace más estimadas. Este río será de grande utilidad para trabajar las numerosas y ricas minas de plata que están cerca del Córpus y en las colinas que cortan el valle.

El río Nacaome reúne sus aguas al sur de las montañas mismas de Lepaterique, mientras el Choluteca las recoge al norte. No es muy largo; pero es bastante caudaloso. Es demasiado rápido y no tiene capacidad para ser navegado, sino es en la estación de aguas, que se puede subir por canoas hasta la ciudad de Nacaome. Abajo de este punto corre por aluviones; y arriba, por el pueblo de Pespire, tiene un ancho valle. Después corre solamente por entre collados y montañas. Su principal tributario es el Moramulca.

El río Goascorán nace entre las bajas colinas que están a la cabeza del gran llano de Comayagua; y su valle puede mirarse como la prolongación de aquel. Tiene su fuente en las mismas sabanas que el Humuya, que corre al norte a la bahía de Honduras. Corre casi al sur y, en unión del Humuya, abre un valle transversal, cortando completamente la cordillera, extendiéndose de mar a mar. De esta circunstancia deriva su principal importancia.

El valle consiste en una sucesión de terrazos de más o menos anchura, con alguna especie de aluviones, hasta 40 millas cerca del golfo de Fonseca, donde se extiende en un ancho, bajo y fértil llano. En Caridad, donde el río rompe las montañas de Lepaterique, el valle es más estrecho, pero esto es solamente por unas pocas centenas de varas. El primer pueblo cerca del río es Goascorán, sobre el que están los de Aramecina, Saco, Caridad, San Antonio del Norte, Aguanqueterique y San Juan.

Toda la extensión del Goascorán es como de setenta a ochenta millas. Durante la estación de lluvias tiene una gran porción de agua, pero en la seca puede pasarse sin dificultad. Indudablemente podría hacerse navegable hasta Goascorán por medios artificiales; pero por sí no lo será nunca. Del golfo hacia el río del Pescado, que entra al oeste, pocas millas abajo de Caridad, están los límites entre el estado de Honduras y el de El Salvador. La principal importancia de este río, como he dicho, consiste en su dependencia del llano de Comayagua, para cuando se abra un camino de hierro entre los dos mares.

Lago de Yojoa. — El lago de Yojoa o Taulabé es el único de importancia que tiene Honduras. Su extensión no es conocida, y ningún informe se puede tener de los hijos del país. Probablemente es de veinticinco millas de largo y de tres a ocho de ancho, cerrado por montañas. El río Blanco, un estrecho pero profundo río, sale de su extremidad norte y se une con el Ulúa en el mismo lugar en que viene a juntarse con el Humuya. Este desagüe, según me informó el señor Agustín Follin, cónsul de los Estados Unidos en Omoa, se pierde subterráneamente, en su propio nacimiento, por algunas millas.

Otra particular circunstancia que se asegura de este lago, y que adopta M. Baily en su mapa de Centroamérica, es que hay otros tres desagües que corren al río de Santa Bárbara, y dos al sur que entran al Humuya. A pesar de las comunes peculiaridades que llegaron a oídos del autor del mapa, hay que hacerse nuevas investigaciones; y mientras no se descubra de una manera positiva, yo creeré que no hay más que un solo desagüe. Nada será más interesante, ni nada es más de desearse que practicar un examen en este importante lago[15].

Ocupa uno de aquellos numerosos bajos de que varias veces he hablado, como rasgos peculiares de la conformación física de Honduras, en que las montañas parece que se vuelven sobre sí, formando grupos en vez de continuar en una línea corrida como las

---

[15] Don José Francisco Celaya, hondureño, es el único que ha examinado este lago. Según él tiene veintidós o veintitrés millas de largo, y de tres a nueve de ancho. Su profundidad en las extremidades es de cinco a siete pies de agua, y en el centro de tres a seis y siete brazas. Cuando los nortes reinan en la costa, forma tumbos que no resisten las pequeñas canoas de pescar; es abundante en toda clase de peces. No tiene, ni puede tener, más desagüe que el río Blanco, que, como dice el autor, va subterráneo por espacio de dos o tres leguas.

demás montañas. Al rededor de la cabeza del lago, el terreno parece comparativamente planizo. Varios pueblos se encuentran allí, mientras que las playas laterales son completamente inhabitadas. De aquí infiero que esos lugares son de ásperas y escabrosas montañas, que no presentan tierras de cultivo, ni son favorables para formar poblaciones.

Se creerá que los hijos del país podrían satisfacer estas inferencias; pero estando el lago extraviado de toda línea de comunicación, no tienen ningún conocimiento de él.

CAPÍTULO VI: BAHÍAS, PUERTOS Y FONDEADEROS

La bahía de Fonseca, algunas veces llamada golfo de Amapala, o Conchagua, es sin disputa uno de los mejores puertos, o más bien, «es la constelación de los puertos» de toda la costa del Pacífico en el continente. Tiene como cincuenta millas en su parte más larga, y treinta de ancho. La carta que se incluye, formada de un reconocimiento que hizo el capitán sir Edward Belcher, de la M. R., en 1838, es la mejor explicación que puede darse de sus peculiaridades, que ninguna descripción.

Se verá en el mapa general que esta bahía está dentro del gran valle longitudinal que interviene entre los cerros volcánicos de la costa y la verdadera cordillera, que se extiende desde Guatemala hasta Costa Rica. En San Salvador este valle es regado por el río Lempa, que rompe precipitadamente estos cerros y corre al Pacífico. En Nicaragua el mismo valle es representado por el bajo del lago de Nicaragua, que baña el río de San Juan, el cual rompe la cordillera y pasa al Atlántico. Entre San Salvador y Nicaragua, es más lejos representado por la bahía de Fonseca, donde la mar, rompiendo la línea costa, se extiende detrás de ellas. No hay duda que la bahía debe su origen a causas volcánicas, y su estudio bajo este respecto será del mayor interés para la ciencia.

La entrada a la bahía, de la mar, es de cerca de 18 millas, entre los grandes volcanes de Conchagua (3800 pies de elevación) y Cosigüina (3000 pies), que se elevan como gigantes que vagan en su centro y que constituyen un fanal inequívoco para los marineros. En una línea que atraviesa esta entrada, y casi equidistantes, están las dos considerables islas de Conchagüita y Mianguera, y una colección de grandes rocas llamadas «Farallones», que, mientras protegen a la bahía de las agitaciones de la mar, dividen la entrada en cuatro canales, cada uno de ellos de suficiente profundidad para admitir buques de toda capacidad.

Estas islas son altas: Conchagüita no tiene menos que 1500 pies de elevación, y Mianguera casi 4200. Fueron primeramente habitadas por los indios, que las dejaron y se fueron a tierra firme para salvarse de la opresión de los filibusteros en la época en que subieron al mar del Sur. Las dos islas pertenecen al estado de El Salvador.

Los tres estados de El Salvador, Honduras y Nicaragua tocan en esta bahía. Sin embargo, Honduras es el que tiene su mayor frente. El puerto de la Unión, en su pequeña bahía del mismo nombre, es el principal de los de El Salvador en el Pacífico. Nicaragua tiene también el nominal del «Estero Real», un rebalse de la bahía, que penetra al estado en dirección al lago de Managua. Honduras tiene el puerto libre de Amapala, en la isla del Tigre, que ocupa una posición dominante en casi todo el centro de la bahía.

La pequeña bahía de la Unión, de la isla de Puntazacate a su cabeza, es como de ocho millas de largo y cuatro de ancho. Pero la mitad hacia el norte es baja y casi sin profundidad, y su anclaje, según informes, es obstruido todos los años por las arenas que arrastran los ríos Goascorán y Sirama que entran en ella. Hay también otras dos bahías inferiores: la del Chismuyo, al norte de la isla de Zacate Grande, y que recibe el río de Nacaome, y el de San Lorenzo, un gran cuerpo de agua al este de la misma isla. A la cabeza de esta bahía está situado el nominal puerto de San Lorenzo, que es solamente una dependencia del de Amapala.

El principal remanso de la bahía, llamado «Estero Real», se extiende hasta Nicaragua detrás del volcán del Viejo. Sale del extremo sur de la bahía y penetra en el interior, incluyendo sus vueltas como cincuenta millas. Tiene una anchura de doscientas varas y, a treinta millas por lo menos de su boca, una profundidad que no baja de tres brazas de agua. Sir Edward Belcher entró a este estero en 1838, en el Starling, buque que calaba diez pies de agua, hasta treinta millas; y según su propio lenguaje, «hubiera fácilmente ido más largo, si los vientos se lo hubieran permitido». Este estero se extiende hasta cerca de veinte o veinticinco millas del lago de Managua, del que se separa por el llano del Conejo.

Las principales islas en la bahía de Fonseca son Zacate Grande, el Tigre, Gueguensi y Exposición, pertenecientes a Honduras; y Puntazacate, Martín Pérez, Conchagüita y Mianguera (ya descritas) a El Salvador.

Zacate Grande es considerablemente la más ancha; y, como las otras, es de origen volcánico. Es de siete millas de largo y cuatro de ancho. La parte sur es alta, elevándose en una porción de picos a la altura de dos mil pies. Estas elevaciones declinan al norte y se aplanan hasta ponerse al nivel de las tierras aluviales, que son de una fertilidad extraordinaria. Tanto estas como los declives que descienden de ellas están cubiertos de cedros, caobas, sauces y otras maderas importantes. Los picos mismos, en sus más precipitadas pendientes al sur, están llenos de una yerba que los indios llaman «zacate», de donde la isla deriva su nombre.

En estos zacatales pastan gran cantidad de ganados, y se asevera que en una sola época ha habido hasta cuatro mil animales. En la mayor parte del año, excepto en la estación seca, se reúnen en dichos lugares varios arroyos al norte de la isla. No obstante, se puede obtener bastante agua por medio de excavaciones sobre las capas de lava, debajo de las cuales, como sucede con frecuencia en los países volcánicos, corren constantemente raudales.

Los picos de Zacate Grande, así como los de las otras islas, son de una variada y eterna belleza. Al principio de la estación de las lluvias se visten de la delicada y traslúcida verdura de la yerba de la primavera, que, a medida que la estación avanza, va cambiando en color y uniéndose más y más, hasta que todas las asperezas de la tierra son cubiertas de un lujoso vestido de esmeralda. Y así que el verano entra, la yerba comienza a marchitarse, concluyendo por tornar en un color amarillo; de manera que la isla parece un fajeado manto de granos dorados, que Ceres misma envidiaría. Entonces viene la antorcha del vaquero, que, destruyéndolo todo con su rápida llama y dejando el terreno negro y sombrío, en contraste a sus primeros adornos de oro y verdura, lo prepara para una nueva y fresca reproducción.

La isla de Gueguensi puede mirarse como una dependencia de Zacate Grande, de la que se separa solamente por un pequeño estrecho. Tiene una sola eminencia de gran belleza y regularidad. El resto de la isla es planizo, cubierto de sabana, fértil y propio para el cultivo de arroz, algodón y caña miel. Está ceñida por una cintura de mangles, que a primera vista podría suponerse el terreno bajo y pantanoso.

En esta posición la isla del Tigre es la más importante. Tiene tal vez veinte millas de circunferencia, elevándose en la forma de un cono perfecto, de 2,500 pies de altura. El declive del agua, a alguna distancia en el interior, es ligero y admite cultivo. En la parte del sur y del este la lava forma barreras de rocas a las olas, de 8, 10 y 18 pies; pero al norte y al este hay una considerable porción de «playas» perfectamente planas. El puerto de Amapala está situado en faz de la más importante. El agua de enfrente es de tal profundidad y tiene un anclaje tan claro, que con un largo cable pueden asirse de la playa buques de una capacidad común.

Esta isla fue un resorte favorito para los piratas, y en ella fue donde Drake tuvo su depósito durante sus operaciones en la mar del Sur. En aquella época, tanto allí como en Zacate Grande y otras islas de la bahía, había considerables poblaciones de indios, que las abandonaron y se fueron al interior por temor de los piratas mismos. Desde entonces permanecía casi enteramente desierta, hasta el año de 1838, que una empresa comercial, bajo la influencia de don Carlos Dárdano, negociante sardo, concibió la idea de hacer un puerto libre. Solicitó esta concesión del gobierno de Honduras, y el puerto libre de Amapala fue establecido.

Con este motivo ha tenido un aumento grande en población, y al presente es uno de los puntos más importantes del golfo, y lo será aun del Pacífico, entre San Francisco y Valparaíso. Su clima es bastante saludable, debido a la buena ventilación que tiene, a su proximidad a las tierras elevadas y a la falta de lagunatos. Es accesible al comercio de los tres estados, su arribada es la más fácil en toda la bahía, y los buques más grandes de línea pueden permanecer con toda seguridad en sus aguas. La población puede considerarse como de mil habitantes. Hay ya establecido un comercio directo entre Amapala y Bremen, Liverpool, Marsella, Génova, New York y Valparaíso.

No hay, empero, ningún conocimiento que señale su extensión y valor. La exportación es índigo, cueros, tabaco, oro y plata bruta, brozas de este último metal, cobre, palo de Brasil, juntamente con maíz para los puertos de la costa. El cultivo del azúcar se ha introducido en el interior, con objeto de remitirlo a California.

Yendo en frente del puerto de Amapala hacia el nordeste de la isla del Tigre, está la de Exposición. Es alta, con una ancha «playa» en la parte sur; pero deficiente de agua. Sin embargo, se puede proveer toda la necesaria por medio de pozos de alguna capacidad. La misma observación debe hacerse respecto a la considerable isla de Puntazacate. La pequeña de Martín Pérez es comparativamente baja y llana, y tiene un rico y productivo suelo. Conserva su verdura en la mayor parte del año; y cuando las otras son marchitas o amarillas, ella está perfectamente verde.

Las otras islas, que son varias, pueden considerarse como promontorios volcánicos, que no producen más que la yerba que oculta las ásperas rocas de que se componen.

La bahía abunda en peces y sus playas están cubiertas de una gran variedad de aves acuáticas, como grullas, garzas, pelícanos, ibis, patos, chorlitos, etc. Extensas capas de ostras se encuentran en las bajas aguas de las bahías de la Unión y el Chismuyo. Su cantidad es inagotable. Inmensa es la porción de conchas que se encuentra en las playas, lo que demuestra el grande uso que hacían de ellas los aborígenes. De las ostras comunes hay casi tantas como en las inmediaciones de New York, y de un gusto excelente. Las tortugas y los cangrejos son abundantes.

Todos los lugares del rededor de la bahía son eminentemente productivos y retribuyen a medida del deseo. Las tierras de las márgenes del Choluteca, el Nacaome y el Goascorán son de una fertilidad extraordinaria, propias para el cultivo de todos los frutos tropicales. Las sabanas que caen atrás, que en comparación son tierras bajas, son de repastos; pero en las pendientes de las montañas y en los plateaux del interior se puede cultivar el trigo, patatas y otros productos de la zona templada.

Maderas de valor para la exportación y para la construcción de casas y de buques, excepto el pino, existen en inagotable cantidad en la costa de la bahía, que pueden salir en balsas por los ríos del interior. Estos ríos también presentan facilidad para la navegación, por pequeños botes, a gran distancia, hasta cerca de los puntos donde se extraen los metales en los espolones de la cordillera. Las minas de oro y plata del distrito del Tabanco, en el departamento de San Miguel (San Salvador), y las de plata de Aramecina, San Martín y las famosas del Córpus, todas están cerca de diez a veinte millas de esta bahía.

En toda la parte navegable del estero de Cubulero hay mucha piedra de cal, y bastante laja colorada en las inmediaciones de Nacaome, en la margen del río del mismo nombre. Esta bahía debe ser también con el tiempo el depósito del carbón de piedra, cuando se trabajen las grandes masas que hay en el valle del río Lempa, para suministrarlo a los vapores del Pacífico. Se asegura que lo hay también en los ríos Simara y Choluteca; pero esta aserción no es ratificada.

La bahía de Fonseca, por los admirables puertos que tiene, por los medios que presenta para la construcción y reparación de buques, por sus productibles terrenos y por su comercio local con San Salvador, Honduras y Nicaragua, es de un singular valor y de una grande importancia comercial. Pero nuestra estimación es aún mayor, considerada su posición bajo un punto de vista político y geográfico, y especialmente como el término invariable destinado en el Pacífico para un perpetuo camino de hierro entre los dos océanos.

Yo no vacilo en repetir lo que en otra ocasión dije al gobierno de los Estados Unidos, cuando era su representante en Centroamérica, a saber: «que la bahía de Fonseca es en todos respectos la más importante posición de las costas de Centroamérica en el Pacífico, y tan favorecida por la naturaleza, que irremisiblemente será el emporio del comercio y el centro de las empresas en esa parte del continente». Esto fue escrito antes de que se demostrara, y aun de que se concibiera, la facilidad de un camino de hierro por Honduras, y que termine en aquel punto.

Los principales puertos de Honduras en el Atlántico son Omoa, Puerto Caballos y Trujillo; y en el Pacífico, Amapala o isla del Tigre.

Puerto Caballos. — El primer puerto establecido por los españoles fue Puerto Caballos, lat. 15°49' N. y long. 87°57' O. Fue escogido por Cortés en su expedición a Honduras, y fundó en él un establecimiento, con el objeto de que sirviera de gran depósito de la Nueva España, que llamó Natividad. Por más de doscientos años fue el principal de la costa; pero en la época de los filibusteros se trasladó a Omoa, pocas millas al oeste, en razón de que la extensión de la bahía no era propia para formar fuertes de defensa, mientras que en el otro uno solo basta para protegerlo.

El puerto, o más bien la bahía, es de gran capacidad, teniendo no menos que nueve millas en circunferencia. Es amplia y profunda, y por más de dos terceras partes de su área tiene de cuatro a doce brazas, con un seguro fondeadero. Hacia la parte del norte el agua es de mayor profundidad; y se pueden construir muelles de sesenta pies de largo, donde los buques de la mayor capacidad entrarían y recibirían en tierra pasajeros y carga con más facilidad que en los de New York; habiendo además la circunstancia de que en este punto de la bahía de Honduras el flujo y reflujo de la marea es casi imperceptible.

Unida al puerto o a la bahía está una laguna de agua salada, de dos millas de largo y una y tres cuartos de ancho, de igual profundidad al puerto mismo.

Los vientos que dominan en la costa del norte de Honduras son del nordeste, norte y nor-noroeste, de todos los cuales el puerto está perfectamente protegido. Los vientos del oeste y del sudoeste son poco conocidos, y además son enteramente cortados por las altas colinas y montañas que están en la orilla del puerto en esa dirección.

Omoa. — El puerto de Omoa es en lat. 15°47' N., long. 88°3' O. Es pequeño, pero seguro, y defendido por un buen fuerte, llamado «castillo de San Fernando». Su anclaje es bueno, y de dos a seis brazas. El pueblo está situado a un cuarto de milla detrás de la costa, y tiene de mil quinientos a dos mil habitantes. Su situación es llana; pero a su espalda se eleva una cadena de altas montañas, que, comenzando en Puerto Caballos, sigue al oeste y se une con la Sierra Madre en el departamento de Gracias.

Por esta razón la agricultura en las inmediaciones de Omoa es muy poca, y de los pueblos de indios cerca de Puerto Caballos, y de Choloma, en el plano de Sula, es de donde se le provee de todo. Por Omoa es por donde los negociantes de Gracias, Santa Bárbara, Comayagua y Tegucigalpa hacen sus introducciones de mercancías, y además hay agencias en el puerto. También se introducen efectos que pasan a San Salvador y Guatemala. Por consiguiente, de este mismo puerto es de donde se hacen las exportaciones de los departamentos que he indicado.

Estas consisten en oro y plata, caoba, cueros, tabaco, índigo, zarzaparrilla, etc.; pero el valor a que ascienden estos artículos no se sabe. Una gran cantidad de ganado se embarca anualmente para venderlo en los cortes de madera establecidos cerca de Belice, llevando siempre porción de bueyes que sirven para tirar la madera.

Omoa, por su posición, recibe toda la ventilación de los monzones, y su clima, generalmente hablando, es saludable. Rara vez lo han visitado aquellas epidemias que frecuentemente desuelan las islas Caribes y los puertos mexicanos en el golfo de México. Esta exención no hay duda la debe en gran parte a su proximidad a las montañas y a los ningunos lagunatos que tiene en sus inmediaciones.

Omoa recibe una abundante provisión de pescado, tortugas y aves silvestres de los cayos de la costa y de las aguas de las cercanías.

Trujillo. — Este antiguo puerto está situado en la lat. 15°55' N., long. 86° O., sobre la costa O. de una magnífica bahía, formada por la prominente Punta de Castilla. Young calculaba la población en el año de 1842 en 2,500 habitantes, de los cuales mil eran blancos o ladinos, y mil quinientos caribes. Estos los describe de una talla alta, atlética, robusta y muy industriosos. El comercio de la plaza es casi todo con el departamento de Olancho, el cual bien puede considerarlo como su puerto. Sus exportaciones, como las de Omoa, son cueros, zarzaparrilla, cochinilla, índigo, cobre y plata.

La siguiente descripción de Trujillo es extractada de la narración de G. W. Montgomery, comisionado de los Estados Unidos en Centroamérica, que lo visitó en 1838:

«La población de Trujillo está rodeada de la mar, al pie de una alta montaña coronada de árboles y cubierta de vegetación, que llega a la orilla misma de las aguas. Es una aislada y solitaria ciudad, de antigua apariencia, con pocas casas, y todas en mala condición.

»En sus primeros tiempos Trujillo fue un lugar de mucha importancia bajo un punto de vista comercial y político. Contenía una considerable guarnición, existiendo aún las ruinas de grandes casernas. Tenía un floreciente comercio con la metrópoli, cuyas manufacturas cambiaba por artículos del país. De estos, los principales eran la caoba, cedro y otras maderas, zarzaparrilla, cueros y sebo. Hay también algunas minas de oro en las inmediaciones que pueden trabajarse con alguna utilidad.

»Sin embargo, esta plaza ha declinado, y su prosperidad parece que no volverá dentro de muchos años. Su población, que hoy es de 4,000 almas, fue primeramente dos o tres veces mayor.

»La principal calle, o, estrictamente hablando, la única, porque las otras no merecen el nombre de tales, se extiende de una a otra extremidad del pueblo, y está toda empedrada. Las casas, en la mayor parte, son de un solo piso, y su sombría apariencia, con la yerba que cubre el pavimento, dan al lugar un melancólico aspecto de abandono. Tiene, sin embargo, algo de romántico en su situación, estando encerrado por montañas elevadas y en medio de una exuberante vegetación, que la mano del hombre parece incapaz de reprimir».

«Apenas hay un terreno abierto en las inmediaciones, sino es uno u otro pedazo, donde se cultivan plátanos, yucas y algunos pocos granos, que sirven para el consumo individual. Como los bosques ofrecen un buen pasto, el ganado es bueno y la leche abundante; y el suelo, con su fertilidad y liberalidad, repaga el poco trabajo que se emplea en él, llenando las pocas necesidades de los habitantes.

»Durante mi permanencia en Trujillo hice una correría por los bosques, acompañado del capitán del buque. Hay en las inmediaciones un raudal que lleva un curso tortuoso entre peñas y rocas hasta que cae a la mar. Resolvimos examinar sus márgenes, hasta donde fuera posible. Nos armamos de fuertes bastones para defendernos de las culebras; porque, en verdad, eran tan exagerados los informes que teníamos de la multitud de reptiles que infestan los bosques, que dudábamos dar un paso sin ser atacados por ellos.

»A medida que continuábamos nuestra excursión, yo era más y más sorprendido por la belleza de la escena. La grosura y altura de los árboles, algunos de ellos en flor, y la verdura de sus hojas, era superior a cuanto jamás he visto en el campo. Tamarindos y limones silvestres cargados de frutos, así como el sasafrás, se encontraban en abundancia. Este último y la caoba son los que dan más utilidad al país, y hay mil otros cuyas propiedades y nombres no conocí. También se encontraban una inmensidad de plantas, que me parecieron curiosas y dignas del estudio de un botánico.

»Papagayos, pelícanos y otras aves de hermosos plumajes volaban a nuestro alrededor; porción de pájaros repetían sus gorjeos en los árboles, mientras que en las límpidas aguas se veían los plateados flancos de los peces que jugueteaban en ellas. Algunas veces el arroyo formaba ruido entre grupos de rocas o estrechos pasos, y en otros puntos corría apaciblemente. En cierto punto se hacía una pequeña bahía, profunda y fría, en cuya tersa superficie, de gran transparencia, reflejaba como en un espejo el follaje de los árboles.

»Era imposible no afectarse por la soledad y hermosura de la escena. Una agradable brisa de la mar, que soplaba al mismo tiempo, nos salvó por casualidad de la molestia de los mosquitos; siendo singular, como me parece, no haber encontrado en nuestro paso ni una víbora, ni ningún animal peligroso».

Puerto Sal es un pequeño puerto a pocas millas hacia el este de Puerto Caballos. La profundidad de las aguas no es suficiente para grandes buques. Hay algunas altas rocas al norte, en el punto que cierra el puerto, llamadas del Obispo, bajo las cuales hay un buen anclaje.

Triunfo de la Cruz es una ancha bahía, que comienza en Puerto Sal y da vuelta al interior, formando una línea costa de veinte millas y terminando en un cabo llamado cabo Triunfo. Es bien guarecida de los vientos y tiene un buen anclaje para buques de toda dimensión. A su lado hay muchos puntos en la costa de Honduras donde pueden anclar los buques bajo favorables circunstancias. En las bocas del Chamelecón, Ulúa, Lean, Río Negro, Patuca y la laguna Caratasca hay radas con buenos fondeaderos, que son seguros, excepto en la época de los vientos del norte.

Las islas de Roatán y Guanaja tienen excelentes fondeaderos, y hay un buen puerto al sur de la Útila. Las referencias hechas en otra parte nos relevan de una especial indicación de estas islas. Basta decir que están rodeadas de arrecifes de coral y cayos, que hacen difícil su aproximación, sino es para experimentados pilotos.

Amapala es un puerto libre situado en la isla del Tigre, en el golfo de Fonseca, y es el principal, o más bien, el único de Honduras en el Pacífico. El nominal de la Paz, en tierra firme, no sirve más que para la colectación de los derechos de aduana por las mercancías que se introducen. Queda hecha una suficiente descripción de él en el parágrafo de la bahía de Fonseca, y se extenderá más en el capítulo siguiente, al tratar de la isla del Tigre.

CAPÍTULO VII: ISLAS DE HONDURAS

Al norte del territorio de Honduras, en la bahía del mismo nombre, hay un grupo de islas, casi paralelas a la costa, a distancia de treinta a cincuenta millas. Sus nombres, en orden a su extensión, son Roatán (algunas veces escrito Ruatán y Rattan), Guanaja (o Bonacca), Utila, Barbareta, Elena y Morat. Dependientes de ellas hay numerosos islotes o cayos de pequeño espacio. Estas islas tienen un buen terreno, magnífico clima, ventajosa posición y algunos excelentes fondeaderos, haciendo de una grande importancia aquella porción del continente a que geográficamente pertenecen.

Roatán, la más grande de estas islas, es de cerca de treinta millas de largo y nueve de ancho. «Puede considerársele —dice Alcedo— como la llave de la bahía de Honduras, y el foco del comercio con los países extranjeros». «Esta bella isla —repite Macgregor— tiene un excelente anclaje, fácilmente defendido, y el terreno es propio para el cultivo del algodón, café y otros productos de los países tropicales». Y el capitán Mitchell, de la marina inglesa, que escribió en 1850, añade «que la local posición de la isla es de una importancia grande, no solo bajo un punto de vista comercial, sino político. Este es el único lugar donde se encuentra un buen fondeadero en una extensa y peligrosa costa. Y por su proximidad a Centroamérica y al estado de Honduras, parece un punto propio para un depósito de mercancías inglesas, donde se encontraría un pronto mercado, aun en oposición a todos los derechos que se le impusieran».

«Roatán y Bonacca —escribe otro autor inglés— por sus buenos fondeaderos, fértil suelo, puro aire y gran cantidad de animales, peces y frutas, y por su elevado terreno, son proverbialmente llamadas el jardín de las Indias Occidentales, la llave de la América española y un nuevo Gibraltar. Por sus naturales fortalezas se pueden hacer indomables, sosteniéndolas con una pequeña fuerza».

Strangeways afirma que allí se encuentra «gran cantidad de árboles de coco, higos silvestres y excelentes uvas. Los bosques producen encina blanca y pino propios para mástiles de buques mercantes. Abundan los ciervos, cerdos de monte, conejos y pájaros de muchas especies. Una constante brisa del este refresca y tempera el aire; y hay abundante y excelente agua». Young describe la isla como una hermosa masa de siempre viva, de la playa a los copos de las altas colinas, interceptada por jardines de cocales; encontrándose algunas manchas de café que, aunque abandonadas, continúan reproduciendo bien.

La relación de esta isla por el capitán Mitchell, de la M. R., es la más reciente y completa. Dice que hay una parte de terreno sin cultivo, que todo podría serlo ventajosamente.

«La piedra de cal es su principal formación: hay también piedra arenosa y cuarzo, y una gran porción de coral en las partes bajas. La isla parece haber sido originalmente elevada por alguna erupción volcánica, y los lugares inferiores lavados por la subsecuente acción del agua de la mar. Las arenas reunidas sobre el coral y la materia vegetal arrojada por los vientos o por los pájaros de las tierras inmediatas formaron un suelo fértil, sobre el cual el hombre ha establecido su morada, encontrándolo propicio a sus necesidades. Estas observaciones son acerca de las partes bajas de la isla solamente. Ningún mineral sé que se haya descubierto en la isla.

»Esta tiene una singular belleza a cierta distancia en que uno se aproxima. Las montañas se elevan gradualmente a una altura de novecientos pies; y parece que se suceden de una a otra, interceptadas por valles cubiertos de una lozana vegetación. Así que se acerca a ella, se descubren los cocales alrededor de las playas, y árboles de varias clases sobre las cimas de las colinas. La natural belleza de esta vista se aumenta extraordinariamente cuando se echa el ancla en alguno de los muchos fondeaderos que tiene en la parte del sur.

»En los valles, aluviales depósitos y materias vegetales forman el suelo, que es excesivamente rico y profundo. En las montañas, una tierra arcillosa o marga es la que predomina.

»Una gran cantidad de maderas de construcción se encuentran por todas partes de la isla, tales como el santa maría, generalmente usado para la construcción de buques, tres clases de encina, cedro, olmo español, etc.; y las playas están llenas de alamedas de cocales: árbol que, ayudando a las necesidades del hombre, es gigantesco en las regiones tropicales. Su plantación se remonta a los tiempos; pero probablemente fue arrojado allí por el viento, y como la arena en los bajos de la costa es propia para su cultivo, se ha propagado.

»Al presente la isla produce con profusión cocos, plátanos, ñames, bananos, etc., etc.; y yo creo firmemente que muchos frutos, vegetales y producciones europeas o de la zona templada se cultivarían en ella.

»El país es propio para todos los productos tropicales, tales como la caña miel, café, tabaco, etc., que serían los primeros artículos de exportación.

»Antes que la isla fuese habitada, había una gran cantidad de ciervos, puercos silvestres, liebres, papagayos, pichones y aves de varias especies. Algunos años antes que se poblara, los pequeños buques y botes pescadores, que recorrían la costa, iban a ella para cazar y proveerse de madera de quemar.

»Porción de animales domésticos, como gallinas, cerdos, etc., se crían perfectamente bien, y el ganado sería lo mismo; pero los vecinos no tienen los medios necesarios para impedir que destruya sus sementeras».

«Parece probable que en un remoto período la isla fue habitada por indios. Limpiando la tierra para las sementeras, se han encontrado muchos útiles de cocina y de uso doméstico. Hay tradición de que los españoles (con su sistema de crueldad), en el descubrimiento de la América, despoblaron esta isla, tomando a los aborígenes para que fuesen a trabajar las minas del continente, y jamás volvieron.

»En los meses de setiembre a febrero llueve considerablemente. Estas lluvias refrescan el aire más que en ninguna otra parte de las islas occidentales, y la brisa tempera los ardores del sol. Si el país fuera seco y libre de humedades, el clima sería no solo excesivamente agradable, sino muy saludable. Los meses secos son calorosos; sin embargo, los nativos no se quejan del calor, y al contrario, miran la estación seca como la más saludable. El termómetro, desde que llegué (enero), tenía un medio de 88° Fahrenheit.

»El reumatismo es muy común, así como una especie de fiebre intermitente; esta última proviene, sin duda, de la fermentación de las montuosidades cuando no se quitan, y la primera de la constante humedad. Sin embargo, según mis pocas observaciones, yo creo que el clima no es malo, no solo para los que nacen en aquellas ardientes latitudes; pero juzgo que el europeo, con algunas precauciones, viviría contento y llegaría a una avanzada edad.

»La población de la isla es al presente de 1600 a 1700 habitantes. En 1843 era solamente de 80. Ha ido con un constante y rápido progreso; y en el día se cuentan de tres nacidos a un muerto. Con los medios de existencia que tienen en la mano, y casi preparados para ello, los jóvenes tienen gran disposición a casarse en muy tierna edad; sus familias son numerosas, muchas de las cuales son de nueve, diez y más hijos. Es observación que se ha hecho en los países civilizados, de que el alimento de vegetales y pescado es favorable para la población.

»Esta se halla diseminada en diferentes partes, a lo largo de las playas de la isla; son obvias las razones por qué prefieren estas localidades a las del interior. Edifican sus casas en medio de las alamedas de cocales y plátanos, teniendo sus buquecitos o botes de pescar en rincones abrigados, para salir a buscar lo que necesitan.

»En Coxen Hole, o Puerto McDonald, la mayor parte de vecinos tienen habitaciones; serán tal vez quinientos. Es un seguro fondeadero; sin embargo, yo creo que la casualidad lo habrá establecido allí, porque, a mi entender, hay otros puntos mejores que podían escogerse para puerto.

»La masa de la población se compone de esclavos manumitidos del Gran Caimán, y de una pequeña porción de habitantes de color, nativos de la isla, y primeramente propietarios de esclavos. Estos son los más miserables: poco acostumbrados al trabajo, y habiendo perdido sus propiedades y sus esclavos, o disipado lo que por ellos habían adquirido, se encuentran sin habitaciones y sin medios de subsistir. Por un falso sentimiento de orgullo, tan común en el hombre y en todo país, ellos no quisieron dedicarse al trabajo en un punto donde habían sido mirados con alguna superioridad, y emigraron a buscar su fortuna en las despobladas playas de Roatán. Los esclavos que habían obtenido su libertad no quisieron ocuparse en una isla tan pequeña como la del Gran Caimán, y habiendo sabido el suceso que habían tenido sus primeros señores, siguieron sus pasos.

»La población de color, o aquellos que habían sido esclavos, por su constitución física y por su hábito al trabajo, pronto excedieron a los blancos en la acumulación de medios para subsistir, y hoy viven con prosperidad.

»Si la riqueza se estima por lo necesario para llenar las necesidades del hombre fácilmente adquirido, y aun por acumular algo más, este pueblo no solo es más rico, sino que está en mejores circunstancias que muchos de Europa que viven del trabajo material.

»Además de estas dos clases, hay una tercera, mucho más pequeña, que se compone de europeos puros. Son hombres que han ejercido varias profesiones de vida, que por circunstancias particulares han abandonado, y que, familiarizándose con la rudeza de la adversidad, han tomado otras; retirándose a esta remota isla (algunos viejos, y otros en su media edad) con objeto de reparar sus fortunas perdidas, o en busca de acumular riquezas. Aunque pequeña en número esta clase, es la que ejerce más influencia sobre las otras.

»La masa de la población es una hermosa raza. Todos son fuertes, activos, atléticos, temperados, quietos y regulares en sus hábitos, sin ninguna clase de excesos. Los sexos son igualmente divididos, y los viejos que han vivido con algunas mujeres durante la esclavitud procuran casarse. Podría decir que tienen menos vicios que los que en general se observan en su clase.

»Como una prueba de su buen carácter, han vivido y viven sin ninguna clase de gobierno o autoridad, y los crímenes que se han cometido son muy pocos.

»Su ocupación consiste en cultivar la tierra, pescar, coger tortugas, etc. La necesidad, en todo país y en las primeras edades de la civilización, ha sido fecunda en invenciones, y por consiguiente no es extraño encontrar a este pueblo familiarizado con aquellas groseras artes mecánicas que necesita. Cada hombre hace su propia casa, cultiva sus tierras, etc.; los más son carpinteros y hay algunos buenos trabajadores de jarcia».

Saben bien hacer botes para pescar y otras cosas de uso común. Sus casas son bien hechas.

«Su comercio es de plátanos, cocos, ananas; y este cada día aumenta. Con tales artículos ellos negocian en New Orleans todo lo que necesitan.

»Sus relaciones con otros países son principalmente con New Orleans, Belice y Honduras.

»Creo que la isla podría contener una población de 15,000 a 20,000 habitantes.

»Sus fondeaderos en la parte sur son muchos y buenos. He visitado a Coxen Hole, o Puerto McDonald, y Dixon's Cove. Ambos son al abrigo de los vientos. Hay gran facilidad para reparar buques, y el agua dulce se encuentra con abundancia.

»Dixon's Cove es un buen fondeadero. Está como a seis millas al oeste de Puerto McDonald, y en algunos puntos es preferible al último. Un buque que haya perdido su ancla puede ir a este fondeadero y llegar hasta el lodo suave sin riesgo. Muchos buques pueden fondear allí.

»En Puerto Real hay un fondeadero más extenso, donde veinte o treinta velas de línea pueden anclar. Su entrada es excesivamente estrecha, y las tierras no son fértiles. Generalmente hablando, estos fondeaderos están rodeados de arrecifes de coral; sus canales son estrechos y difíciles de que los pase un extranjero, sino es teniendo un conocimiento local de ellos. Los que están entre arrecifes son profundos, como se ve por la oscuridad de las aguas».

Veintidós buques salieron de Roatán en 1854, cargados de frutos y vegetales para New Orleans.

La Guanaja o Bonacca fue descubierta por Colón en su cuarto viaje, en 1502. En 1840 la examinó el teniente Thomas N. Smith, de la marina real, y, según la carta publicada por el almirantazgo británico, es de nueve millas de largo y cinco de ancho. Dista por la parte más cerca de tierra firme cincuenta millas, y cerca de quince al nordeste de Roatán, con la cual está unida por una serie de arrecifes, por donde no hay más que unos estrechos pasos. Es elevada, y puede verse a una gran distancia de la mar.

Henderson tocó sus playas, fondeando en una pequeña bahía de gran profundidad, pero tan clara que se percibían los peces y las rocas de coral del fondo. «Esta parte de la isla —continúa— es altamente romántica, y, como la de Roatán, cubierta de árboles. Sus productos naturales son los mismos».

Roberts también la visitó, «anclando en un fondeadero al sur. En la parte superior de la playa está profusamente cubierta de árboles de coco; y en la tierra se veían muchas huellas de cerdos silvestres. Hay colinas de considerable elevación, pobladas de árboles; y se dice que tienen piedra de cal y vetas de zinc».

La relación de Young, que fue obligado a guarecerse allí de la violencia de los vientos, es la más extensa, y hace una completa pintura de la situación de la isla en 1844.

«Tiene altas colinas —dice— que producen cantidad de madera de construcción, y en los ricos valles y fértiles sabanas son numerosos los árboles frutales de varias especies que se encuentran. A lo largo de la orilla del agua son inmensos los cocales. Un lugar, sobre todo, en medio de la isla, es llamado el jardín de cocos, donde se ve que la mano de la industria ha intervenido. Vista la isla por una parte, tiene una agradable apariencia, y aunque pequeña, sería de grande importancia si los ingleses se establecieran en ella.

»Los bosques abundan en cerdos silvestres de gran tamaño, así como en millares de liebres; los árboles están siempre copados de pichones y papagayos; y las lagunas y fondeaderos son célebres por la inmensa variedad de peces, que fácilmente se pueden extraer en las orillas de los arrecifes en un dory (canoa). Los abanicos de mar se extienden continuamente, y casi invitan a uno a tomarlos; tan seductora es su apariencia, y tan transparentes son las aguas. En algunos lugares se ven grupos de esponjas; y en otros, hermosos huevos de mar, que es difícil cogerlos; y todo, con los numerosos cayos que hay, rodeados de graciosos cocales, forman una escena verdaderamente novelesca y agradable.

»Las rocas, en los arrecifes que rodean los cayos, están llenas de tortugas; por todas partes se encuentran conchas de estas; y una especie de iguana, llamada illishle, abunda en los cayos. El clima es excesivamente bueno, y en la época en que el cólera devastaba a Trujillo, pocos años antes, el comandante de aquella plaza mandó muchos enfermos a la isla para recobrar su salud. Tres solamente murieron.

»Cuando el río Negro fue ocupado por los ingleses, antes de su evacuación en 1778 por los arreglos que el gobierno inglés hizo con el de España, se enviaban a la Guanaja los colonos que eran atacados de la fiebre intermitente, y pronto regresaban robustos y fuertes. Es admirable la salubridad de esta isla, las riquezas de su suelo, sus maderas, su pesca y sus facilidades para todo, y jamás ha sido poblada por los ingleses. Por muchos indicios se advierte que primeramente fue habitada por los indios».

«En una parte de la isla, cerca de Cayo-cabo-sabana, hay una hermosa sabana, con muchos árboles frutales; y lo que es más singular, es una pared de piedra que se ha descubierto, probando la obra que es hecha por una mano incivilizada. Este muro o pared es bastante largo, de pocos pies de altura, y con algunos groseros nichos para colocar sillas de piedra, que supongo eran los lugares de los ídolos. En varios puntos se han descubierto rocas cortadas, representando sillas; y muchos artículos de servicio doméstico se han encontrado, así como algunos fragmentos de losa y hierros ingleses; y he visto en poder de los vecinos cosas tan curiosas, de manufacturas de los indios, que se han excavado, que ciertamente llaman la atención. La adyacente isla de Roatán presenta aún más pruebas de haber sido habitada por una raza no civilizada.

»En los meses de abril y mayo, millares de aves, que llaman «pájaro bobo», depositan sus huevos al sur de Cayo-Medialuna, que es una deliciosa provisión por cerca de dos meses.

»El número de cocales es verdaderamente increíble, y podrían dar tanta más utilidad en aceite, cuanto que los gastos para extraerlo serían insignificantes; sobre todo, después de los doce primeros meses de residencia los costos serían menos, porque se establecerían sementeras para que el terreno es a propósito. El plátano, que se puede considerar como el primer alimento, se produce extraordinariamente: este, con algunos cerdos y volátiles en un cayo, que se alimentarían con cocos, etc., presentarían la más completa subsistencia. Unos pocos perros españoles para enzarrar los cerdos silvestres, dos o tres redes para coger tortugas, arpones y anzuelos, serían indispensables. En la isla viene bien el café, tabaco, cacao, etc. En la mayor parte del año se puede coger todo el pescado que se quiera; pero cuando hay mal tiempo, lo que sucede algunas veces, es escaso.

»Con respecto a la fabricación de aceite, de catorce grandes cocos se hace un cuarterón, por el método empleado en Roatán; pero introduciendo o empleando prensas hidráulicas, podrían sacarse la misma porción de nueve o diez cocos solamente, y con grande economía de trabajo.

»Los muchos usos para que el árbol y la fruta del coco se destinan son bien conocidos: baste decir que es una de las producciones más importantes con que la bondadosa Providencia ha favorecido los países tropicales. A pesar de la abundancia de cerdos silvestres, poco se cazan. Los caribes van rara vez a la isla con este objeto; pero como no es con frecuencia, los animales aumentan considerablemente. La única cosa que hay desagradable en la isla y sus cayos son los millares de tábanos en la primera, y mosquitos y zancudos en los segundos, que parece impiden que las gentes vayan a poblarlos; pero es evidente que cuando un lugar está cubierto de vegetación estos insectos abundan, y que a medida que se va desmontando van disminuyendo.

»De marzo a junio los cayos están sujetos a la peste de ejércitos de cangrejos, que suben por todas partes en el momento en que el sol se pone, haciendo un ruido increíble. A nosotros nos importunaron demasiado, teniendo que alzar nuestras hamacas bastante alto.

»En resumen, la Guanaja es una bella isla, en donde el hombre puede en breve tiempo obtener lo necesario para vivir; y con energía, actividad y una estricta sobriedad, no debe temer de ir a pasar su avanzada edad en un castillo».

Elena, Morat y Barbareta son comparativamente pequeñas islas, que pueden mirarse como partes de Roatán. En efecto, están unidas a ella por arrecifes, que forman unos estrechos canales. El capitán Henderson, que visitó a Barbareta en 1804, nos ha dejado una animada y entusiástica relación de su belleza. La describe alta y cubierta de bosques espesos.

«Después de una marcha de milla y media a lo largo de la costa, en dirección opuesta a la que me había propuesto seguir el día anterior, llegamos a las rocas, en donde pocas dificultades se presentaban a la vista para continuar a pie. Algunas, sin embargo, fue necesario vencer, y después de un poco de trabajo llegamos a una pequeña eminencia. Sin usar del extravagante lenguaje que en semejantes casos suele usarse, diré que todo era encantador, hermoso y pintoresco. El lugar en que estaba puede contener en todo como medio acre, enteramente sembrado de árboles y cubierto de una alta yerba. Más delante había un espeso y continuado bosque,

Were scarce a speck of day

Falls on the lengthened gloom.
(Donde apenas un rayo de luz penetraba en su profunda oscuridad.)

»En la base de las rocas venía la mar a estrellarse con extraordinario ruido, y las confusas masas de piedra que se extendían le presentaban los límites a sus dominios».

Después fue visitada por Young, quien encontró algunos españoles establecidos. Uno de ellos, el señor Ruiz, le enseñó una extensa sementera, llena de toda clase de productos alimenticios y de guisantes y habas de varias especies. «Tenía un gran terreno sembrado de algodón, y algunos centenares de árboles de papaya, cuya fruta consumían las gallinas y cerdos. Tenía igualmente caña miel y un pequeño molino para molerla y hacer azúcar. En frente de la casa había formado un gran receptáculo que contenía ocho tortugas. En la estación de lluvias empleaba su gente en fabricar aceite de coco».

A la vista de tantos medios para una cómoda existencia, Young fue sorprendido cuando supo que este hombre «apenas tenía tres años de estar establecido, y que no llevó más que a su mujer y su hijo de once años, sin más provisiones que un fusil, dos o tres machetes, unos anzuelos y otras bagatelas». «Desde luego, pensé —continúa el autor— en tantos miles de pobres paisanos, que en vano luchan por adquirir una decente subsistencia, y que, en una situación igual, vivirían con toda independencia, en lugar de que prematuramente sucumben por las remotas esperanzas de adquirir algo o por el peso de una gran familia».

Roberts, que igualmente visitó a Barbareta, dice que encontró «tres o cuatro clases de uvas silvestres».

La Elena es más pequeña que Barbareta, distante de ella cuatro o cinco millas, cerca de la extremidad nordeste de Roatán. Young encontró allí un francés bajo el servicio de Honduras, «que tenía grandes sementeras». Sin embargo, su principal ocupación era quemar cal, para venderla en Omoa y Trujillo a dos o tres pesos el barril, precio a la verdad elevado, pero que él lo obtenía por sus esfuerzos y por la bondad de la piedra de que la hacía, que se encuentra con abundancia en la isla.

Las dos grandes islas que tiene Honduras en el Pacífico, el Tigre y Zacate Grande, están ya descritas en la que se hizo sobre el golfo de Fonseca en general.

CAPÍTULO VIII: DIVISIONES POLÍTICAS. — DEPARTAMENTOS DE COMAYAGUA, GRACIAS, CHOLUTECA, TEGUCIGALPA, OLANCHO, YORO Y SANTA BÁRBARA

Las divisiones políticas de Honduras son siete, a saber: los departamentos de Comayagua, Gracias, Choluteca, Tegucigalpa, Olancho, Yoro y Santa Bárbara. La tabla siguiente expresa la capital, área y población de cada uno, así como el área en general y población del estado.

DEPARTO.	CAPITALES	ÁREA EN MILLAS CUADRADAS	POBLACIÓN	HABITANTES POR MILLA CUADRADA
Comayagua	Comayagua	4,800	70,000	14 ½
Tegucigalpa	Tegucigalpa	1,500	60,000	43
Choluteca	Nacaome	2,000	50,000	25
Santa Bárbara	Santa Bárbara	3,250	50,000	13 ½
Gracias	Gracias	4,050	55,000	13 ½
Yoro	Yoro	15,100	20,000	1 ½
Olancho	Juticalpa	11,300	45,000	4
	Total	**39,600**	**350,000**	**9**

Cada departamento tiene una distinta representación en el congreso del estado, y es gobernado por un funcionario nombrado por el gobierno central, con el título de Jefe político. Los departamentos se subdividen en distritos por la conveniencia de los habitantes y para la mejor administración de justicia.

Departamento de Comayagua.

Distritos. — Comayagua, Lejamaní, Yucasapa, Siguatepéque, Meámbar, Aguanqueterique, Goascorán, Esquías, Lamaní, Chinacla, Cururú, Langue y San Antonio del Norte.

Poblaciones principales. — Las Piedras o villa de la Paz, villa de San Antonio, Opoteca, Esquías, San Antonio del Norte, Goascorán, Caridad, Marcala, Aramecina y Langue.

El departamento de Comayagua, que ocupa el propio centro de Honduras, y que comprende su capital, la antigua ciudad de Comayagua, merece el primer lugar al hablarse de la división territorial del estado. Su distinguida posición geográfica la forma el llano del mismo nombre, de que he hecho referencia varias veces, en el cual está concentrada la mayor parte de la población del departamento. La capital misma, las considerables poblaciones de La Paz y San Antonio, y los pequeños pueblos de Ajuterique, Lejamaní, Yarumela, Cane, Tambla y Lamaní, están en este llano, conteniendo una población de 25,000 almas por lo menos.

La ciudad de Comayagua (antiguamente llamada Valladolid) está situada a la cabeza de él. Fue fundada en 1540 por Alonso de Cáceres, en cumplimiento de instrucciones «de encontrar una situación aparente para formar una ciudad en el medio de los dos océanos».

Al presente tiene de siete a ocho mil habitantes. Antes de 1827 contenía como 18,000, y hermosas fuentes y monumentos la embellecían. En ese año fue tomada e incendiada por la facción monarquista de Guatemala, y jamás ha podido restablecerse a su antigua situación[16].

---

[16] Comayagua. — Valladolid o país de las Hibueras fue el nombre que le dieron los españoles; mas ella conserva el primitivo del lugar. Es puramente indígena. Difieren algunos en su etimología; pero no hay duda de que es compuesto de «Coma» (que en dialecto lenca significa páramo) y de «agua»; siendo su verdadera acepción «Páramo abundante de agua».
La fundó Alonso de Cáceres, de orden de don Francisco Montejo, primer gobernador de Honduras, en 1540, con el título de villa. El 20 de diciembre de 1557 obtuvo el de ciudad, y en 1558 se eligieron los primeros capitulares. En 1561 se trasladó a ella la silla episcopal que residía en Trujillo. En 1585 se hizo la primera catedral; y la que ahora existe se comenzó en 1700 y se concluyó en 1715.

En el mapa se ha colocado demasiado lejos al este y al sur. Su posición está en los 14° 28' lat. N. y 87° 39' long. O.; y casi en línea recta entre la boca del Ulúa y la del Goascorán. Su distancia de la bahía de Fonseca es de setenta millas; y poco más o menos tiene la misma al otro mar.

Comayagua es la residencia de la silla episcopal, y tiene una grande y elegante catedral, al estilo español. También tiene una universidad fundada hace muchos años[17], pero que las convulsiones políticas del país habían casi nulificado, hasta que el año de 1849 la restableció el Dr. don Juan Lindo, hombre de bastante ilustración, que servía la presidencia del estado.

El comercio de la ciudad es pequeño. Las dificultades que presentan las vías de comunicación con la costa impiden que este tome incremento. Pero cuando se ofrezcan los incentivos y medios de desarrollar las riquezas de los puntos inmediatos, esta plaza será de la mayor importancia.

El llano es cortado al este y oeste por montañas de cinco a seis mil pies de elevación, y consecuentemente de un clima frío, igual y saludable, comparable, respecto a temperatura, al de los estados del medio de nuestra Unión en el mes de junio. Las colinas y montañas adyacentes al referido llano están cubiertas de pinos, y en sus pendientes se cultivan el trigo, patatas y otros productos de las zonas templadas, que podrían obtenerse en abundancia. Sin embargo, los del llano son puramente tropicales. Su terreno es extraordinariamente fértil. En suma, el llano de Comayagua ofrece todas las proporciones

---

Su población el año de 1821 era de 17 a 18,000 habitantes. Hoy cuenta con mucho menos de la mitad. Incendiada y saqueada por las tropas de Guatemala en 1827, tuvo una emigración que jamás ha repuesto; y menos todas las fortunas que desaparecieron. De la catedral solamente se extrajeron más de 80,000 pesos, que sirvieron para comprar fusiles con que por segunda vez invadió a Honduras la misma facción en 1832. El T.

[17] Esta universidad se fundó en 1678; pero en ella no podían estudiar, como es bien sabido, más que los españoles puros; y cuando en 1821 se declaró general la enseñanza, comenzaron las disensiones políticas, y, con la ruina de Comayagua, concluyó. Se restableció el año de 1833; pero hasta la presente marcha sin un plan de estudios fijo, uniforme y regular.

posibles para atraer y sostener cómodamente, como en otras épocas se ha visto, una grande y floreciente población.

En verdad, no se da un paso por cualquiera dirección que sea, que no se encuentren señales de los primitivos poseedores, y aun los nombres de los principales pueblos y valles conservan los que tenían antes de la conquista. En algunos de ellos la mayor parte de la población es aún mezclada de indios. Lamaní, Tambla, Yarumela, Ajuterique, Lejamaní y Cururú son nombres indígenas.

También hay muchos lugares de indios que han sido abandonados enteramente por los habitantes, y de los cuales apenas se encuentran vestigios.

Las principales ruinas, verdaderamente aborígenes y de una antigua arquitectura, están en las inmediaciones de Yarumela, Lejamaní y Cururú. Estas consisten en piramidales estructuras aterradas, cubiertas de piedras frecuentemente, conos de tierra y muros de piedra. En ellas y en sus inmediaciones se encuentran vasos de piedra esculpidos y pintados, de una belleza extraordinaria.

Sin embargo, los principales monumentos conservan distintamente sus primitivas formas, pudiéndose decir que están en el llano de Comayagua. Existen en los valles laterales o mesas de las montañas. Las más importantes son las de Calamuya, en el camino del pueblo de indios de Guajiquiro; las de Jamalteca, en el pequeño valle del mismo nombre; las de Maniani, en el del Espino; las de Guasistagua, cerca de la aldea del propio nombre; las de Chapuluca, en las inmediaciones de Opoteca; y las de Chapulistagua, en un gran valle detrás de las montañas de Comayagua. Yo las visité todas; pero ninguna es más interesante, bajo todos respectos, que las de Tenampúa.

Tenampúa, vulgarmente llamado Pueblo Viejo, está situado sobre la cima de una alta colina, que casi merece el nombre de montaña, como veinte millas al sudeste de Comayagua, cerca de Lo de Flores, al lado del camino que va a Tegucigalpa. La cima de esta colina está sembrada de pinos, y a una elevación como de 4,600 pies sobre el llano de Comayagua, del cual, en varias partes, se tiene una magnífica vista. La colina está compuesta del talpetate que es tan común en aquellos puntos; y en sus flancos, excepto en tres puntos, es tan escarpada y precipitada que casi es inaccesible.

En la parte baja, donde la colina se une con las otras del grupo, hay muros artificiales de piedra bruta, de seis a ocho pies de altura, y de diez a veinte de ancho en la base. Estos muros están en el interior terraplenados, como para defensa. En varios puntos hay vestigios de torres, quizá para las guardias o sentinelas. Las dimensiones del muro corresponden a la más o menos inclinación de la pendiente, aumentando hacia el lado del ascenso. En los estrechos pasos naturales los huecos están rellenados de piedras, formando una faz vertical que corresponde con las rocas escarpadas de la colina. Creo no haber visto una posición natural más fuerte. No hay duda que ella fue escogida para una fácil defensa. Bajo ningún sistema de guerra de los aborígenes podía ser tomada.

El designio de haberse hecho para defensa se conoce más por su existencia en medio del área de la cima, en un lugar bajo de dos grandes excavaciones cuadradas, que claramente fueron designadas para repositorios.

Pero los rasgos más importantes de Tenampúa son los muros y defensas que existen aún. El nivel de la cima de la colina es como de milla y media de largo y media de ancho. Al este, la mitad de su área está cubierta de ruinas, que consisten en terraplenes cubiertos de piedras, de formas perfectamente rectangulares, correspondiendo sus lados con los puntos cardinales. Aunque las piedras no son talladas, están colocadas en buen orden. Muchas de estas prominencias, que están en grupos y arregladas una respecto de otra, son de veinte a treinta pies cuadrados y de cuatro a ocho de alto. Ninguna tiene menos de dos, y todas son de tres o cuatro escalas.

Al lado de ellas hay un número considerable de grandes y piramidales estructuras, variando sus dimensiones de sesenta a cuatrocientos veinte pies de largo, de un ancho proporcional y de diferentes alturas. Estas también están terraplenadas, y generalmente tienen ruinas de escalones al lado oeste. Asimismo hay varios cercos rectangulares de piedra y una gran porción de plataformas.

El principal vallado está en el centro de las ruinas, en un punto conspicuo de toda la porción de la colina. Es de trescientos pies de largo y de ciento ocho de ancho. El muro es de catorce pies de ancho; pero al presente apenas se eleva un poco de la tierra. Parece haber sido formado de dos paredes, de dos pies de grueso cada una, y rellenado el hueco de tierra. Los muros transversales que se encuentran, por intervalos, dividiendo áreas rectangulares, parecen haber sido de casas. No es remoto que hayan estado cubiertas de madera, según el uso de los sacerdotes o guardianes del gran templo, de la misma manera que, según las crónicas, «los claustros de los sacerdotes y cortesanos» rodeaban el gran templo de México.

La línea de muros es solamente interrumpida por la puerta o entrada, que está al este entre dos oblongas prominencias donde termina aquel. Para conservar la simetría del cercado, el lado opuesto del muro tiene en el centro otro terraplén informe, igual en tamaño a los de la entrada.

Dentro del referido cercado hay dos terraplenos de relativa posición y tamaño, cuya explicación puede verse mejor en el plano. El más grande tiene tres escalones en el ángulo que mira al oeste. En el del sudoeste, una línea de grandes piedras que está al nivel de la tierra va al sur del muro. La línea norte coincide con una de este a oeste que va al centro del cercado. Entre ella y la puerta hay unas piedras cuadradas que pueden considerarse como los cimientos de algún edificio.

La segunda pirámide está en la esquina nordeste del cercado mismo, teniendo igual número de escalones a la mayor que acabamos de describir; y como ella, tiene una escalera al lado del oeste. En el extremo sur de la colina está otro cercado igual a este, con la diferencia de ser cuadrado y tener puertas en el centro de cada lado. También contiene dos prominencias, a las cuales se sube por escalones.

Entre el gran cercado y el precipicio de enfrente de la colina hay una depresión o pequeño valle. Este está terraplenado por los dos lados, cubiertos de piedras, con algunos escalones para subir. La principal de aquellas, del otro lado de la depresión, está en el borde del precipicio, al sur de la más grande en el primer vallado. Tiene una vista dominante sobre una parte del llano de Comayagua, tal que las luces se ven perfectamente por los habitantes del bajo. Yo creo firmemente que esta circunstancia es la que se procuró al escoger tal posición.

Hay otras muchas cosas notables en estas ruinas, de que no se puede dar una idea perfecta en el plano, por cuya razón no he intentado describirlas. Las más singulares consisten en dos largas prominencias paralelas, cada una de cuarenta pies de largo, treinta y seis de ancho en la base y diez de alto en el centro. La parte interior de las dos, enfrente la una de la otra, parece haber tenido tres terrazos, como los puestos de un anfiteatro. Los bajos son de cuarenta pies separados, cubiertos de vastas piedras cuadradas, colocadas perpendicularmente, que presentan una frente igual.

En el exterior tienen aquellas una especie de correspondencia con las de los muros del gran vallado, y cada una parece haber sido los cimientos de tres grandes edificios. El todo de los terrazos es de trescientos sesenta pies de largo. Exactamente en una línea del centro del espacio entre las paralelas, distante veinticuatro pasos, hay dos grandes piedras colocadas a uno y otro lado, con una abertura de un pie entre las dos. En frente a ellas hacia el norte, y como ciento veinte pasos de distancia, está otra prominencia que ocupa una posición relativa respecto a las paralelas, con algunos escalones en la parte sur. Sobre ella, como en otras muchas, hay grandes pinos de dos pies de diámetro.

Sin procurar definir el verdadero objeto de estas paralelas, me parece muy probable que tienen el mismo designio de los muros paralelos que Stephens encontró en Chichén-Itzá y Uxmal, en Yucatán. No hay duda que servían para juegos, procesiones u otras ceremonias religiosas o civiles, en presencia de los sacerdotes o dignatarios que se colocaban en los terrazos de uno y otro lado.

La forma de los varios túmulos de Tenampúa indica que no fueron edificios de habitación. Evidentemente parece que algunos fueron templos, semejantes a los de Guatemala, Yucatán y México, y de una proporción igual a los que se encontraron en el valle del Misisipi, con los cuales coinciden en su construcción.

Yo pude excavar solamente uno, situado en la inmediación del gran templo. Después de penetrar la capa de piedra que tenía, el resto no era más que de simple tierra; pero el interior del terreno superior estaba compuesto de materias quemadas, cenizas y fragmentos de piezas de barro. Recogí bastantes de estos fragmentos, muchos de los cuales eran de vasijas bien proporcionadas, pintadas y adornadas exteriormente. Algunas eran planizas, como pailas; otras tenían la forma de vasos diferentes.

Todos eran cuidadosamente pintados con simples adornos, o figuras mitológicas. Un pequeño vaso de tierra, groseramente trabajado, fue el único que pude obtener entero. Estaba fileteado de negro y rosado, de una materia tan sólida que no se podía mover. También se encontraron fragmentos de cuchillos enmohecidos.

Cerca de la extremidad nordeste de la colina hay dos profundas cavidades, con flancos perpendiculares, que llegan a la roca: son de veinte pies cuadrados y doce de profundidad. Aunque parcialmente rellenadas de tierra, se descubre un pasaje en la parte inferior de cada una, hacia el norte, de una profundidad poco más o menos de tres pies, y otros tantos de ancho. Cómo pasaban por ellos, o de qué servían, no se sabe. Las aguas que corren por ellos en la estación de lluvias tienen una fácil salida. Yo no puedo decidir si son naturales o artificiales; pero me inclino a creer que son naturales, con algunas mejoras artificiales. Una arruinada pirámide está en la boca principal. La tradición que sobre ellos hay es de que fueron cavados por «los antiguos», conduciendo a las ruinas de Chapulistagua, al otro lado de las montañas, para huir fácilmente por ellos en caso de peligro.

En todo hay como trescientos o cuatrocientos terrazos y pirámides truncadas de varias dimensiones, además de los singulares vallados que he mencionado.

Probablemente toda esta posición servía para fiestas religiosas y para defensa. La unión de estos dos objetos fue común en todas las familias semicivilizadas del continente. En mi obra sobre los monumentos del valle del Misisipi he presentado muchos ejemplos en que las estructuras puramente religiosas se encontraban en las de defensa. No fue sino en el área de los terrazos del gran templo de México donde los aztecas hicieron la última resistencia a las armas de Cortés. Sin embargo, no se supone que este fuese un pueblo fortificado, o el lugar donde permaneciese una gran población. Las cimas de las colinas son rocallosas y el suelo pobre, poco a propósito para una población de indios, que procuraban abundante agua y buenas tierras. Indudablemente las habitaciones permanentes las tenían en el bajo, y solo iban allí a practicar sus ritos religiosos o a procurar su salvación en caso de peligro.

Dentro del departamento de Comayagua se halla el llano del Espino. Está al norte del de Comayagua, del que se separa solamente por una línea de collados, de manera que puede considerarse como una extensión o dependencia. Es regado por el mismo río Humuya, que lo atraviesa enteramente. El llano del Espino es algunas veces llamado de Manianí. Es mucho más pequeño que el de Comayagua; pero tiene doce millas de largo y ocho de ancho; y en otros respectos, como clima, producciones, etc., nada puede decirse del uno sin que corresponda exactamente al otro.

Dependiente también del llano del Espino es el pequeño valle lateral de Jamalteca, de una belleza sorprendente, y tan abundante de agua, que mantiene su vegetación fresca y vigorosa, recogiendo los habitantes una no interrumpida sucesión de cosechas, aun durante la estación seca, en que la agricultura está en suspenso. En este valle hay algunos interesantes monumentos de los aborígenes, indicando que hubo una gran población.

Casi toda la extensión del valle del río Goascorán, que corre al golfo de Fonseca, está dentro de este departamento. Este valle es estrecho, y a excepción de su boca, donde se extiende a los planos del Pacífico, no contiene tierras de importancia. Es interesante todo él por la facilidad que presenta para la proyectada línea del camino de hierro.

Las montañas de San Juan o Guajiquiro, en la parte sur del departamento, son exclusivamente ocupadas por indios, descendientes de los aborígenes lencas. Estas montañas están estratificadas de talpetate blanco, pero tienen hermosas áreas de un fértil suelo en que los indios cultivan trigo y otros granos, y frutos de las más altas latitudes. Tienen una exquisita raza de mulas, y manifiestan un grado de perseverancia y de industria, aunque sin la empresa necesaria, que no vi entre los semicuropeos habitantes.

Cada departamento en Honduras posee más o menos minerales ricos. Aunque en este respecto el de Comayagua no es superior a los otros, no es, sin embargo, menos favorecido. El considerable pueblo de Opoteca está literalmente edificado sobre una mina de plata, que fue trabajada en una escala bien superior, y con los mejores resultados, en tiempo de la corona. Al presente la atención de los vecinos se dirige a la agricultura, por razones muy sencillas.

Cerca de Aramecina, Las Piedras y en las montañas de Lepaterique hay numerosas y muy ricas minas, unas abandonadas y otras mal trabajadas. No necesitan más que inteligencia, empresa y capitales para ser productibles. El cobre se encuentra en abundancia, pero tampoco se elabora. En todo el departamento hay vastas capas de mármol azul, propio para toda clase de construcciones, o para hacer cal. Las rocas predominantes son de piedra granosa, generalmente blanca, y algunas veces de color de naranja. Cerca de Guajiquiro se encuentran también inextinguibles capas de varios colores de ocres, de buena calidad. Estos fueron usados por los aborígenes, y lo son hasta el presente, para pintar. Los colores son extraordinariamente vivos.

Pinos y encinas abundan por todas las colinas del departamento; y la caoba, cedro y el lignum vitæ (guanacaste), así como otras muchas maderas de uso, se hallan en la cantidad deseable en los valles de los riachuelos. Una gran variedad de cactus se encuentra en el llano de Comayagua. El más común es llamado nopal en México, que se cultiva en los estados del sur de aquel país y en Guatemala para la producción de la cochinilla. Las numerosas plantas silvestres que hay en Honduras producen lo que llaman grana silvestre o cochinilla silvestre. Los llanos de Comayagua y el Espino son admirablemente adaptables para el cultivo de la grana, café y todas las plantas de las regiones semitropicales.

Departamento de Gracias[18]

Distritos. — Gracias, Ocotepeque, Guarita, Erandique, Corquín, Gualcha, Sensenti, Camasca, Intibucá, Santa Rosa y Trinidad.

Pueblos principales. — Gracias, Santa Rosa, Intibucá, Sensenti, Corquín, San José, Ocotepeque, Cololaca y Guarita.

El departamento de Gracias está en el ángulo nordeste del estado, tocando a San Salvador y Guatemala. Su territorio es, en muchos respectos, el más interesante de todo Centroamérica, del que puede

---

[18] Después de Trujillo, Gracias es la ciudad más antigua de Honduras. Enviado Juan de Chávez por el conquistador don Pedro de Alvarado, a buscar un lugar aparente para establecer una ciudad entre los dos mares, después de vencer las dificultades físicas del país y las que le oponían los indios, bajo las órdenes de Lempira, cuando llegó a un lugar planizo, exclamó, como Colón: «¡A Gracias a Dios!»; y este fue el nombre que dieron a la población. (Herrera.)

mirarse como un compendio. Es del único que hemos obtenido datos ciertos. Estos son debidos al señor don José María Cacho, actual secretario de estado de Honduras, que, como jefe político de este departamento en 1834, cumplió su deber, atendidas las dificultades del caso, de una manera acreditable y satisfactoria.

Su superficie es la más diversificada, y distinguida por varios grupos de majestuosas montañas. Las de Celaque ocupan casi todo el centro del departamento; y al norte tiene la línea del Merendón, que, como he manifestado en otra parte, se extiende desde los límites de El Salvador hasta la bahía de Honduras, en una distancia de ciento cincuenta millas. Es conocida con diferentes nombres en distintos puntos, como el Merendón, Gallinero, Grita, Espíritu Santo y Omoa. Ningún pueblo hay en estas montañas, a excepción de la pequeña aldea de Dolores Merendón.

Al pie, hacia el norte, hay varios hermosos valles, entre los que se cuenta Copán, célebre por los antiguos monumentos que contiene. Al sur, casi coincidiendo con los límites entre este departamento y el de Comayagua, están las montañas de Opalaca y Puca, ambas de una dominante altura. Se extienden al nordeste, paralelas a las de Omoa, hasta interceptar el valle del río de Santa Bárbara.

Todas estas montañas están cubiertas de maderas de construcción, de pinos y encinas. En las pendientes y valles que hay al pie, el cedro, caoba y otras maderas preciosas son abundantes. En las montañas del Merendón se encuentra el quetzal, el pájaro real y sagrado del reino aborigen del Quiché, y uno de los más hermosos del mundo.

Este departamento, como todas las otras partes de Honduras, es profusamente regado. En él nacen los ríos más grandes de Centroamérica. Al oeste de las montañas del Merendón, y de sus gargantas, salen los pequeños ríos Jila y Gualán, que caen al Motagua. A lo largo de la base este de la misma línea corre el Chamelecón, que tiene su nacimiento a pocas leguas al norte de la ciudad de Santa Rosa. Forma un valle de gran belleza y fertilidad, que, como el Copán, abunda en monumentos de una gran población aborigen.

El río Santiago, o Venta, que después de su unión con el Humuya tiene el nombre de Ulúa, nace en el gran llano de Sensenti, donde le dan otros varios, como río del Valle, Alas, Higuito y Talgua. Su grande tributario en este departamento es el Mejocote o Gracias, que corre al este en la base de las montañas de Celaque. A lo largo de los límites sur del departamento, separando los de El Salvador, corre el río Sumpul, uno de los más afluentes del gran Lempa que desemboca en el Pacífico. Algunos tributarios de consideración recibe también del propio departamento. Entre ellos se pueden mencionar el Guarajambala, Pirigual, Mocal y Cololaca.

Quizás el más interesante rasgo topográfico de este departamento es el llano o valle de Sensenti, casi circulado por las montañas de Celaque, Pacaya y Merendón. Es como de treinta millas de largo y de cinco a quince de ancho. Apenas lo divide una línea de collados, que se extiende hasta las inmediaciones de Corquín. Con propiedad puede decirse que el valle superior es el de Sensenti, y el inferior el llano de Cucuyagua. El último tiene una altura de 2,300 pies, y el primero de 2,800 sobre el nivel del mar. El suelo en general es bueno y el clima delicioso.

Constituye parte de los dominios del aborigen Lempira, que es el que más resistió a los españoles que ninguno otro de los jefes de Centroamérica. El ejército con que salió a encontrar al general español Chávez era mayor que toda la población presente del departamento.

El clima de todo él es saludable. La temperatura general, como puede inferirse de la elevación del país, es fría, aunque no puede decirse que haya dos lugares iguales. El clima varía con su elevación. Intibucá, pueblo de indios, situado en el medio de un considerable plano o terrazgo de la montaña de Opalaca, está a 5,200 pies sobre el nivel del mar. Ocasionalmente cae alguna nieve en los meses de diciembre a enero. Yo pasé por el país a principios del mes de julio, cuando el termómetro marcaba 56° Fahrenheit. Los melocotones, manzanas y ciruelas vienen bien en este llano, y la mora es indígena de aquellas montañas. Los pueblos de Caiquín y Coloete tienen una temperatura aún más baja que Intibucá.

Durante tres semanas que permanecí en Santa Rosa, de 9 de julio a 1.° de agosto, la temperatura media por la mañana fue de 68°, la de mediodía de 72° y a las 3 P. M. de 73° Fahrenheit. De septiembre a febrero tiene el termómetro un medio más bajo.

Los productos vegetales de este departamento, actuales y posibles, llenan la lista de todas las producciones de las zonas templadas y de los trópicos. El trigo, la cebada y el centeno y las patatas, etc., vienen perfectamente bien en las montañas, mientras la caña miel, el índigo, tabaco, café, algodón, cacao, plátanos, naranjas, etc., florecen en los llanos y valles. Las maderas preciosas son abundantes. Pinos, iguales a los mejores de North Carolina, cubren los collados. También hay inmensidad de caoba, cedro, granadillo, brasil, mora, etc., para objetos de manufacturas y para tintes. Copal, bálsamo y liquidámbar son entre las gomas las más comunes. El tabaco de Gracias, como se verá después, tiene una grande y conservada celebridad.

Aparte de su rica agricultura, Gracias es distinguido por sus minerales y preciosos metales. Las minas de oro y plata son numerosas y ricas, aunque apenas se elaboran por falta de conocimientos científicos, inteligencia, máquinas y capitales. Los metales de plata y cobre de las minas de Coloal, en las montañas del Merendón, son de gran riqueza: dan un 58 p. % de cobre, y 98 onzas de plata por tonelada. Los metales de plata de las minas del Sacramento dan 8,674 onzas por tonelada. El carbón de piedra se encuentra también en el llano de Sensenti, cerca del medio desierto pueblo de Chucunyuco. Yo visité las vetas en un lugar cortado por quebradas, y encontré el principal depósito de ocho a cuarenta pies de grueso, separado por una capa bituminosa de dos pies también de grueso. El carbón es bituminoso y en el exterior de buena calidad. El amianto, cinabrio y la platina se encuentran igualmente en el departamento. Los ópalos se obtienen en varias localidades, y ya se han exportado en considerable cantidad. Los más y mejores se hallan en las montañas inmediatas al pueblo de Erandique.

Según la Gaceta Oficial de Honduras de 4.º de abril de 1854, a 31 de enero de 1853 se habían denunciado dieciséis minas de ópalos solamente en el distrito de Erandique. En el mismo período se denunciaron, en todo el departamento, trece minas de plata, una de oro y una de carbón de piedra. Se asegura que cerca de Campuca se encontraron amatistas.

Inmediato al pequeño pueblo de La Virtud, en el extremo sur del departamento, está el curioso fenómeno natural conocido con el nombre de mina o fuente de sangre[19]. Del interior de una pequeña caverna emana constantemente un líquido rojo, que al caer se coagula exactamente como la sangre. Se corrompe como esta; los insectos depositan su larva en él, y los perros y buharos van a la caverna para comerlo. En un país donde los conocimientos científicos son tan escasos como en Centroamérica, un fenómeno como este debía ser un objeto de grande y aun de supersticiosa admiración, y muchas historias maravillosas se refieren de la fuente de sangre.

Varias veces se había intentado hacer el análisis de este líquido, pero nunca había sido posible, porque su rápida descomposición obligaba a romper las botellas en que se echaba. Diluido en agua pude traer dos botellas de él a los Estados Unidos, que sometí al examen del profesor B. Silliman, junior. Sin embargo, había sufrido gran descomposición y tenía un olor muy desagradable. Había depositado un grueso sedimento, conteniendo rasgos de su original materia orgánica. Las peculiaridades del líquido son indudablemente debidas a la rápida generación que hay en esta gruta de alguna prolífica especie de infusoria colorada.

Departamento de Choluteca.

Distritos. — Nacaome, Amapala, Choluteca, Sabana Grande, Texiguat, Curarén, Santa Ana.

Poblaciones principales. — Choluteca, Nacaome, Texiguat, Langue, Pespire, Sabana Grande[20].

---

[19] Un poco al sur del pueblo de La Virtud está una pequeña gruta, que en el día es visitada por los búharos y gavilanes, y en la noche por multitud de vampiros que van a alimentarse de la sangre natural que sale de la caverna. Esta gruta está en los bordes de un riachuelo, cuyas aguas se enrojecen con la pequeña vertiente de un líquido del mismo color, olor y gusto de la sangre. Aproximándose a la gruta se siente un olor desagradable, y al llegar se ven lagos de sangre en estado de coagulación. Los perros la comen con avidez.
El difunto don Rafael Osejo fue el único que procuró mandar dos botellas de este líquido a Londres para su análisis; pero a las veinticuatro horas se había corrompido, y rompió las botellas. Gaceta de Honduras, de 20 de febrero de 1853.

[20] Sabana Grande, Texiguat y Santa Ana pertenecen a Tegucigalpa, y Curarén y Langue a Comayagua. Los distritos, pues, de este departamento son Choluteca, Nacaome, Amapala, San Marcos, El Córpus, Namasigüe, Oropolí y Pespire; y estas mismas son las poblaciones principales. El T.

El departamento de Choluteca está al sur de Honduras, fronterizo a la bahía de Fonseca, en el declive oeste de las montañas de Lepaterique o Ule, en donde nacen los ríos que lo riegan. Por consiguiente, su superficie es extremadamente variada. Los valles de los ríos Choluteca y Nacaome son anchos y fértiles, y el distrito inmediato a la bahía es distinguido por sus extensas sabanas y aluviones cubiertos de bosques. A una distancia de quince millas, el suelo es admirablemente adaptable para el cultivo, y propio para producir con abundancia todos los frutos tropicales. A medida que el país sube, que es una serie de terrazos, las sabanas son más anchas y numerosas, suministrando vastos repastaderos de ganado, que es lo que constituye la principal riqueza del departamento.

Las montañas de Lepaterique o Ule, que forman la frontera de este al norte, no tienen menos que 5,280 pies de altura en el punto donde las corta el camino de Nacaome a Tegucigalpa. Sus cimas son anchas, ondulantes, frías, saludables y fértiles, y lateralmente constituyen los graneros de los adyacentes distritos minerales. El trigo, las patatas y especialmente el maíz vienen con lozanía. Granizos, y ocasionalmente nieve, caen allí, y algunas veces ha sido en tal cantidad que han emblanquecido el suelo por unos pocos días. De las cimas de las montañas de Ule se toma la vista de un paisaje de más de cien millas de extensión, que forman las azules masas de montañas de Sulaco al norte, y los volcanes de Nicaragua y el golfo de Fonseca al sur y sudeste.

De estas montañas el viajero goza también de la hermosa vista del valle de Choluteca, que el curso del río define claramente por los verdes bosques que conserva en sus márgenes. Esta vista se obtiene en el ancho y dependiente valle de Yuguare, célebre aun en el mismo Honduras por su extraordinaria belleza y por sus inagotables fuentes de riqueza. En este valle hay varios pueblos considerables de indios, cuyos habitantes son distinguidos por su industria, por su bravura y por su espíritu republicano. Los Texiguats y Curarenes obtuvieron una gran nombradía en las guerras que precedieron a la disolución del pacto federal de Centroamérica, y al presente son los más fieles ciudadanos del estado y sus más valientes defensores.

A su rica agricultura, el departamento de Choluteca agrega la de sus minerales, que todos son de plata. Allí está la famosa mina del

Córpus, cerca de Choluteca, que en tiempo de la corona se consideró de tanta importancia, que indujo a la Audiencia a establecer en ella un ramo del tesoro para recibir los quintos reales. Al presente se trabaja en una escala muy pequeña, estando llena de agua y obstruida con las rocas que se han desplomado. También están allí las minas del Cuyal y San Martín, que aunque no se trabajan en mejor grado que aquella, dan una grande utilidad. Su importancia es todavía mayor por su proximidad a la bahía de Fonseca, por donde pueden ir todas las máquinas que se necesiten.

En el Tigre se han establecido máquinas de aserrar, para hacer tablas de cedro, que antes se exportaban todo por Omoa y Trujillo; pero desde el establecimiento del puerto libre de Amapala, toma una gran parte esta dirección[21].

Departamento de Olancho.

Poblaciones principales. — Juticalpa, Catacamas, Campamento, Silca, Manto, Yocón, Laguata, Danlí, Teupasenti.

El departamento de Olancho se une al de Tegucigalpa al este. Tiene un área de 44,300 millas, o algo más que todo el estado de Maryland. Pero una pequeña porción de este vasto distrito es ocupada por poblaciones civilizadas, estando la mayor parte, comprendida toda la mitad al este, en posesión de las tribus de indios conocidos con los nombres de jicaques, payas, pantasmas y toacas. Todas las primeras están casi enteramente confinadas en el ancho plateau

---

[21] Tegucigalpa. — Degeneración del nombre indígena «Tegusgalpa», que significa «cerro de plata». En efecto, la ciudad está rodeada de minerales, y a esto debe su progreso. Es, como dice el autor, la más importante del estado. Tiene un comercio un poco activo, y si se forman buenas vías de comunicación al Pacífico tomará creces considerables.
Su universidad no es antigua: esta fue la que reglamentó el presidente don Juan Lindo en 1849, después de acordada su erección en 1847, y permanece sostenida por algunos hijos de la propia ciudad. Los nombres de Trinidad Reyes, Hipólito Matute, Pío Ariza, etc., merecen los honores de la mención en este respecto; y si ellos tienen dignos imitadores, ese pequeño establecimiento, aunque ahora de poca importancia, llegará a ser lo que aquella pequeña encina que con el tiempo dio sombra a mil viajeros.

interior, conocido generalmente por el valle de Olancho, donde el gran río Patuca, el Tinto y el Romano toman su nacimiento.

Este valle es ondulante, fértil y cubierto de inmensas sabanas, conteniendo gran cantidad de ganado, que es todo lo que forma la riqueza del pueblo. En verdad, Olancho, bajo este respecto, es el primero en todo el Centro y quizá en toda la América española.

Por su aproximación a las montañas, Olancho tiene un clima fresco y delicioso. Su pueblo es industrioso, y posee no solo lo necesario, sino que aun vive con lujo. Por su posición geográfica, lejos del centro de las convulsiones políticas, ha gozado comparativamente de quietud durante todos los disturbios a que ha estado sujeto el país. Esta circunstancia le ha sido bastante propicia para acumular alguna propiedad; y así es que, en proporción, es el más rico de todos los departamentos.

Sus principales artículos de exportación son ganado, cueros, zarzaparrilla, tabaco, oro y plata, todo dirigido a Omoa y Trujillo, y alguna parte a Tegucigalpa y al golfo de Fonseca. Después de sus crías de ganados, la principal fuente de riqueza es el oro en polvo. Casi todos los ríos del departamento llevan en sus arenas oro de una excelente calidad. Esto fue descubierto desde el tiempo de la conquista, y desde entonces tiene el lugar una celebridad local. Pero la política celosa de los españoles fue dirigida a ocultar todo conocimiento de las fuentes de riqueza de este país, y su condición desde la independencia no ha sido la más favorable para desarrollarlas.

Sin embargo, no hay duda que el oro del Guayape, el Mangulili y otros tributarios es igual en valor al de California, y muy pronto debe atraer la atención de Europa y de los Estados Unidos. Al presente no extraen el oro más que algunas mujeres que ocupan unas pocas horas el domingo en lavar arenas, teniendo con el resultado para vivir toda la semana. En el capítulo sobre minas y minerales se hallará una relación de las ricas que posee este departamento.

Juticalpa, capital del departamento, es la tercera ciudad del estado respecto a su población. Está en una hermosa situación sobre un pequeño tributario del Guayape, no lejos de él, y se le considera como de 8,000 habitantes. Cerca está el gran pueblo de indios de

Catacamas, y hay otros también de indios en todo el valle. Estos son proverbiales por su índole pacífica y hábitos industriosos.

La comunicación entre el valle de Olancho y la costa es toda por mulas a través del valle del río Aguán a Trujillo. Primeramente se abrió un camino por el valle del río Tinto; pero era escabroso y se abandonó pronto. Hay mucha facilidad para abrir una vía de comunicación por el Patuca, que es navegable hasta el puerto de Delón, pocas leguas de Juticalpa. Pero la falta de un buen puerto, así como de establecimientos comerciales en la boca del río, ha hecho esta natural vía de poca importancia. Actualmente solo se extraen por él las maderas de caoba que se cortan en sus márgenes. Pero aun este comercio tiene sus dificultades por la falta de cargadores de madera en las radas abiertas en la barra.

Por donde podría hacerse últimamente un comercio importante de este departamento con el de Segovia, en Nicaragua, es por el río Wanks, previo un buen reconocimiento, pues que hasta ahora apenas se conocen sus capacidades.

Departamento de Yoro.

Poblaciones principales. — Yoro, Trujillo, Olanchito, Negrito, Jocón, Sonaguera, Sulaco, Cataguana.

El departamento de Yoro comprende toda la parte norte de Honduras, al este del río Ulúa. Su área es de sobre 45,000 millas cuadradas, igual a los tres estados de Massachusetts, Connecticut y Rhode Island; pero mientras es el más grande en territorio, es el más pequeño en población. Su superficie es extraordinariamente diversificada. Se compone de una serie de valles que forman los numerosos ríos que corren por el interior a la bahía de Honduras. Estos tienen una dirección de norte a sur, y, excepto en las playas de la bahía, donde el país es llano y aluvial, son separados por un correspondiente número de espolones de diferentes elevaciones.

Las comunicaciones transversales de estos valles son muy difíciles; y por esta razón toda la población del departamento se ha concentrado en los valles de los principales ríos, que tienen puertos cerca de sus bocas, y en los caminos que conducen al interior desde la costa. Las montañas de Pija y Sulaco se elevan en la parte occidental del departamento, y forman los límites orientales de los valles del Sulaco y el Ulúa. Son terraplenadas y cortadas, formando altas sabanas cubiertas de pinos; pero su suelo es pobre, y por consiguiente no ha atraído población de las partes más favorecidas del estado. Según tradiciones, contienen minerales muy ricos; pero jamás han sido explotados, y nada se puede afirmar sobre este respecto de una manera positiva.

Los valles de todos los ríos abundan en maderas preciosas, y puede describirse el departamento como el distrito de la caoba en Centroamérica. Hay «córtales» cerca de todos los ríos que, por su capacidad, pueden llevar a la costa las maderas que se cortan. Los habitantes en general son cortadores de madera por profesión; permaneciendo, en la estación de cortar, en los mismos «córtales», y cuando se suspenden los trabajos se vuelven a sus casas o a sus labores.

Arriba de los ríos, y entre las montañas y collados que intervienen entre la costa y el valle de Olancho, están los restos de una famosa nación de indios jicaques. No se conoce su número; pero se calculan en siete mil. Son pacíficos e inofensivos, y trafican libremente con los españoles, cambiándoles zarzaparrilla, goma elástica y píckles, por algunos pocos artículos de civilizada manufactura que necesitan[22].

La mayor parte del llano de Sula cae en este departamento. Al este de él, y formando una grande extensión, está un importante territorio llamado costa de Lean. Es tan bueno para la agricultura como el resto del llano, y bien puede decirse que bajo este respecto no hay una porción mejor en Centroamérica, y aun en todas las islas Occidentales. Su proximidad a las montañas, la falta de pantanos y la abundancia de buena agua son circunstancias muy favorables para la salubridad, y tienen una influencia directa para atraer emigrantes. Los valles de Sonaguera y Olanchito pueden también mencionarse por su belleza, fertilidad y grandes fuentes de riqueza.

Yoro, ciudad de cerca de tres mil habitantes, es la capital del departamento. Trujillo, ya descrito, es su principal puerto de mar.

---

[22] Un gran número de caribes emigrados de la isla de San Vicente están también establecidos en este departamento; pero como se habla de ellos en otra parte, es preciso hacerlo de todos en general.

Departamento de Santa Bárbara.

Distritos.—Santa Bárbara, Omoa, Yojoa, La Trinidad, San Pedro, Quimistán y Tlama.

Poblaciones principales.—Santa Bárbara, Yojoa, Omoa, San Pedro, Quimistán, La Trinidad, Macholoa, Tlama, Chinda, Sacapa y Tamagasapa.

Este departamento está al norte de los de Comayagua y Gracias, interponiéndose entre ellos y la bahía de Honduras.—Es atravesado por varios ríos.—El Ulúa corre por él de sur a norte, y el Blanco, Santiago, Santa Bárbara y Chamelecón también pasan por él en distintas direcciones.—Los valles de estos ríos ofrecen terrenos de gran fertilidad, cubiertos de maderas y propios para toda clase de cultivo.

El gran plano de Sula, que puede decirse comienza en Yojoa, es el más distinguido rasgo del departamento.—Es de la mayor extensión.—Por las tradiciones del país, se sabe que fue poblado en su mayor parte por los aborígenes.—Al presente está todo cubierto de altos bosques, con unos pocos pedazos de tierra cultivados en las inmediaciones de los pueblos que están diseminados a lo largo del «camino real».—Estos bosques están llenos de maderas, y la mayor parte de las de caoba que se han extraído de Honduras son de ellos.—El Ulúa y el Chamelecón son canales por donde se han llevado, y aún se llevan, las trozas a la mar.—La porción del llano de Sula al este del río Ulúa está en el departamento de Yoro.—Tomándolo en general, se puede calcular su base de sesenta a setenta millas en la bahía de Honduras, formando un triángulo hasta Yojoa, a distancia de cincuenta millas, y comprendiendo un área no menos que de 4,500 millas cuadradas.—En el desarrollo futuro que tenga el país, este llano será el que más llame la atención, no solo por sus ricos productos naturales, sino por su inmediación a los puertos, por sus ríos navegables y por su facilidad para cultivarlo, propio para el algodón, café, cacao y toda clase de frutos tropicales.—Una gran variedad de cacao, llamado cacao mico, igual, si no superior, al famoso de Nicaragua y Soconusco, es indígeno en él, y los habitantes lo recogen de árboles silvestres en los bosques.—La vainilla y la zarzaparrilla son abundantes.—El copal, hule, palo de rosa, sangre de dragón y otras maderas preciosas se encuentran con profusión; y las exportaciones que últimamente se han hecho de estos artículos han sido de gran valor.—Inmensos palmales de toda especie varían la monotonía de los bosques en formas bien graciosas.—En un lugar en las márgenes del Ulúa, pocas leguas de su boca, hay un parque natural de palmas de coco, que se extiende a lo largo del río por algunas millas.

En las inmediaciones de Yojoa el país se eleva por una serie de grandes terrazos, que abren al otro lado anchas y ondulantes sabanas.—El suelo es bueno, y además de su natural adaptación para la cría de ganado, es propio para el cultivo.—Estos terrazos forman un distinguido rasgo del país alrededor de la ciudad de Santa Bárbara, donde está reconcentrada la mayor parte de la población del departamento.

La gran dependiente cadena de montañas del Merendón, de que se ha hecho mérito en otra parte, que corta los valles del Chamelecón y el Motagua, y termina en la mar sobre Omoa, ofrece en sus pendientes favorables circunstancias respecto a suelo y clima para el cultivo de granos y frutos de todas las latitudes.—También es rica en oro, que se encuentra más o menos abundante en todos los ríos que corren en el declive sur.—En las inmediaciones de Quimistán hay algunos lavaderos, que hace mucho tiempo se miran como de los más ricos.—En esa porción de la espalda de la montaña de Omoa, y mirando al llano de Sula, hay grandes capas de mármol tan blanco, fino, compacto y puro, que puede ser bien trabajado en toda clase de objetos.—Es más parecido al de Carrara en Italia que el que se encuentra en los Estados Unidos; y puede fácilmente obtenerse la cantidad que se quiera.

El hermoso y extenso fondeadero de Puerto Caballos y el pequeño, pero seguro, puerto de Omoa están en este departamento.—Los dos han sido ampliamente descritos en la subdivisión «Puertos de Honduras».

Los habitantes de este departamento son en general dedicados a la cría de ganado, del que exportan una gran parte a Belice y Yucatán, y otra a Guatemala, donde lo venden de cinco a diez pesos la cabeza.—Una porción de este pueblo que vive en el llano de Sula o sus inmediaciones se emplea en los cortes de madera, y otros pocos, todos indios, en recoger zarzaparrilla, y por intervalos en lavar oro.— Todo el departamento es saludable y posee vastas fuentes de riqueza, cuyo valor se hace más estimado por la facilidad para adquirirlas, como por la posición topográfica para la comunicación interior y exterior.

Pero tanto en los llanos como en los valles y montañas, todos los árboles están cubiertos de plantas parásitas. Algunas especies de cactus, particularmente aquellos cuyos largos y enredados brazos tienen una forma prismática, no desdeñan fijarse en las ramas de los árboles de calabaza (jícaros), que las agobian con su rápido desarrollo. Tan abundantes son estas parásitas, que algunas veces es difícil descubrir la verdura de los árboles en que están asidas. Varias son tan delicadas como el algodón o la seda, y otras groseras y ordinarias; pero todas de una singular belleza, y muchas llenas de flores de brillantes colores. La ciencia distinguiría su nomenclatura clasificándolas, y el viajero es bien contento al encontrar que no han sido cambiadas con las portentosas designaciones del estudioso botánico (Dryasdusts), a quien la naturaleza no le dio «un puro recreo», sino un objeto para que lo clasificara y nombrara en términos griegos o latinos.

En las más altas crestas de las montañas, donde la gruesa yerba indica una temperatura demasiado baja para una lozana vegetación, las parásitas desaparecen, y los pinos y roñosas encinas son vestidos de una ligera capa de largo musgo gris, que flota suavemente con el viento como despedazadas banderas en los muros de una vieja catedral. Las rocas mismas son cubiertas de musgo, y excepto los pequeños raudales que salen debajo de ellas, y que pronto se pierden con un suave murmullo, nada hay que interrumpa aquel eterno silencio: cuando más, el viajero ve una ligera sombra que pasa por su camino: es la del águila o del cuervo que se cierne en los aires. Tal vez su mirada descubre a lo lejos, sobre una roca, alguna ligera y graciosa forma; pero basta un salto, y el antílope ha desaparecido en la montaña.

Los rasgos geológicos de Honduras son igualmente notables e impresionantes. Saliendo del golfo de Fonseca, y avanzando al norte, se presenta la línea volcánica de la costa, con sus altos picos de escoria cubiertos también de yerba; y vastas masas de rocas blancas y bermejas rodean los grandes núcleos de las grandes piedras de canto de las plataformas. Vistas a cierta distancia, parecen una colina de basalto y toman diversas formas de castillos, según va cambiando la posición del viajero. Entre ellas se encuentran ocasionalmente vetas de piedra de cal azul, de cuarzo y de piedras verdes; y en diferentes puntos se presentan atrevidamente, a través de las rocas superiores, ricos hilos de oro y plata.

A medida que se avanza al interior, las montañas se van elevando por una sucesión de terrazos, profundamente cortados por raudales que descienden a la mar. Estos terrazos son una colección o capas de piedra arenosa (talpetate), que forman puntos tan escarpados que las mulas pasan con dificultad. Pero cuando se han acabado de subir, el viajero encuentra a su vista anchas sabanas sembradas de pinos, encinas y arbustos. En general la capa del suelo es ligera y en vano una escasa vegetación se esfuerza en suavizar el aspecto salvaje de la naturaleza. Las rocas desnudas reflejan la luz del sol, que brilla sobre ellas, a través de una atmósfera clara y rarificada de aquellas elevadas regiones, de una manera ofuscante. El fatigado viajero busca ante sí, y traza con ojos desfallecidos la línea del solitario y estéril plano que atraviesa; y agita más y más a su fiel mula en la esperanza de encontrar algún estrecho valle donde formar su aislado campo, y pasar la noche con la sola y agradable compañía de los verdes árboles y de algún suave y dulce arroyo.

Súbitamente el plateau en que ha marchado se disipa en varios terrazos, y luego descubre casi a sus pies un vasto llano, cubierto de bosques, sabanas y raudales, así como un gran número de pueblecillos, cuyas blancas iglesias hacen la luz como el punto de plata en la perspectiva: tan cerca ve el primer pueblo, que le parece que arrojando una piedra con la mano, caería en medio de la plaza misma; pero camina de hora en hora, siempre descendiendo, cae la noche, mira las luces de las habitaciones, y no es sino hasta después de grandes penas, que el ladrido de los perros y el paso acelerado de la mula le indican que ha llegado al término de sus fatigas.

Al oeste de Honduras, entre las montañas de Corquín, el país es excesivamente diversificado. Los ríos, recogiendo sus aguas en los bajos interiores, rompen las montañas de pórfido y las colinas que los rodean, en ásperas y precipitadas gargantas. Sin embargo, en estas aberturas, en cuyo fondo no atraviesan más que tortuosas y peligrosas sendas, se entreabren bandas de tierras aluviales, donde el indio edifica su cabaña, y donde el plátano tiene su mayor frondosidad, bajo peñas elevadas y erizadas de puntas, como gigantescas sentinelas sobre rocallosas murallas.

Una grande abundancia de verdura cubre las colinas y montañas de las costas del norte que, en consecuencia, tienen un aspecto menos agreste que las pendientes de la costa del Pacífico, donde las lluvias no son tan constantes. Las colinas son más grandes, y las montañas, aunque a igual elevación, tienen un exterior más armonioso. Pocas crestas de rocas presentan, y en sus densos bosques ofrecen más caracteres congeniales, a la multitud de formas de una vida animal, a los que han nacido bajo los trópicos.

Pájaros de brillantes plumajes esmaltan las hojas de los árboles, y tropas de monos juguetean en sus ramas. El tapir, el jabalí y el perico ligero viven bajo su sombra, y el puma (león) y el tigre acechan en sus guaridas. Allí es también donde el boa, el variado coral y el temible tamagás se atraviesan con más frecuencia. Allí, donde la vainilla forma hermosas colgaduras con sus verdes sarmientos, y donde la zarzaparrilla cruza la tierra con sus largas raíces. Y, en tanto que en el otro extremo del continente, la plata comprimida en el duro cuarzo ofrece ricas retribuciones al hombre laborioso, allí el oro corre en las arenas de casi todos los ríos.

Así que, pródiga la naturaleza en sus dones, ha comprendido, en los comparativos estrechos límites de Honduras, una variedad de escenas, de climas y de producciones que no tiene ejemplo en el mundo. En las costas ella se viste de exuberante verdura y se corona de flores, mientras la majestuosa mar viene a besar sus pies con sus espumosos labios. Y aunque más modesta en las montañas, no por eso es una madre menos productiva. El viento levanta los encanecidos cabellos de su serena frente; y aunque sin movimiento, aun allí se eleva a proferir un lenguaje sublime y santo para los oídos de sus verdaderos admiradores.

CAPÍTULO X: MINAS Y MINERALES

Respecto a minerales, Honduras es el primero de todos los estados de Centro-América. En verdad, los ricos minerales del país parece que están confinados en los grupos de montañas que constituyen lo que puede llamarse el plateau de Honduras. La Nueva Segovia y Chontales, los distritos minerales de Nicaragua, naturalmente pertenecen a este sistema de montañas; el mismo que comprende los distritos minerales del departamento de San Miguel, en San Salvador, donde únicamente se encuentran minas en aquel estado. Hay algunas minas de oro y plata en Guatemala y Costa-Rica; pero comparadas con las de Honduras, son insignificantes en número y en valor.

Las minas han sido siempre, y aun recientemente, el interés predominante de Honduras; pero ningún ramo de industria ha sufrido tan directamente como este por las guerras y disensiones civiles que han agitado a Centro-América durante treinta años. Por una consecuencia necesaria, mina tras mina han sido abandonadas, y una vez suspendidos los trabajos, ningún capital, ninguna empresa, ninguna inteligencia los ha restablecido. En los distritos minerales hay muchos pueblos en decadencia, cuyos propietarios se han hecho hacendados, dueños de inmensos sitios donde cultivan el ganado, que es al presente su principal patrimonio. Unos pocos establecimientos existen solamente; y aunque las operaciones son en una escala tan pequeña y de una manera tan rústica, demuestran la gran riqueza de sus minas.

Muy pocas de estas fueron abiertas conforme a un inteligente sistema, ni con referencia a continuas y extensas operaciones. Sin máquinas para desaguar, los únicos medios que usan para extraer el agua que inunda muchas riquezas, son botas de cuero llevadas en las espaldas de los obreros, de cuya manera extraen también las brosas, de aberturas tan estrechas que apenas permiten que trabaje más de un hombre. Cuando estas están afuera, comúnmente las rompen con grandes piedras chaflanadas en los cantos, que mueven dos hombres por uno y otro lado; o si no de una manera pausada por la más grosera maquinaria, movida por bueyes, y rara vez por el agua. En el último caso el aparato consiste en una plancha vertical (movida por una rueda horizontalmente), por la cual pasa un brazo teniendo en las extremidades dos grandes piedras atadas con cadenas, que se arrastran sobre las brosas en un receptáculo de cal y canto, hasta que las pulveriza suficientemente para la amalgamación. Esta última operación se ejecuta poniendo la amalgama en montones en un patio, sobre un piso de madera, donde permanecen algunas semanas, hasta que la amalgamación se forma completamente; y después de lavadas las masas en artesas, se reducen por último en el fuego.

Pero aun con todas estas dificultades, y a pesar de los groseros y costosos procedimientos, las minas en Honduras, como he dicho, fueron de una grande utilidad al principio. Rara vez fueron trabajadas profundamente, y los propietarios se veían obligados a abandonarlas antes de llegar a la profundidad donde se encuentran las mayores riquezas. Otras se dejaron por la falta de conocimientos para el beneficio de las brosas, y otras en fin por la de vías por donde transportar las mismas brosas a los molinos.

Multitud de minas hay en el país abandonadas y llenas de agua, muchas de las cuales, si no todas, pueden trabajarse con grande utilidad, por medio de máquinas propias. Pero como no hay caminos por donde estas puedan ser conducidas, es preciso esperar el desarrollo general del país para lograrlo. Los escarpados y estrechos caminos de mulas en las inmediaciones de los puertos están llenos de fragmentos de grandes y pesadas máquinas, que los hombres más empresarios que prudentes han procurado introducir. Ellos son eternos monumentos que prueban evidentemente que la ciega energía que descuida los medios necesarios para llegar a los fines deseables, jamás los alcanza.

Los metales de plata son los más abundantes y más ricos de los que existen en el estado. Todos se encuentran en las líneas o grupos de montañas del Pacífico, mientras que el oro en polvo, y aun minas de oro, están al lado del Atlántico. La plata se encuentra en varias combinaciones con hierro, plomo, cobre y algunas veces con antimonio. El cloruro de plata es bastante común, que es uno de los más ricos metales del país. Los grupos de minas de plata en las inmediaciones del Ocotal en Segovia (Nicaragua) gozan de la más alta celebridad y se consideran de grande interés. Producen la plata en forma de sulfuro, bromuros y cloruro. Algunas de ellas dan un sulfuro de plata y antimonio. La del Limón, en las inmediaciones del Ocotal, formalmente produce gran cantidad de cloruro de plata; pero al presente no se trabaja por falta de máquinas convenientes para desaguarla. Las brosas de este distrito producen de 28 a 727 onzas de plata por cada tonelada de 2,000 libras o de 32,000 onzas.

El distrito mineral de Yuscarán, en el departamento de Tegucigalpa, tiene una grande y bien merecida reputación por el número de sus minas y por el valor de sus metales. Estos son en su mayor parte de plomo mezclados con plata, y cuando se trabajan producen de 63 a 4,440 onzas por tonelada. Todas las minas de este departamento y el de Choluteca producen un metal semejante, estando generalmente en una matriz de cuarzo con proporciones variantes de zinc bruno, sulfuro de zinc y hierro y óxido de hierro.

Las del departamento de Gracias son igualmente tan distinguidas como las de Tegucigalpa. Algunas notables combinaciones de plata se encuentran en sus metales. La vieja mina de Coloal tiene sulfuro de cobre, plomo con sulfuro de plata, y en partes cobre negro, produciendo todo un cincuenta y ocho por ciento de cobre, además de setenta y ocho a ochenta y cuatro onzas de plata por tonelada.

Los metales de la nueva mina de Coloal son una combinación de cloruro de plata, un poco de sulfuro de plata, óxido de hierro y antimonio mezclado con tierra, y produce la admirable proporción de 23.63 por ciento, o 8,476 onzas por tonelada de 2,000 libras.

Dependientes a los depósitos de plata de Honduras, están los de San Miguel en el estado de San Salvador. La plata generalmente sale en forma de sulfuro en combinación con plomo, hierro, blenda negra (sulfuro de zinc), cuarzo y verdes piedras matrices con hilos de cristal y plata natural. Las principales minas conocidas son las del «Tabanco», que son ciertamente las más ricas, y producen de 400 a 2,537 onzas por tonelada. Estas han sido trabajadas de una manera formal y han producido la mayor utilidad, y tienen la gran ventaja de su proximidad a la bahía de Fonseca.

Las minas de oro son muy comunes en Honduras; pero a excepción de las de San Andrés en Gracias y las de las inmediaciones de San Juan Cantarranas, en Tegucigalpa, no se trabajan regularmente. Las principales cantidades que se obtienen de este metal son de los lavaderos de Olancho, que producen de una manera superabundante. El Guayape ha gozado siempre de una gran celebridad por la porción de oro que contienen sus arenas; pero casi desde el período de la ocupación de España, no se ha extraído sino en una cantidad muy pequeña por los indios, cuya ocupación casi es exclusiva de las mujeres y de los jovencitos que dedican unas pocas horas el domingo por la mañana a lavar. Sin embargo, aun así el valor del que se sacó en Juticalpa el año de 1853 fue de 429,600.

Los siguientes parágrafos son extractos de una carta privada escrita por el Dr. Charles Dorat, que visitó los distritos auríferos de Olancho en 1853.

«Entre los ríos de Olancho que hemos visitado y examinado, el Guayape y el Jalán son sin duda alguna los más ricos en sus auríferas arenas. Estos dos ríos que se unen un poco más abajo de Juticalpa, capital de Olancho, forman el Patuca. Los depósitos de oro del Guayape comienzan propiamente en un punto llamado Alemán, continuando desde allí sobre el río, a una y otra margen, en gran cantidad. Nosotros encontramos oro en los aluviones a media milla del cauce del río. Dejando a Juticalpa en la dirección nordeste, y cruzando el departamento hasta cerca de Yocón, en un área de veinte leguas de largo y diez de ancho, no hay un riachuelo, por insignificante que sea, que no contenga oro en sus arenas y en sus márgenes. La mayor parte de estos arroyos salen de las montañas y caen al Guayape y Jalán. Hay algunos, entre ellos los ríos Sisaca y Mangulili (el último con más porción de oro que los otros), que se unen al Mirajoco, el cual toma el nombre de Tuguate, después de haber fertilizado el hermoso valle de Olancho, y desemboca en la mar cerca de Trujillo. En este río el oro se encuentra en depósitos abajo de las corrientes. El mejor oro es del Guayape, Jalán y Mangulili, en el departamento de Olancho, y el del Sulaco, Caimito y Pacaya en el de Yoro.

»En Alemán solamente las mujeres lavan el oro, y con la ayuda de sus miserables bateas, en pocas horas se procuran una cantidad suficiente para subvenir a las necesidades de la semana. Lo venden en el lugar de 11.50 a 12 pesos la onza. En Guijana se encuentra el oro en una piedra fofa, y en San Felipe en una tierra ferruginosa y rojiza. Cerca de cinco millas de Danlí el Jalán produce bueno y abundante, y en la época de nuestra visita había más de cien hombres y mujeres ocupadas en lavar. También se servían de bateas y jamás cavaban más de dos a tres pies de la superficie.»

Los distritos del sur de Honduras, limítrofes a Nicaragua, también tienen placeres de oro donde los indios sacan considerable cantidad. Lo mismo es en los del norte en el departamento de Santa Bárbara. Los ríos que corren entre las montañas de Omoa al Chamelecón, y especialmente los de las inmediaciones de Quimistán, todos llevan oro en sus arenas. Si hubiese mineros provistos competentemente para lavar, no hay duda que obtendrían una rica retribución de su trabajo.

También tiene Honduras minas de cobre de una riqueza extraordinaria. Los metales siempre contienen considerable porción de plata. Los de Coloal en Gracias contienen, como se ha dicho, 58 por ciento de cobre, además de 80 onzas de plata por tonelada. Los de la mina del Guanacaste en Olancho dan sobre 80 por ciento de puro cobre, y 29 por ciento de plata, igual a 4,039 onzas de plata por tonelada. Pero a pesar de tales riquezas, estas minas han sido siempre descuidadas por el interés de la plata, que es la buscada. Por las circunstancias peculiares del país, y especialmente por la dificultad de las vías de comunicación, se ha considerado este metal de poca utilidad, y rara vez se transporta a la costa cobre puro; pero con buenas vías de comunicación, y la introducción de modernos sistemas para elaborar los metales, las minas de cobre de Honduras serán las primeras fuentes de riqueza del país. También hay minas de este metal en las inmediaciones del golfo de Fonseca, donde los comerciantes acostumbran mandarla como lastre, o para llenar fletes, a Inglaterra o Alemania, donde es vendido a precios ventajosos, proporcionando un buen retorno a los buques, a pesar de los costos de los transportes de tierra.

Byam, que visitó a Honduras y Nicaragua con el objeto de minas, dice «que los metales de cobre en la mayor parte son combinados con azufre y sin requerir calcinación. "Pueden fundirse", añade, "en un horno común con la ayuda de igual cantidad de piedras de hierro que abundan en las colinas. Los metales son los que los españoles llaman metal de color, óxidos rojo y azul, y carbonato verde. Se cortan fácilmente con el cuchillo y producen de 25 a 60 por ciento. Las vetas generalmente son verticales y su frente de este a oeste.”»

Los metales de hierro son bastante comunes; pero ninguna mina se trabaja, a excepción de la de Agalteca en Tegucigalpa. El metal es altamente magnético y tan puro que se puede forjar sin fundirse. Hay inextinguibles vetas de él, pudiéndose obtener toda la porción que se quiera; y sin embargo, a diez leguas de la mina, en el mismo departamento, se vende de 10 a 42 pesos el quintal; igual a 200 pesos la tonelada.

Se dice que tanto en el departamento de Gracias como en el de Choluteca existe la platina; mas las minas no han sido jamás trabajadas. El cinabrio se ha encontrado en varios puntos; pero probablemente no en cantidad suficiente que pueda dar utilidad. El zinc está en diversas combinaciones, y los metales superiores se hallan con abundancia en las islas de Guanaja (Bonacá) y Roatán. El antimonio y el estaño se encuentran igualmente; mas si se hallan en tal combinación que admitan un producto económico, falta todavía que probarse por la experiencia.

Las minas de ópalos de Gracias se han trabajado algo y han dado utilidades considerables. Algunas piedras son grandes y hermosas; pero los indios que estiman su valor más por el número que por el tamaño, las rompen en pequeñas piezas.

No hay ningunos datos que manifiesten el producto anual de las minas de ópalos; pero puede calcularse que las minas o trabajos, en todo el departamento, no bajan de ciento. Se refiere que algunos amatistas se han encontrado en este departamento, mas ninguno ha llegado a mis manos. El amianto también existe, y puede creerse con fundamento que se producirá en gran cantidad.

El carbón de piedra se ha descubierto en varias localidades. Las vetas de este fósil en el llano de Sensénti son bien extensas. Yo visité las de las inmediaciones de Chucuyuyo, en un punto donde son cortadas por los ríos que corren abajo de las montañas del Merendón y caen al Higuito. La veta más baja tiene ocho pies de grueso, separada de otra de dos pies también de grueso por una capa de bitumen. El carbón es el que llaman «bruno», que es de inferior calidad al conocido vulgarmente con el nombre de «pit coal» (carbón bituminoso), que se encuentra debajo de una piedra roja y deleznable. Es una formación de tierra como la greda del valle del Misisipi.

Este carbón se encuentra en grandes vetas en algunas partes de Alemania, donde lo usan en gran cantidad para las fundiciones de metales y para los hornos de reverberos. —Las muestras del de Sensénti dieron los resultados siguientes:

Gravedad específica: 1,504
Cenizas: 24 por ciento.

Pero estas muestras se tomaron de las vetas exteriores, lavadas por el río, y por supuesto impregnadas de sustancias extrañas. —El área de estas no se conoce; pero es probable que se extienda a la mayor parte del llano. —Situadas tan al interior no es presumible que tengan más que un interés local en la reducción de los ricos metales de plata y cobre que se encuentran en las montañas inmediatas.

Otras vetas de carbón se encuentran igualmente en el valle del río de Sulaco, en el departamento de Comayagua, y en las inmediaciones de Nacaome; pero yo no tengo datos positivos sobre el particular. —En el valle del río Torola hay también grandes vetas; pero de ellas se hablará cuando se trate de los depósitos de carbón del valle del río de Lempa en el estado de San Salvador.

En adición a esta breve reseña de las minas y minerales de Honduras, manifestaré que en todos los departamentos hay una gran cantidad de vetas de piedra de cal blanca y azul. —Muchas existen a pocas millas del golfo de Fonseca, extendiéndose hasta el valle del río de Goascorán, llano de Comayagua y valle del Humuya hasta la bahía de Honduras. Las colinas y montañas detrás de Omoa tienen una inagotable cantidad de mármol blanco muy unido y hermoso, sin ningún defecto para objetos de adorno o para la estatuaria.

Por la misma carencia de datos que he deplorado respecto a todos los otros ramos de industria, es imposible formar un cálculo exacto o aproximado del producto de las minas, tanto en los tiempos pasados como al presente. —Según el informe de personas que han examinado algunos antecedentes, el oro que se extraía anualmente por los puestos del norte, durante los últimos años de la dominación colonial, era en valor de 3,000,000 de pesos. —Desde la independencia se estableció un pequeño impuesto sobre el oro y la plata, pero las facilidades para eludir la ley eran tales que apenas una décima parte de las cantidades exportadas se registraban en las aduanas. —Por consiguiente, ni conjeturalmente se puede formar un cálculo sobre el particular.

En 1825 se hizo por el superintendente de la casa de moneda de la república federal una relación del oro y plata acuñada, en un período de quince años anteriores, hasta el de 1840. —Este informe es como sigue:

«En quince años consecutivos, hasta el de 1810, se acuñaron 285 marcos de oro y 253,560 de plata, montando todo la suma de 2,493,832 pesos.

«En otros quince años, hasta el de 1825, se acuñaron 4,524 marcos de oro y 423,884 de plata, importando todo 3,810,383 pesos.»

Pero la cantidad acuñada en la casa de moneda de Guatemala fue insignificante en comparación de los productos del país en el mismo período. —Donde había un peso acuñado en la casa de moneda, había veinte sin el sello[23] del gobierno, que eran piezas de plata cortadas y se recibían por el peso. —Además, con excepción de la cochinilla y del índigo, en esa época todas las exportaciones del país eran metales preciosos. —Sobre este punto el informe citado observa: —«Pero de esta relación no debe deducirse que las cantidades acuñadas sean el producto total de las minas del país. —Fuera de lo que se ha empleado en objetos de uso, la mayor parte se ha exportado, especialmente desde el año de 1824. —Es bien sabido que todos los comerciantes de Honduras y de otras partes han extraído grandes cantidades de oro y plata, tanto que se cree por personas inteligentes que tal vez una décima parte será la que se ha enviado a la casa de moneda. —Así, pues, es imposible saber a cuánto ascienden los productos de cada año, y menos aún lo exportado, porque casi todo se ha hecho clandestinamente. —En todo el territorio de la república hay minas con abundancia; pero donde se encuentran en mayor número, y donde la naturaleza ha colocado las más y más ricas, es en el estado de

---

[23] Thomas Gage, un religioso inglés, que residió en Guatemala por espacio de doce años, a mediados del siglo 17, nos ha dejado algunas noticias que manifiestan la superabundante producción de metales preciosos en aquella época. — Habla de cien mulas que entraron a Granada «cargadas de oro y plata, que era el tributo del rey». — New Survey of the West Indies, p. 421.

Honduras. * * * M. Gourmes, un mineralogista que ha visitado bien las minas de Honduras, me aseguró que era más fácil encontrar minas que hombres para trabajarlas; y que si se elaboraran y hubiese buenas vías de comunicación, las producciones minerales del país podrían en poco tiempo rivalizar a las de México y el Perú.[24]»

Para la administración de las minas, Honduras ha adoptado sin modificación alguna las famosas «ordenanzas de minería» de España.

---

[24] En el informe citado se asegura que en el año de 1825 se descubrieron dos mil vetas de metal.

CAPÍTULO XI: MADERAS PRECIOSAS. —PRODUCTOS VEGETALES. —ANIMALES. —PECES. —REPTILES. —INSECTOS

Las maderas preciosas ocupan el segundo lugar de los minerales de Honduras. —Al presente ellas son las que forman el principal ítem de las exportaciones del Estado. —Las más conocidas son el caoba y rosa; pero la proporción que entra de la primera en el comercio es mucho mayor, y, en este respecto, las dos son consideradas como las principales, por la porción de brazos que emplean.

El caoba de Honduras (Swietenia Mahogoni), por su grande y magnífico follaje, es llamado «el rey de los bosques». —Comparativamente con él todos los otros árboles parecen insignificantes. —Tanto la altura y grosura de su tronco, como la extensión de sus ramas y el espacio que ocupan sus raíces, son notables. —Crece con grande lentitud, haciendo un aumento apenas perceptible en los estrechos límites de la vida de un hombre.

Se ha calculado que hasta a los trescientos años está de cortarse. —Se podrá formar una idea de la enormidad a que llega algunas veces, sabiendo que en la parte más baja de un árbol un tronco de 47 pies de largo ha tenido cinco pies seis pulgadas en cuadro, igual a 550 pies cúbicos y a un peso de 47 toneladas.

El caoba crece en casi todas partes en Honduras, especialmente en los valles de varios ríos. —Sin embargo, donde es más abundante es en los bajos inmediatos a los ríos que corren a la bahía de Honduras, donde llega a su mayor lozanía, y en donde están los principales trabajos, que los españoles llaman «cortes». —Como la mayor parte de los terrenos son propiedades del Estado, las maderas se cortan con licencia del gobierno, mediante una suma fija por cada árbol. —Excepto los trabajos que están en las bocas de algunos ríos para recibir, marcar y embarcar las maderas que vienen por ellos, los demás establecimientos son temporales, cambiándose de tiempo en tiempo según van escaseando los árboles de las inmediaciones.

De todas las ocupaciones del hombre la más silvestre por su naturaleza es la de cortar caoba, y aun entre los establecimientos mejor sistemados, por sus arreglos. Cuando el empresario se ha fijado sobre el valle de un río como el campo de sus operaciones, hace un depósito de provisiones y de todo lo necesario para cortar y embarcar las maderas. —Allí mantiene una flotilla de pitpantes, para transportar las provisiones mismas y para mantener relaciones con los trabajos propiamente dichos, que se establecen en los puntos más abundantes de árboles, más accesibles y que presentan más comodidad para poder hacer entrar los animales necesarios para tirar la madera.

En estos puntos frecuentemente sucede que es preciso conducir los bueyes por espesos e intransitables bosques, y llevar las cadenas y ruedas en pequeños botes, contra fuertes corrientes, que pueden remontarse a costa de gran trabajo.

Una vez fijado el lugar del corte, el segundo paso es formar provisionales habitaciones; trabajo a la verdad que no ofrece ninguna dificultad, pues no son más que unas pequeñas barracas cubiertas con zacate de las ciénagas o con palmas, que salven un poco del sol y del agua. —¡Una hamaca y dos piedras para colocar su caldera es cuanto necesita el cortador!

La estación de los cortes, que es en los últimos seis meses, comienza en agosto de cada año, porque, según la opinión de los cortadores, las maderas no pueden botarse ni henderse desde abril hasta agosto, que llaman la primavera. —Para comenzar los trabajos el cortador prepara en la estación seca tanto los lugares en que debe establecerlos como las canoas para extraer la madera.

Los trabajadores son divididos por compañías de veinte a cincuenta cada una, bajo la dirección de un jefe llamado «capitán», que es el que señala los trabajos diarios a su respectiva compañía, y el que aumenta o disminuye el salario de los trabajadores según lo que hacen. — Cada compañía tiene también un hombre llamado «guía» o monteador, cuya ocupación es buscar árboles propios para cortar. — Este trabajo comienza antes que los otros, y como requiere alguna inteligencia y actividad, es pagado a un precio superior al de los simples cortadores. — Su primera operación es desmontar alrededor del pie de cada árbol, en los bosques espesos, para que los cortadores puedan fácilmente llegar a ellos, y para que los contadores de maderas los señalen.

«En esta estación del año (agosto), las hojas del caoba son de un color amarillo, y el ojo ejercitado puede a gran distancia conocer los lugares donde hay más. — Así que, sin más guía que su propia observación, él marcha sin equivocarse al lugar que desea.

Algunas veces el guía o monteador tiene que valerse de algunas estratagemas para ocultar sus descubrimientos; todo su ingenio consiste en variar el camino que ha tomado, para que no lo siga alguno otro que ande en la misma especulación, lo que es bien común. — Pero no siempre lo consigue, porque otros tan diestros como él, sea por sus observaciones, o por las pistas más insignificantes de los pies o de hojas secas, descubren el depósito; y muchas veces sucede que personas que cuentan con las ventajas de ciertas porciones de árboles, cuando van a buscarlos están ya tomados por otros. Descubierto el tesoro oculto, la primera ocupación que sigue es la de cortar un suficiente número de árboles para emplear los operarios durante la estación. — En general los árboles se cortan a 40 o 42 pies del suelo, formando un andamio para el hachero; y aunque a primera vista parece un trabajo peligroso, rara vez sucede algún accidente. — El tronco del árbol, por las dimensiones que da, es más estimado; pero para objetos de lujo se prefieren las ramas por su grano y por la riqueza y variedad de sus vetas.»

Cortado un número suficiente de árboles, comienzan los preparativos para tirarlos, abriéndose anchos caminos para el río donde se han de echar. — La distancia de estos caminos depende de la situación de los árboles. Cuando están dispersos son necesarios muchos y algunos puentes. — Por lo común se hace un camino general, de donde radian los otros. — El trabajo constantemente se hace por destajos de cuenta del empresario. — Un ajuste se hace para desmontar y cortar los arbustos, que no baja de cien yardas por día cada operario; y luego se hace otro también de 100 yardas al día para cortar los árboles gruesos al ras de la tierra, aunque este trabajo es más penoso, porque hay árboles tan duros que resisten al hacha y es necesario aplicarles el fuego. — Los troncos de estos árboles, aunque ricos de maderas de estimación para toda clase de objetos, se arrojan como inútiles en los lagunatos o arroyos que interceptan el camino, y muchas veces los ocupan para formar puentes que algunos son de bastante extensión.

Cuando los caminos son concluidos, que casi siempre es en diciembre, se aserran las maderas en trozas de diferentes tamaños, para igualar las cargas que los bueyes deben tirar. — Concluidas las trozas, se separan unas de otras y se colocan en la posición que mejor formen un cuadrado, según la figura que la extremidad de cada troza tenga. — En seguida se reducen por medio del hacha de su forma redonda o natural a una cuadrada, aunque algunas de las más pequeñas se llevan en sus formas redondas; sin embargo, con los más grandes es esencial el hacerlos cuadrados no solo por disminuir el peso, sino por impedir que rueden en la carreta.

Los salarios que pagan los empresarios de Belice en los cortes de la costa oriental de Yucatán son casi los mismos que en Honduras. — Una compañía se comprende que es de un «capitán» y cincuenta trabajadores, divididos en treinta de cuarta clase, diez de segunda y diez de tercera. — El capitán recibe de 30 a 40 pesos al mes, y los operarios 15, 12 y 10 según su clase. — Los guías de la compañía ganan 15 pesos al mes, y frecuentemente se les paga un peso o medio peso por cada árbol que descubren, según su valor. Lo mismo que en Honduras, los operarios reciben los instrumentos y raciones, y sus pagas son en efectos y dinero.

En las inmediaciones de Belice todos los cortadores de madera son negros descendientes de esclavos que se ocupaban anteriormente en lo mismo. — Pero en Honduras son caribes en su mayor parte, que en actividad y en fuerza son superiores a los negros; — también son más inteligentes y requieren menos cuidado y vigilancia. — Muchos van anualmente a Belice a comprometerse por la estación y vuelven a sus casas cuando se ha concluido.

Acerca del comercio de maderas de Honduras, como de todos los otros ramos de industria, no tenemos ningún dato de sus productos. — Sin embargo aumenta considerablemente, y tendrá cada día más importancia, a medida que vayan disminuyendo las maderas de las islas y de la península de Yucatán, y que el mercado del mundo tenga más demanda. — Los principales establecimientos, al presente, están en el río Ulúa y sus brazos, en el Aguán, río Negro y Patuca. — En los otros ríos no hay, por las dificultades que presentan para embarcar las maderas.

Además del caoba, Honduras tiene una gran variedad de maderas propias de los trópicos, todas las cuales son bien conocidas, y basta solamente enumerarlas. — La madera de rosa (Amyris balsamifera, L.) es común en las costas del norte, donde ha comenzado a ser un artículo de comercio. — El lignum vitæ o guanacaste (Rhamnus sarcomphalus, L.) abunda en el valle del Ulúa y en las márgenes de los ríos del valle de Comayagua, así como en todos los del estado.

Entre los numerosos palos de tinte de que Honduras está lleno, se pueden mencionar el fustoc o palo amarillo (Morus tinctoria, L.); el sándalo amarillo (Santalum); el brasil (Cæsalpina echinata, L.); sangre de dragón (Pterocarpus draco, L.); madera de Nicaragua (una especie de brasil llamada campeche); y el achiote (Bixa orellana).

No son menos abundantes los árboles que producen gomas y medicinas. — El arbusto de la goma arábiga (Acacia arabiga) se encuentra en todas las sabanas abiertas en los declives del Pacífico. — Y en los bosques es común el copaibe (Copaifera officinalis, L.); liquidámbar (Styrax officinalis); copal (Hedwigia balsamifera); palma-cristi (Ricinus communis); ipecacuana, y finalmente el hule o caoutchouc (Siphonia elastica). — Este se halla en gran cantidad en las tierras bajas de ambas costas. — Pequeñas cantidades se recogen por los caribes en la bahía de Honduras; pero ya se comienza a hacer alguna atención sobre él.

Entre las más comunes y usadas maderas, el pino resinoso merece el primer lugar, no solo por su excelente calidad, como por su extraordinaria abundancia. Todas las partes elevadas de Honduras en una y otra mar están cubiertas de estos árboles. — En el declive del Pacífico comienza a aparecer en las colinas y montañas a la altura de 4,200 pies sobre el mar. — En el interior se encuentra aun en las más bajas elevaciones, y en el declive del Atlántico abunda casi al nivel del mar. — También se halla en las bajas colinas que circundan el llano de Sula al oeste, a los 250 pies; y es bien sabido que en las sabanas inmediatas a los ríos y a las lagunas al este de Trujillo, así como en la costa Mosquito, es característico. — Los árboles no vienen unidos sino separados, permitiendo a la yerba extenderse a su alrededor, tanto que un bosque de pinos no es lo que generalmente llamamos un bosque, sino que más bien tiene el aspecto de un arreglado parque.

Frecuentemente los árboles llegan a una grande grosura; pero el término medio es como de veinte pulgadas de diámetro. — Son ricos en resina, y la madera es fuerte, pesada y durable, y el corazón jamás lo roen los insectos. — Por consiguiente es una de las más baratas y convenientes maderas de construcción de que se sirven en el país para edificios, puentes, botes, etc. — El capitán Henderson, hablando del pino de Honduras, dice: — «Como madera de construcción apenas puede ser excedido en grosura; y en general se considera, para toda clase de objetos, muy superior al que se importa de los Estados Unidos»; — y Strangeways manifiesta que las extremidades de los bosques de pinos en la costa del norte suministrarían una gran cantidad de resina, alquitrán y maderas fabriles para el comercio.

El cedro (Cedrela odorata, L.) es el que ocupa el segundo lugar del pino en la lista de las maderas de uso común. — Se encuentra en todos los valles; pero más particularmente en los de los principales ríos inmediatos a la costa. — Llega a la altura de ocho a setenta o ochenta pies, y tiene un diámetro de cuatro a siete pies. — No es atacado por los insectos, es fácil de trabajarlo, y es tan hermoso en el color para objetos de gusto como agradable en el olor. — Por esta razón es más usado en Honduras que ninguna otra madera. — La mayor parte de las canoas y pipantes de los nativos son hechos de troncos de cedro; y aunque son ligeros y durables, tienen el riesgo de que pueden romperse en las playas.

La ceiba, o árbol de algodón (Bombax ceiba, L.), también es abundante y distinguida por su vasta grosura, y la aplican igualmente para «bongos» y «pipantes». — He visto un bote hecho de un solo tronco que tenía siete pies de uno a otro lado. — Este árbol florece dos o tres veces al año, y en la época de su florescencia da una hermosura particular a todo el bosque. — Produce una vaina que contiene una especie de suave y fino algodón, que emplean en almohadas, y que podría servir para otros objetos de más utilidad.

Además de estas maderas, las siguientes son más o menos abundantes, y todas de grande estimación; a saber: encina (Bignonia); santa maría; zumaque; sapotillo (Achras sapota); mangle (Rhizophora mangle); mangle grape (Coccoloba uvifera); quiebra-hacha (Sideroxylum); jícaro (Crescentia); mangle de Zaragoza; algarroba (Hymenæa courbaril); palo de percha; almendro; varias especies de encina; granadillo; gran variedad de palmas; sapote (Sapota mammosa), etc., etc.

Además de la lima, el limón, la naranja y los palmares, hay una gran cantidad de árboles frutales que son indígenas en el país. — El cacao es uno de ellos; y es notablemente abundante en los aluviones del norte, donde los indios van a recogerlo. — Se conoce con el nombre de cacao mico, o cacao silvestre, y se distingue del cultivado en que la nuez es más larga, siendo bastante estimado por su buen gusto. — El pimiento, que es exactamente igual al de Jamaica (Myrtus pimenta), también es indígena. — Sus bayas son más grandes que las de las islas, pero el aroma es más suave, y no tiene grande consumo en el comercio del país.

La anona, de varias clases, es también indígena, así como el aguacate (Persea gratissima); la cidra (Citrus tuberosa); el tamarindo (Tamarindus occidentalis); la guayaba (Psidium guajava); las piñas (Bromelia ananas); el mango (Mangifera domestica); la papaya (Carica papaya); el sapote; el granado (Punica granatum); el mamey (Lucuma bomplandi); el nance; el jocote, o ciruela silvestre; la manzanilla; el negrito, etc., etc.[25]

La zarzaparrilla (Smilax medicinal) en ninguna parte del mundo se produce en mejor calidad y en más abundancia que en Honduras, sobre todo al norte de las costas orientales. — Toda es recogida por los indios; pero nunca en una cantidad que pueda servir para cambiar artículos manufacturados de Europa, como fundadamente se debe esperar que suceda.

La vainilla (Epidendrum vanilla) se encuentra en los mismos lugares que la zarzaparrilla, y en todo el interior del país, siendo

---

[25] Al catálogo anterior podemos añadir el siguiente de las maderas fábriles más comunes y estimadas de Honduras: — limoncillo, arrayán, laurel, mano de león, ébano blanco y negro, membrillo silvestre, nogal, madre de cacao, guachipilín, ronrón, hoja péndula, guayaco o guayacán (el verdadero lignum-vitæ), pimientillo, nacascotle, etc., etc.; y al de los árboles que producen gomas, el bálsamo (que es abundante en las montañas de Siguatepéque), el jiñicuite, el copal de Ceylán (Hymenæa lermicosa), guapinol en el país, y el copalillo (Hymenæa courbaril), guapinolillo, etc.

notable por el tamaño de las vainas. — No ha sido hasta ahora un artículo de comercio; pero los ensayos que se han hecho en los Estados Unidos y en Europa han producido órdenes aun para más de la que suministrarían las costas.

La pita, llamada en México yotle, es una especie de agávea muy prolífica, y llena de fibras que varían desde el más ordinario cáñamo hasta el más fino lino. — Se usa para cordelajes, hamacas, papel, etc., y siendo, como es, tan sencillo su cultivo, puede ser un importante artículo de exportación y de consumo interior.

Ya he dicho que Honduras produce libremente todos los artículos propios de los trópicos. — Las tierras de ambas costas son adaptables para el algodón, que hasta ahora no se cultiva sino en pequeñas cantidades y en pocos lugares por los indios, que lo destinan a sus peculiares manufacturas. — Los experimentos que se han hecho de este artículo tanto en el estado del Salvador como en Nicaragua han sido tan satisfactorios como pueden serlo del artículo mismo; pero la falta de conocimientos prácticos y, sobre todo, la de cooperación para el trabajo han hecho abandonar el proyecto de las plantaciones. — Sin embargo, en un año se exportaron en los puertos occidentales de Nicaragua cincuenta mil tercios de trescientas libras cada uno. — Según M. Baily, «tuvo una alta demanda en los mercados de Manchester», donde siempre hallaría la mejor venta.

La caña miel de Honduras, como en todo Centroamérica, es indígena y de una forma diferente a la asiática que se cultiva en las Indias Occidentales y en los Estados Unidos; pero más blanda y más delgada, y conteniendo proporcionalmente más jugo. — Crece lozanamente tanto en los llanos como en las montañas, en elevaciones de tres a cuatro mil pies. — Anualmente da dos cortes, y en circunstancias favorables hasta tres, y no requiere nueva plantación sino cada diez o doce años. — El azúcar que produce esta caña es fina, y con algún cuidado al fabricarla sale tan blanca y tan refinada como la del comercio. — No hay grandes establecimientos de fabricación; pero por todo el estado se encuentran pequeños molinos movidos por bueyes que producen la necesaria para el consumo del pueblo. — La mayor parte se hace en forma de «chancaca» o azúcar baja, en pequeños panes de una a dos libras, que transportan envueltos en hojas de plátano. — Estas panelas, con las «tortillas», forman el principal alimento de las clases pobres.

Un café de excelente calidad florece en Honduras, aunque jamás se ha adoptado como un general artículo de producción; pero ni aun el suficiente para el consumo del estado se cosecha. — He visto varios plantíos abandonados en el departamento de Gracias, cuyos arbustos eran agobiados con el peso de las bayas. — En Costa Rica el cultivo del café se ha introducido con el mejor suceso. — En 1854 el producto de este pequeño estado fue como de 20,000,000 de libras, teniendo en el mercado inglés un precio medio de 42 1/2 pesos por quintal, igual a 2,500,000 pesos en valor. — Hay muchas razones para creer que el café de Honduras será tan bueno como el de Costa Rica en todos respectos.

La cochinilla se cultivó antiguamente en Honduras, aunque en pequeña escala; pero al presente solo en Guatemala se cultiva, donde es el primer artículo de exportación. — El nopal es indígena y abundante en el llano de Comayagua, donde se ven sus hojas plateadas con los huevos de la cochinilla silvestre.

El tabaco de Honduras ha conservado una gran celebridad en todo Centroamérica; y el de los llanos de Santa Rosa se considera como el primero del mundo. — Al descubrimiento de las peculiares ventajas de esta localidad para el cultivo de ese artículo debe la floreciente ciudad de Santa Rosa su fundación, que ahora es la más importante del departamento, aun que la antigua ciudad de Gracias. — El cultivo del tabaco comenzó en los llanos de Santa Rosa a últimos del siglo pasado, y aumentó con tanta rapidez que en 1795 se estableció allí una factoría real con un factor nombrado por la corona. — Desde entonces el tabaco de ese lugar tomó una reputación tan grande que no solo se enviaba a todo el reino de Guatemala, sino a México, al Perú y aun a España misma.

La población de Santa Rosa aumentó en proporción, y en 1825 la asamblea constituyente le dio el título de villa. — Las convulsiones políticas que han agitado al país, y que no ha dejado de sentir Santa Rosa, han hecho decaer este importante ramo y disminuido la población. — Sin embargo, el producto anual es considerable y aun se vende en Cuba, en donde se manufactura y se vende después como de la isla. — Los llanos de Olancho, los de Sonaguera y Cataguana lo producen también de excelente calidad. — Algunos de los tabacos de Honduras se expenden en los otros estados, y grandes cantidades se extraen por los puertos del Pacífico para Hamburgo y otros puntos de Alemania. — El ensayo que yo hice para la exportación de cigarros no tuvo buen resultado, en razón de que ni la manufactura ni el tabaco estaban convenientemente preparados. Pero con el competente conocimiento sobre el particular, este será el primer artículo de comercio del estado.

El índigo no se ha cultivado en Honduras en grande extensión. — Sin embargo, hay algún tiempo que se ha introducido en los valles del Chamelecón, y en los distritos de Camasca y Guarita en Gracias, y Aramecina, Caridad y San Antonio del Norte en Comayagua, con los mejores resultados. — Su calidad es igual a la de Nicaragua y San Salvador, que se mira como superior a la de la India. — Se cree con fundamento que este artículo puede extenderse con facilidad y ventajas en todo el valle de Chamelecón, y en los de otros ríos que caen a la bahía de Honduras.

El maíz florece lozanamente, y pueden levantarse dos cosechas al año en el mismo terreno, si tiene la suficiente humedad o si puede ser regado. — En el interior y en las montañas no se acostumbra sembrar los campos segunda vez, sino es con el objeto de obtener cañas de maíz, que las cortan como zacate para las bestias. — La variedad de maíz es más parecida a la de la Nueva Inglaterra que a la del valle del Misisipi. — El grano es notablemente grueso y fuerte, y las espigas o mazorcas no muy grandes, pero numerosas. — Allí, como en toda la América tropical, el maíz es «EL BÁCULO DE LA VIDA», y en tortillas, tamales, atole, tiste y otras muchas formas es el sustento del pueblo. — En general es barato, pero ocasionalmente sufre por el chapulín o langosta, una especie de locusta que viene en nubes tan grandes que, en pocas horas, destruye las milpas más grandes. — Como la peste de la langosta es general, resulta algunas veces una grande escasez, que raya en hambre; y entonces el maíz llega a venderse al subido precio de cuatro, cinco y aun diez pesos el almud. — Fortunosamente el insecto no ataca los plantíos que están en las pendientes de las montañas, donde el pueblo hace sus milpas durante el período de la visita del chapulín.

El trigo y otros cereales de la zona templada se producen en todos los distritos elevados de Honduras. — Poca o ninguna harina extranjera entra al estado, y todo el consumo se puede considerar como suministrado por el país mismo. — Yo encontré los campos cubiertos de trigo en las inmediaciones de los pueblos de indios al sudoeste de Comayagua, en las pendientes de las montañas a una elevación de cerca de 4,000 pies sobre el nivel del mar; pero también se cosecha en las bajas latitudes. — La espiga es pequeña y firme, y el grano no es tan grueso como el de las latitudes del norte. — Esto puede provenir de que la clase que se usa es pobre, y cuya semilla jamás se ha variado. — La harina es blanca y de buen gusto, y en todos respectos igual a la de Chile y los Estados Unidos.

El arroz es generalmente cultivado, sobre todo cerca a las costas, donde se produce con muy poco trabajo y de excelente calidad.

Las patatas, como he dicho, se cultivan poco en los plateaus de las montañas, pero solamente por los indios, que las llevan a las poblaciones grandes, donde se consumen todas. — El ñame y el manioco o casabe es abundante y se cultiva en todas partes, teniendo un uso general. — Los ñames de las inmediaciones de Omoa, Puerto Caballos y Trujillo son notables, tanto por su excelente calidad como por su tamaño; y pues hay raíz que pesa hasta cincuenta y sesenta libras. — El plátano, las bananas y varias especies de judías, llamadas frijoles, son de universal uso, y constituyen los principales vegetales del país. — El plátano es de una exuberancia extraordinaria en las costas del norte. — Es el que sigue al maíz, o más bien el que ocupa el primer lugar, o que sirve de primer alimento a los pueblos de los trópicos. — Según Humboldt, un acre de tierra sembrado de plátanos produce una cantidad igual a la de 433 de trigo, y a la de 44 de patatas[26].

---

[26] Por vía de curiosidad presentamos aquí la descripción que hizo del plátano el hondureño que antes hemos citado (Valle), y las observaciones que siguió según las de Humboldt.

En la originalidad de su figura, dice, en la belleza de su forma, en el esmalte y extensión de sus hojas, en el corto tiempo que tarda para fructificar, en el poco costo de su cultivo, en la fecundidad con que se produce, en la cantidad alimenticia de su fruto, en la harina que da cuando es verde, en los manjares a que se presta cuando es en sazón, en todos los elementos, en fin, que

En todo cálculo de provisiones para cualquier trabajo público en Honduras, este es el primer elemento sobre que debe contarse.

El cervato de Centroamérica es, según su inmediata posición geográfica, participando del carácter del de las regiones ecuatoriales de Sudamérica, y del de los distritos semi-tropicales de México. — Así es que encontramos una gran variedad de mangostas en las costas orientales y septentrionales de Honduras, correspondiendo a las del valle del Orinoco, mientras que en los bosques del interior nos saluda con su familiar gruñido la parda ardilla de nuestras latitudes.

Entre los animales domésticos encontramos el caballo, el asno, el buey, el carnero, la cabra, el puerco, el perro y el gato, todos de origen extranjero, excepto una especie de perros que es indígena.

El caballo es común en todo Centroamérica, aunque no se usa sino muy poco en los pueblos para carruajes. — Las sabanas son abundantes en pastos, y lo mantienen perfectamente bien. — Vaga por ellas casi silvestremente, y rara vez se le coge sino es lazándolo. — Introducido por los españoles, conserva aún muchas peculiaridades de la raza árabe. — Es pequeño, de buena figura, de musculaciones firmes y distinguido por la extraordinaria pequeñez de

---

forman un vegetal, se distingue el plátano, gloria de la América, riqueza de sus hijos, hermosura de la tierra ***. — Según Humboldt, en las inmediaciones de Acapulco y de San Blas un racimo tiene de 160 a 180 plátanos, pesando de 60 a 80 libras. — Haciendo cálculos fundados sobre esta base, 100 varas cuadradas de tierra, donde hubiese un pie a cada tres varas, tendríamos 1,089 en toda su área; daría cada pie su racimo respectivo; habría en cada racimo 60 libras; y la suma sería de 65,340 libras de cantidad alimenticia. — Son varios los cálculos de la cantidad de alimentos que necesita el hombre; pero aun concediendo 6 libras, que es el máximum, resultaría que en 100 varas cuadradas de tierra daría el plátano 65,340 libras, y alimentaría 10,890 individuos. — En una legua cuadrada de 5,000 varas daría 3,670,000 libras, y alimentaría 544,500 individuos.

A los cálculos precedentes podemos añadir: — que los plátanos de la costa del norte en general no pesan menos de 16, 17 y 18 onzas, lo que demuestra que son superiores a los de San Blas; y que un pie, como es bien sabido, se reproduce en 3, 4 y 5. — Tomando, pues, el número inferior, es decir tres, tendríamos, en el primer caso, que las 100 varas cuadradas darían 195,720 libras, y alimentarían 32,670 individuos; y que, en el segundo, las 5,000 varas producirían 9,801,000 libras, alimento suficiente para 1,633,500 individuos.

las orejas. — Sufre mucho en estas regiones por unos insectos que se le introducen, haciéndoselas perder muchas veces y desfigurándolo notablemente. — También es atacado con frecuencia por los murciélagos (vampiros) y por una especie de araña que le hace perder el casco.

El buey también encuentra abundante pasto y una congenial morada en las sabanas y bosques abiertos. — Como el caballo, manifiesta su evidente origen español. — Crece algo más de lo que en este país se mira como de regular tamaño; es de una forma fuerte y hermosa, de un cuello poderoso, de cabeza pequeña, compacto, pero de cortos miembros. — Sufre menos que el caballo por los insectos, y casi siempre se le mira gordo y lucio. — Las vacas no dan una gran cantidad de leche, pero buena. — Hay vastas haciendas de ganado en varios distritos del estado, que forman la principal parte de la propiedad del pueblo. — Porción de bueyes que sirven para el yugo se venden en Belice y en los cortes de madera de diez a quince pesos el par. — El ganado en general se vende de cuatro a cinco pesos.

El cerdo es más pequeño que el de las diferentes clases de Europa: — es casi negro, de cerdas delgadas, largo hocico, cortas piernas y corpulento. — Algunas veces se le encierra para cebarlo; pero en general sale él mismo a buscar su alimento. — La raza de China o de la India Oriental se ha introducido con buen suceso por algunos empresarios del departamento de Gracias.

No hay muchas cabras; pero se procrean rápidamente, y podrían aumentarse en la proporción que se quisiera, sobre todo en los lugares elevados. — Por la abundancia del ganado no tienen ningún consumo, y se conserva en el país más bien como un animal doméstico que como un objeto de economía.

Los carneros se encuentran en más o menos número; y donde únicamente se conservan sistemáticamente es en Quezaltenango y en otros departamentos de Guatemala llamados «Los Altos», cuyos vecinos manufacturan la lana en telas de varias clases que son de grande estimación en todo Centroamérica. — La lana es larga y ordinaria, y la carne se consume poco. — Por analogía debe creerse que este animal podría introducirse con suceso en los puntos elevados de Honduras.

El asno se usa para la carga y para cruzar la raza con la de caballos, en la producción de mulas. — Esto es lo más común y más estimado. — Se les cría en los lugares montañosos, y después se trasladan a los llanos. — Algún trabajo cuesta hacer esta mezcla, pero con suceso. — Las mulas en general no son muy grandes; pero hay algunas de gran tamaño. — Entre estas, si son bien formadas, las hay desde 70 pesos hasta 300 pesos. — El precio ordinario de las de carga es de 15 a 35 pesos. — No hay escasez, sino es en Guatemala, y se les fortifica el casco con el jugo del limón caliente. — La carga ordinaria de una mula en Honduras es de ocho arrobas (200 libras), y en el Salvador y Nicaragua, donde el terreno es planizo, de diez a doce.

Entre los animales silvestres señala Wright, en su memoria sobre la costa Mosquito, citada por Strangeways, el búfalo; pero probablemente es una mezcla del ganado cimarrón o silvestre de la costa con el bisonte.

El gamo (Cervus mexicanus y Cervus rufus) es abundante en los bosques y sabanas. — La primera clase es muy semejante a la de Europa en color, pero más pequeña y con más grandes mogotes. — La segunda es más numerosa, de color bruno, con cuernos cortos y puntiagudos, y de dos dentaduras. — Cuando están jóvenes son pálidos, casi blancos, y de una carne muy sabrosa. — El capitán Henderson ha confundido esta especie con el antílope, que supone encontrarse en Honduras. — «Si este animal», dice, «que en el país se conoce con el nombre de antílope, no lo es en realidad, difícilmente podrá saberse a qué otra clase pertenece: su semejanza y descripción es esencialmente la misma.»

Es como la mitad del gamo flavo, corto de talla, con pelo en los muslos, color bruno claro, con la parte inferior de la anca blanca, cuernos como de 42 pulgadas y encorvados en forma de lira. — Se encuentra en grandes cuadrillas.

El jabalí (Sus tajacu, L.) es común en Honduras en los valles de los ríos y en las inmediaciones de las costas.

La jagüilla (Sus americanus) es igualmente común tanto en Honduras como en Nicaragua y Costa Rica. — Henderson supone que es el ordinario puerco silvestre.

También se encuentra el tapir (Tapirus americanus, L.) en las costas septentrional y meridional, pero raramente en el interior. — Es algunas veces parcialmente domesticado.

El manatí o vaca marina (Manatus americanus, L.) se halla en todos los esteros y lagunas de las costas del norte. — Jamás se ha conocido en la parte del Pacífico. — Es bien sabido que pertenece a la mamalia.

Crece hasta 40 pies, y tiene un peso de setecientas a mil libras. — Los caribes lo sacan para servirse de la carne, la piel y el sebo. — Lo cogen con arpones, pero su pesca requiere destreza y práctica.

Los monos (Simia) son numerosos y de varias clases, incluyendo los cornudos (Simia fatuellus, L.), brunos (Simia apella) y capuchinos (Simia capuchina). — Los últimos son más abundantes, y es un agradable animal. — Hay otra especie referida por el capitán Henderson, y que cree que no se ha hecho referencia de ella. — «En forma y tamaño», dice, «se asemeja a la apella; y la hembra, en la cual se encuentra más característicamente la diferencia, tiene una separada y carnosa membrana, que frecuentemente hace equivocar el sexo.»

La racuna (Procyon lotor o Ursus lotor, L.) es de un tamaño medio, y se alimenta de animales que es su propensión. — Frecuentemente vive separado, y por eso los españoles le llaman «pisote solo».

El maritacaca (Didelphis opossum) es por lo regular de 8 a 40 pulgadas, de color gris, de una fuerte cabeza, de larga y flexible cola, y los pies son de pezuñas separadas. — La hembra tiene una cavidad en el vientre donde conserva los hijos. — Cuando anda los lleva generalmente en el lomo. — Se alimenta de pajarillos, gallinas, etc.

La ardilla. — Dos son las especies que se encuentran en Honduras: la gris (Sciurus cinereus, L.) y la pequeña roja (S. guajanensis).

El perico ligero también lo hay en varias especies: el rayado (Myrmecophaga pentadactyla) y el pequeño (M. didactyla). — Entre los otros animales pequeños, se puede señalar el cuas (Viverra quasje), que se parece al icneumón en el mal olor.

El armadillo de tres fajas (Dasypus tricinctus, L.), el de ocho (D. octocinctus) y el de nueve (D. novemcinctus). — El jibeonita (Cavia paca o Mus paca, L.) es más abundante y fácil de domesticar. —

Crece al tamaño de dos pies, de un color bruno oscuro y con cuatro series longitudinales de manchas en cada lado. — Su carne es muy estimada. — El conejo indígena (Cavia aguti) es semejante al jibeonita, y tiene casi el tamaño de la liebre común. — Corre poco, pero salta bien; es fácil domesticarlo, y los indios lo cazan mucho por la carne y por la piel. — En las islas de la bahía de Honduras abunda más.

Entre los animales ferinos que hay en Honduras se cuenta el jaguar (Felis onca, L.). — Es de un color moreno claro, con listas negras en la cabeza, variado con irregulares manchas negras en los flancos y el vientre blanco. — Rara vez ataca al hombre, y sus guaridas son casi inaccesibles a los pies humanos. — Además del jaguar también se encuentra ocasionalmente el tigre negro (Felis discolor), que es el más feroz de los animales de Honduras. — Llega a gran tamaño, y es notable por su fortaleza. — Caza con frecuencia el ganado en los bosques, y, una vez irritado, no vacila en atacar al hombre.

El ocelote (F. pardalis) es semejante al gato, pero mucho más grande. — Es tímido y poco sale de sus guaridas. — Su piel es estimada. — El cugar o puma (F. concolor) es el más común, y es de una figura delgada y hermosa. — Generalmente le llaman los nativos león. — No es tan poderoso ni tan feroz como el jaguar, y huye de la vista del hombre. — El coyote, lobo indígena, es extraordinariamente abundante y pernicioso para la cría del ganado.

En el interior de Honduras no hay muchos pájaros; pero abundan en las costas y en los valles de los ríos principales. — El más célebre es el quetzal, que era el pájaro imperial de los indios del Quiché. — En los museos se conoce con el nombre de Trogan resplendens; y donde más se encuentra es en las montañas del Merendón en Gracias, y en el departamento de Quezaltenango, en Guatemala.

Los papagayos se hallan por todas partes, en una gran diversidad de clases y de los más variados colores. — La guacamaya, rosada y azul, es igualmente abundante en las costas, así como el tucán. — La chorcha amarilla (Cassicus montezuma) es demasiado familiar al viajero en los ríos de Honduras. — Es notable por la hermosura de su color, como por sus colgantes nidos, que hay hasta cuarenta y cincuenta en las ramas de un solo árbol.

Entre los raptores o aves de rapiña son muchas las especies de buitres que hay, incluyendo desde el común buaro o zopilote, hasta el hibuyo y el aguiluche. — El cuervo, el grajo mejicano, el tordo, la golondrina y el colibrí (de numerosas especies) son comunes. — Aves acuáticas, como el pelícano, patos blancos y negros, el chorlito, la garza, la cerceta, la cigüeña, el herón, el ibis, la grulla, etc., son bastante numerosas en las playas de las lagunas y ríos. — La pava silvestre, el cuan (Penelope cristata), la chachalaca o gallina de monte, la perdiz mejicana, la codorniz (en abundancia), la becasina o gallina ciega, y una gran variedad de pichones y tórtolas, son numerosas en el interior del país.

En todas las lagunas y ríos de ambas costas se halla el aligátor. — Llega a tener hasta quince pies de largo. — Huye cuando el hombre se aproxima, y generalmente abandona los ríos cuando las márgenes son habitadas.

De la tribu de lagartos hay una variedad infinita. — La más notable es la iguana, que algunas veces llega hasta a cuatro pies de largo. — Es de un color gris y vive casi de las flores de los árboles. — Es temible su mordedura; pero no peligrosa. — Su carne es delicada.

Varias especies de serpientes hay tanto en Honduras como en el Salvador; pero casi todas están confinadas en las costas. — La común práctica de quemar los campos en la estación seca destruye en mucha parte los reptiles. — Durante un año de permanencia en el estado, y casi siempre ocupado en el campo, no recuerdo haber visto más que cuatro serpientes, y de ellas solamente un coral, que es de un carácter ponzoñoso. — Sin embargo, en las inmediaciones de la costa son numerosas, pero generalmente de las más inocentes. — Respecto a las serpientes de la costa, MM. Müller y Hesse observan:

«En la mayor parte son de una especie muy inocente, y los nativos las miran con placer en sus casas, en lugar de temor o disgusto, pues que les destruyen todos los bichos. — Las culebras mansas tienen en general manchas redondas en la cabeza, algunas angulares debajo, y todo el cuerpo cubierto de escamas ovaladas. — La quijada superior, como en mamalia, es toda cubierta de dientes muy sólidos y puntiagudos, y en la unión de la quijada tiene otra andana. — La inferior es exactamente igual, de manera que abriendo la boca se le ven cuatro andanas de dientes. — Son largas y delgadas por lo común estas culebras; la cabeza es hermosa y las escamas muy tersas. — En nuestro viaje observamos varias en los bosques, y especialmente una especie de un color blanco y azul, que no pudimos examinar por la rapidez con que desaparecían al aproximarnos. — Estas las llaman los indios wotlüh (zumbadora), y dicen que aunque se alimentan de aves en los árboles, también destruyen pequeñas víboras ponzoñosas. — Las principales de estas se distinguen por un cuerpo más grueso y corto de cola, cabeza ancha y cubierta de escamas, y sobre todo por los colmillos venenosos, que son puntiagudos, con un canal y una abertura en la extremidad, por donde comunican el virus. — Detrás de estos colmillos tienen varios dientes pequeños, pero ocultos en el músculo. — Nosotros no tuvimos la ocasión de hacer ningún experimento, aunque los indios procuraron tomar algunos, y nos contentamos con repetir lo que se nos informó. — Hay la culebra dorada, el vejuquillo, el tamagás y la barba de pelo; estas dos últimas son las más peligrosas, y su mordedura causa la muerte. — Según la experiencia, la raíz del huaco es un eficaz remedio para la mordedura de la culebra. — Se encuentra por todas partes, y especialmente en la isla de Roatán. — El número de serpientes ha disminuido a medida que ha ido avanzando el cultivo de las tierras.»

En adición a las culebras mencionadas en este extracto se deben agregar el cascabel y el coral, que son tan peligrosas como el tamagás. — La última tiene los más brillantes colores, cubierta con alternados anillos verdes, negros y rosados. — No llega a ser muy larga, ni es común.

Las tortugas se hallan por todas partes en gran cantidad y en diferentes especies. — Las de tierra, todas de la especie Testudinata, tienen hasta un pie de largo. — Es de una concha negra, y se come en común con la de mar; pero no es de tan buena calidad como esta. — Los ríos abundan de una especie llamada hicotea. — Es más pequeña que la de mar, pero no inferior en otro respecto. — Llega a tener un largo de 18 a 20 pulgadas, y es notable por la grosura de la concha. — Las especies de tortuga de la costa, conocidas familiarmente con los nombres de tortuga verde (Chelonia mydas) y la tortuga picuda (C. caretta), son abundantes en las dos costas, suministran una gran porción de alimento y son un recurso considerable para los indios. —

Entre las últimas se encuentran las de que se toman las mejores conchas para el comercio. — Hay aún otra especie, que crece más que las indicadas, llamada tortuga tronco. — Su carne no se usa, pero la concha es de excelente calidad. — De esta tortuga se extrae una especie de aceite de mucha estimación, y es de suponerse que en lo sucesivo se haga un considerable artículo de comercio.

Las ostras de dos clases se encuentran también en abundancia. — Las llamadas de ribera están en nudos de diez o doce, y las de mangle, llamadas así porque se pegan a las raíces de los mangles, en las lagunas y esteros. — Ambas clases son estimadas. — Vastas capas hay de las primeras en la bahía de Fonseca.

Los crustáceos de varias especies y tamaños, desde la más larga langosta hasta el más pequeño cangrejo, son asimismo abundantes. — En particular el cangrejo de mangle (Grapsus cruentatus) y el blanco y negro cangrejo de tierra (Gecarcinus) se hallan en gran cantidad en las lagunas y en las inmediaciones de las bocas de los ríos. — Todos son de un sabroso y nutritivo alimento. — En todos los árboles medio podridos cerca del agua habitan miles de cangrejos soldados, que en ciertas épocas del año emigran a la tierra y después vuelven a la mar. — Los caracoles son numerosos en todos los cayos de las costas del norte y especialmente en los alrededores de las islas de Roatán y Guanaja.

No solamente en las lagunas y esteros hay inmensidad de peces de toda especie, sino que los ríos están llenos de ellos. — En la mar se halla el pescado de roca (Labrax lineatus), el peje puerco (Helops), el peje rey (Umbrina alburunus), el barracuda (Sphyraena barracuda), el peje papagayo (Tetraodon), el grupa (Serranus), y el colorado y negro mordedor (Coracinus), el porgo (Sargus), el sábalo (Alosa), el peje espada, etc. — Y en las lagunas el judío, el cabeza de carnero, el roncador (Macrocephalus), el sucio, sargo, dormilón, macarela, tambor, gruñidor, anguila, cuyamel, etc., etc. — En los ríos de las montañas el sargo y el cuyamel abundan más. — El tiburón es común en las dos costas.

En los valles de los ríos hay un sarmiento (Sapindus saponaria) que lo usan frecuentemente los nativos para envenenar, o más bien para aturdir el pescado[1]. — Se machaca y se echa en el agua, y mezclándose el jugo en el agua atolondra los pescados, que se cogen con la mano en la superficie. — Pero si se les deja largo tiempo en el agua, salen de su embriaguez y recobran su energía.

Diferentes especies de abejas y colmenas se encuentran en Honduras. — Una (Apis padilla) es pequeña, de color rosado encendido y de un aguijón pequeño, y no causa mal. — Las otras se hallan en las montañas, y son muy diferentes a las comunes de los Estados Unidos. — Las colmenas son muy usadas por los nativos, sobre todo para extraer la cera que consumen en las ceremonias de la iglesia romana.

La falta de mosquitos que se observa en el interior de Honduras y en San Salvador, a la verdad que es bien notable, pues debe suponerse que estos insectos son la principal plaga del país. — La casi total falta de ellos en las inmediaciones de la bahía de Fonseca es la mejor prueba de que no hay pantanos ni lagunatos. — La pulga es una eterna causa de disgusto y de incomodidad. — La garrapata es abundante en las tierras bajas, y mucho más en los lugares que habita el ganado. — Se quitan fácilmente del cuerpo con bolas de cera, cuya provisión lleva el viajero. — El chigoe o nigua, una pulga negra pequeña que ataca los pies y se introduce en los dedos causando dolor, no se conoce en la costa del Pacífico. — En la del norte sí es común; pero rara vez ataca a las personas que conservan los pies aseados.

Entre las arañas se cuenta la tarántula; pero no se ve frecuentemente. — Una especie llamada araña de caballo ataca, como antes he dicho, los pies de los caballos. — En la familia de los escarabajos la luciérnaga es la más notable por su tamaño. — Una noche, en las inmediaciones a la costa, alumbraban por todas partes como estrellas, con una brillantez y hermosura extraordinarias. — Los escorpiones son más o menos comunes, pero solamente el alacrán de monte es temido. — El escorpión de las casas es de un color pálido, y su aguijón es menos virulento; casi es como el de las avispas. — El ciempiés (Scolopendra morsitans) llega en las costas del norte a ser de seis y siete pulgadas. — Tiene en la cabeza dos fuertes alicates, y en el cuerpo veinte divisiones, conteniendo cada una dos pies. — Es muy común en las habitaciones, pero poco mal causa.

De los insectos más perniciosos en Honduras, como en todo Centroamérica, es el chapulín o langosta, una especie de locusta que por intervalos aflige a todo el país, pasando de una a otra extremidad en vastas columnas de miles de millones, oscureciendo materialmente el sol y destruyendo cuanta planta encuentra. — Hay columna que ocupa diez millas de extensión. — No solo cubren la tierra, levantándose en nubes por donde uno pasa, sino que los árboles están agobiados con su peso y de un color como si el fuego hubiese pasado por ellos, llenando al mismo tiempo el aire y cayendo como una granizada. — Su curso es siempre de sur a norte. — Aparecen primeramente como saltones, de un tamaño pequeño, de color rojo, sin alas y cubriendo la tierra como hormigueros. — En esta época los habitantes matan grandes cantidades, abriendo fosos de dos a tres pies de profundidad y echándolos en ellos. — Cuando están llenos a la mitad, les arrojan tierra y quedan sepultados y destruidos. — También los queman en los campos y los echan en los ríos para ahogarlos. — Varios otros expedientes emplean para salvar las sementeras, como quemar azufre, hacer tiros de fusil, sonar tambores y formar toda especie de ruido, de cuya manera se levantan y dejan aquellas.

CAPÍTULO XII: EXISTENCIA DE LOS ABORÍGENES. — LOS HICAQUES, PAYAS, SAMBOS Y CARIBES

En otra parte he dicho que el indígena u aborigen elemento predomina en la población de Centroamérica. — Honduras no es una excepción; y en algunos distritos del estado es difícil decir si son los blancos los que más se asimilan a los hábitos de vida de los indios, o si son estos los que más se aproximan a aquellos. En la parte oriental del mismo estado, entre los distritos del río Romano y el cabo o río Segovia, en un área de 45,000 millas cuadradas, el país está casi exclusivamente habitado por tribus aborígenes, conocidas con los nombres de hicaques y payas. — Porción de estas han adoptado la religión católica y viven en buena y pacífica armonía con los españoles. — El gran pueblo de Catacamas, y algunos otros no menos notables en las inmediaciones de Juticalpa, en Olancho, son habitados por indios hicaques o payas cristianizados. — Pero además de estos, hay un considerable número que viven en las montañas y que se conforman más con sus primitivos métodos de vida. — Sin embargo, también son pacíficos, y sus relaciones con los españoles igualmente amigables. — Su comercio es zarzaparrilla, cueros de venado, sangre de dragón y otros artículos, incluyendo algún oro que lavan en las arenas de la montaña, los cuales cambian por otros de manufacturas civilizadas que necesitan. — Tácitamente reconocen la autoridad del gobierno, que, sin embargo, no interviene en el simple sistema patriarcal que observan. — Algunas veces vienen pequeñas partidas a la costa a trabajar en los cortes de madera. — Pero tan pronto como concluyen su compromiso, regresan a sus habitaciones.

En la época de la conquista estos indios se encontraron, respecto a civilización, inferiores a los quichés, cachiqueles y nahuales, que ocupaban los plateaux de Guatemala, San Salvador y la parte occidental de Honduras. — Pero al mismo tiempo fueron avanzando más que las tribus pescadoras que ocupan las bajas playas del mar Caribe, llamada al presente «costa Mosquito». — Al principio eran intratables y, favorecidos por las condiciones físicas del país, resistieron por largo tiempo la dominación de los españoles; pero sucesivamente, cuando se fueron formando establecimientos hacia la parte occidental, y el poder de los españoles se hizo más apreciado, ellos entraron en una perfecta armonía, que no se ha interrumpido por muchos años.

Los nombres de hicaques y payas pueden mirarse como una designación general. — Los towcas o toacas, algunos de los cuales viven en las márgenes del Patuca, y los secos, en el río Tinto, probablemente pertenecen a los payas. — Young, que los visitó, los describe «con una larga cabellera negra, que les cae a los hombros, cara redonda, ojos pequeños, con una peculiar expresión de docilidad, que predispone el ánimo en su favor».

«Son pequeños», continúa, «pero extraordinariamente fuertes, y capaces de llevar grandes pesos por los difíciles pasos de sus escarpadas montañas, sin experimentar ninguna fatiga. — Su carácter es bondadoso y altamente honrado; pero, como todas las tribus salvajes, muy inclinados a los licores espirituosos. — Venden zarzaparrilla, cacao, pimienta, quincoras, varias especies de raíces y de animales, como patos, etc.; y reciben en pago tiestos de hierro, puñales, machetes, pólvora, fusiles, cuentas o abalorios y algunos artículos semejantes para uso. — * * Son enteramente inofensivos, industriosos y hábiles en sus ordinarias manufacturas de algodón silvestre, de que hacen una especie de tela que llaman quincora, la cual tejen con plumas de pájaros, que tiene una hermosa apariencia.

*La más grosera superstición reina entre los poyas al presente, y sus fiestas idólatras son como siempre; pero su carácter salvaje ha desaparecido, siendo una humilde y pacífica raza, cuya ingeniosidad en sus pequeñas manufacturas podría confundirse con las producidas por una máquina europea. — * * Hay otra clase de indios payas o poyas menos civilizada. — Se les llama salvajes porque, como los árabes, vagan en los bosques, haciendo sus siembras que no vuelven a ver sino hasta que van a recoger la cosecha. — Sacan colmenas, zarzaparrilla, etc., que van a vender a sus hermanos más civilizados por anzuelos, arpones, cuchillos y otros artículos. — No se comunican con los sambos de la costa, y solamente por interés de los objetos indicados visitan a los pueblos de poyas. — Estos indios viven en las márgenes del río Seco, y por eso los llaman secos: su carácter casi es el mismo de los poyas.

«Los towcas (toacas, thuacas o juacos) son notables por su industria e inofensivo carácter. — Es una raza mejor que la de poyas y secos. — Hablan siempre bajo y con facilidad, y tienen un aire melancólico. — El sonido de la s la hacen oír en casi todas las palabras.»

Son célebres por su habilidad para hacer dorys y pipantes. — Su principal residencia es cerca de la cabeza del Patuca. — **Los toacas, como las otras tribus, tienen una gran reputación por su buena fe y probidad, e igualmente son afamados por su fortaleza para cargar grandes pesos. — Son muy diestros para cazar animales al vuelo con sus flechas, y propios para toda cosa que demanda sagacidad y constancia. — Es admirable la baratez en que valúan su trabajo. — Por ejemplo, ellos venderían un pipante por una hacha o un machete, o dos ollas de hierro, a pesar del inmenso tiempo que emplean en hacerlo.»

Young visitó un pueblo de payas en uno de los tributarios del río Negro, del que nos ha dado la siguiente relación, sobre el método de vida de los indios en general:

«Este pueblo de indios es admirable. — Está comprendido en una casa de forma ovalada, de cerca de 85 pies de largo y 35 de ancho, en la cual residen todos los nativos, en un sistema verdaderamente patriarcal. — Cada familia vive separada en ciertos departamentos formados alrededor de la casa misma. — A uno y otro lado de la casa hay una división como de diez y seis pies de largo y diez de ancho, cubiertas con hojas verdes por el frente. — En estos lugares ponen a las mujeres confinadas, de donde salen después de pocos días a tomar sus diversas ocupaciones. — A nuestra llegada todas las mujeres estaban empleadas; unas moliendo casabe y harina indígena mezclada; otras hirviendo esta en agua para hacer una especie de bebida llamada oulung; otras preparando el casabe para el pan de la mañana; otras, en fin, tostando cacao y sacando el jugo de la caña miel; y todas en general perfectamente ocupadas, bajo las órdenes de una directora o jefe, que llaman con el nombre inglés de "officer" (empleada) cuando está ausente.

Fuimos recibidos con alguna admiración, y las mujeres nos miraban de hito en hito; pero dentro de pocos minutos volvieron a sus ocupaciones. — El oulung es una bebida agradable en un día caloroso, y sobre todo para los que gustan de cosas agrias; pero a la segunda vez que lo tomé ya me gustó. — El pan es demasiado agrio, y solo lo probé. — Es hecho de harina de casabe en bollos de cerca de quince o diez y seis pulgadas de largo y como la muñeca de un hombre de gruesos. — Lo envuelven en hojas. — Cuando es fresco es bueno, y el gusto agrio lo toma de guardarse.

La casa está entechada en una hermosa manera de escarpe hasta cuatro pies de la tierra, de manera que aunque llueva fuerte no son molestados los habitantes. — Son notables por su aseo. — La elección del lugar de la casa fue bien hecha. — A pocas varas de ella, en un escarpado punto, pasa un riachuelo, formando numerosas cascadas que caen sobre grandes masas de piedras. — Sentados allí, oíamos la caída de las aguas, y nos divertíamos con la agradable verdura de las colinas, el rico plumaje de los pájaros y la algarabía que formaban los monos en el bosque.

Observé cerca de la casa multitud de animales, como patos, pavos, cerdos, etc.; y pueden obtener gamos con muy poco trabajo. — El jabalí que habita en los lugares altos y secos no es fácil cazarlo. — La jagüilla no se encuentra en las montañas poyas, sino es que algunas partidas de indios, pasando el río Negro, la busquen en los lugares donde se conoce. — Pocos tienen fusiles: en general van armados con lanzas y flechas, y rara vez regresan sin un buen surtido de provisiones.

Después de haber participado de un par de volátiles, de algún cacao, plátanos, casabe y miel de caña, todo preparado para nosotros por aquella obsequiosa gente, tomamos nuestro reposo. — Muy de mañana, cuando aún estaba en mi hamaca, fue una mujer a tocarme tímidamente, diciéndome "inglis" y presentándome un bollo de pan fresco; luego fue otra con una porción de oulung; y así continuaron hasta que me dejaron bien provisto. — En retribución yo los obsequié con un poco de tabaco, agujas, sal, y a la directora le regalé una navaja. — Poco después fui agradablemente sorprendido al ver llegar varios hombres cargados de plátanos, cañas, cacao, etc., que cariñosamente nos presentaron en cambio de los anzuelos, agujas, etc.

— Allí nos informaron que a distancia de quince millas había otro pueblo en el propio camino de los establecimientos españoles. — Antes de nuestra salida llegaron una porción de indios de los puntos inmediatos, que habían sabido nuestro arribo, a vendernos zarzaparrilla de Osnaburgo; pero como nosotros no teníamos ningún artículo, regresaron llevándose la zarza en los hombros.»

La costa alrededor de la laguna Caratasca, y hacia el oeste hasta la Brus, fue por muchos años ocupada por sambos, que corresponden generalmente en carácter con los de la costa Mosquito. — Pero los caribes, extendiéndose rápidamente al oeste de Trujillo y el río Negro, retiraron a aquellos, que se han pasado al sur del cabo Gracias a Dios en lo que llaman territorio mosquito.

Estos sambos o mosquitos son una raza mezclada de negros e indios. — Parece que en el siglo XVII una gran porción de esclavos desembarcó en el cabo Gracias. — Aunque al principio los negros fugitivos fueron hostilizados por los indios, por último se armonizaron y se mezclaron con ellos. — Durante la dominación de los corsarios en el mar Caribe, tuvieron sus habitaciones entre ellos y les legaron un código de inmoralidad, que las sucesivas relaciones con los contrabandistas no han contribuido a mejorarlos. — El elemento negro se aumentó de tiempo en tiempo por esclavos fugitivos (cimarrones) de los establecimientos españoles y por los que salieron de Jamaica, que intentaron establecerse en la costa a principios del siglo pasado.

Los gobernadores reales de Jamaica acariciaban a los sambos como un medio de molestar a los españoles y con el fin de apoderarse del país. — En 1740 el gobernador Trelawney procuró de algunos jefes una cesión de la costa a favor de la corona británica, cuyo acto fue seguido por el nombramiento de un gobernador o superintendente, la erección de fuertes y otros actos de verdadera ocupación y soberanía. — Sin embargo, estas pretensiones fueron abandonadas por los tratados que en seguida celebró España, quien mandó destruir los fuertes ingleses y desocupar enteramente la costa. — Pero apenas dejó España de conservar su poder en América, que tales pretensiones se despertaron de nuevo. — Aprovechando la Inglaterra la débil soberanía de las repúblicas americanas, puso en práctica su tradicional política sobre la costa Mosquito; y de allí se ve la singular complicación que todo el mundo conoce con el nombre de «cuestión Mosquito».

Las relaciones de los sambos primero con los corsarios, y después con los ingleses, quienes les suministraron armas de fuego y otros elementos de agresión, los han hecho formidables a las tribus de indios vecinas. — Frecuentemente dejaban los esteros y lagunas de la costa y se iban por algunos ríos a varios pueblos de indios de las márgenes, llevándose algunos vecinos que vendían como esclavos. — Por muchos años se tuvo un comercio semejante con Jamaica. — Por esta razón la mayor parte de los pueblos de indios inmediatos abandonaron sus posesiones, y otros compraban su seguridad por medio de un presente anual de canoas, pieles y otros productos que daban a los piratas sambos.

Empero, con la conclusión del tráfico de indios esclavos, los sambos han perdido mucha de su actividad, y entregados más y más al vicio de la embriaguez, que debilitándoles constantemente su constitución, casi los está extinguiendo.

El aumento y expansión de los caribes, como he dicho, proviene más de los sambos que se establecieron al norte y al oeste del cabo Gracias a Dios, en el territorio de Nicaragua, al sur del cabo. — Como toda la población mosquita no excede probablemente de seis mil, se sigue que la porción que existe en Honduras es insignificante. — Todos los informes que hay presentan una distinción entre los sambos y los indios propiamente, que es desventajosa para los primeros.

«La diferencia entre sambos e indios», dice Young, «es muy notable. — Los primeros son de un color oscuro, participando del de cobre del indio y del del negro; y el pelo se aproxima más al de este. — En general son bien proporcionados y activos; pero más propios para sufrir privaciones que para un trabajo fuerte. — * * Acostumbran pintarse la cara con pastillas rosadas o negras. — * * Su inclinación al licor es excesiva, y sufren por esto grandes calamidades; porque, una vez que han comenzado a tomar, continúan hasta quedar en un completo estado de embriaguez, expuestos a las fuertes lluvias que con frecuencia caen. — Los desórdenes a que se entregan les extenúan su constitución; y esta es la causa de su gradual decadencia. — * * Parece que no tienen ninguna idea del Ser supremo; pero los que han ido a Belice algunas veces conocen el nombre de Dios, y frecuentemente dicen “pluga a Dios”, así, así; o si quieren ser creídos gravemente dicen, “juro a Dios”. — Tienen una entera creencia en el espíritu malo, que llaman “Oulasser”, a quien temen mucho; y después de ponerse el sol ningún sambo sale solo por temor de que en el camino se lo lleve Oulasser. — También temen al agua espirituosa, que llaman “Lerrire”. — * * Los hombres son naturalmente apáticos e indolentes cuando no están excitados por el licor; cazadores y pescadores; y, careciendo de toda idea de moralidad, innecesario es decir que la castidad no es para ellos una virtud. — La poligamia es común. — * * Los chicos son bonitos en general y se aproximan más a la sangre de los indios; pero así que van creciendo van aproximándose a la de los sambos. — Raramente se encuentra uno feo, y deforme ninguno; y por temor de esto han establecido la práctica de destruir el último que nace. — * * Los sambos cuentan con los dedos de las manos y de los pies, y los días por sueños y los meses por lunas. — Sus casas son perfectamente hechas. — No tienen divisiones en ellas, pero duermen en tapescos formados de madera, a cuatro o cinco pies de alto. — Todo el menaje de casa y propiedades consisten en unos pocos tiestos de hierro, arcos y flechas, cucharas, bancos, calabazos de agua, arpones, fusiles, etc., y algunos siembros de plátanos o bananas (guineos). — * * Pero aunque los sambos son indolentes y viciosos, y aunque no tienen religión ninguna, son muy pocos los crímenes de alguna enormidad que se cometen entre ellos. — * * No tuve ocasión de poder conocer el número de los habitantes al presente (1839); pero se calcula que toda la población (incluyendo lo que se llama costa Mosquito) no excede de 8,000, pues hay muchos años que van en decadencia, aunque avanzando en civilización. — Los sambos del cabo y al sur de él son de una raza mejor que los del norte y del este. — * * Los mosquitos han degenerado mucho, a mi juicio, por la embriaguez y por la falta de un jefe que los estimule; y tal es su degradante condición, que dentro de pocas generaciones casi habrán desaparecido. — La raza blanca es la que avanza, así como los caribes, que con su rápida extensión ocuparán evidentemente las posesiones de los indios, y llevarán la civilización a unas costas que por tanto tiempo han sido la cuna de la superstición y de la ignorancia.»

Además de los indios sambos, hay en Honduras el activo elemento de población de los caribes. — La historia de su establecimiento en el país es tan curiosa como interesante. — Ellos constituyen los restos de los aborígenes habitantes de San Vicente, una de las islas de sotavento. — Durante las cuestiones de Francia con Inglaterra por las posesiones de las islas de las pequeñas Antillas, los caribes de San Vicente se decidieron por los intereses de la primera, hostilizando a las autoridades y habitantes ingleses, y después de varios choques sangrientos, fueron llevados en masa, en número de más de 5,000, el año de 1796, a las desiertas islas de Roatán en la bahía de Honduras. — El costo de la deportación fue no menos que de 5,000,000 de pesos. — Pocos meses después, las autoridades españolas los invitaron a pasar a tierra firme, y auxiliados por ellas fundaron varios establecimientos en la costa, cerca de Trujillo. — Desde entonces se han aumentado rápidamente y extendido sus establecimientos tanto al este como al oeste del puerto. — En 1832 fueron inducidos muchos de ellos a tomar parte en la miserable tentativa que hicieron algunos emisarios españoles, que intentaron cambiar el gobierno republicano. — Esta no pudo ser más desgraciada; en Omoa, como por todas partes, fueron severamente castigados los complicados en ella. — Una gran porción se retiró a Stann Creek, lugar perteneciente a la supuesta jurisdicción inglesa de Belice, donde permanecieron algún tiempo; pero después se les otorgó una amnistía, y muchos de los fugitivos volvieron a sus hogares.

Cuando San Vicente fue visitada por la primera vez por los europeos, la encontraron ocupada por dos familias diferentes, que aunque poseían una lengua común diferían en color y en métodos de vida. — Estos vecinos los llamaron caribes blancos y caribes negros; y los europeos mismos engendraron los celos entre ellos hasta el extremo de hacerlos chocar. — Sin embargo, cuando la deportación en 1796, el común peso de la desgracia hizo desaparecer su división y se armonizaron. — Pero la fusión de sangre no ha sido bastante para extinguir la diferencia de colores, que se observa hasta el presente. — Se supone que esta distinción ha provenido, de la misma manera que en la costa Mosquito, de la infusión de la sangre negra. — Se dice que hacia 1675 se fundó un establecimiento de esclavos de Guinea en una pequeña isla cerca de San Vicente, y que los negros que se fugaron se mezclaron con los nativos, de donde se les dio el nombre de caribes negros. — Sus subsecuentes divisiones se suscitaron entre estos y los caribes puros, en cuya situación los encontraron los europeos. — No parece dudosa la aserción referida, porque la sangre negra es evidente y palpable en los caribes negros. — Son más altos y corpulentos que los caribes puros, y más vivos y vehementes. — Los últimos son más pequeños, pero de una constitución fuerte. — Ambos son activos, industriosos y, en todos respetos, contrastan con los sambos de la costa Mosquito. — Son mucho más civilizados en sus hábitos, y viven en casas bien construidas, aseadas y confortables. — Conservan su lengua original, que es el verdadero caribe de las islas, aunque los más, si no todos, hablan español, así como un poco de inglés. — Profesan y practican la religión católica; pero conservan muchos de sus primitivos ritos y supersticiones. — Unidos forman una buena e industriosa población, y son los más inteligentes para los cortes de madera de la costa. — Surten a Omoa y Trujillo, y en parte a Belice, de vegetales y provisiones frescas, y son los que más recogen pieles, zarzaparrilla y otros artículos que se exportan de Honduras. — Inteligentes, fieles, aclimatados, expertos en el manejo del hacha, y con algún conocimiento en la construcción de caminos y de puentes, pueden ser de la mayor importancia para el desarrollo del país, y muy a propósito para el trabajo del camino de hierro proyectado entre los dos mares. — Se calcula que hay tres mil hombres más o menos, precisamente instruidos en la clase de trabajo que requiere la empresa referida, y cuyos jornales se obtendrían a precios cómodos.

Todos los viajeros convienen en las buenas cualidades de los caribes (llamados karibees por Roberts) de Honduras. — Young dice:

«Son pacíficos, amigables, ingeniosos e industriosos. — Se hacen notar por sus particulares vestidos: llevan banda rosada, como cinturón; sombrero de palma con las alas volteadas; camisa blanca; largos tirantes; frac; y con un paraguas o caña en la mano marchan con un aire de gran satisfacción o de amor propio. — Las mujeres se adornan con ramales de cuentas de varios colores. — Cuando llevan a vender los productos de sus sementeras, van vestidas de calicó con corsés y gallardos talles, y un pañuelo envuelto a la cabeza, cuyas puntas caen al hombro. — No puede considerarse la raza caribe como muy hermosa; pero todos son fuertes y atléticos. — La diferencia en el color es bastante notable; unos son negros como el carbón, y otros amarillos como el azafrán. — Son escrupulosamente aseados, y tienen mucha facilidad para aprender idiomas. — Gran parte de ellos hablan caribe, español e inglés, y muchos también el criollo francés y mosquito.»

La poligamia es general entre ellos, teniendo algunos hasta tres y cuatro mujeres; pero el marido es obligado a hacer una casa separada y una sementera para cada una; y si hace un regalo a alguna, debe hacerlo también a las otras del mismo valor. — Divide el tiempo entre todas, de manera que una semana vive con una, otra semana con otra, y así sucesivamente. — Tan luego que un caribe toma a su cargo una mujer, hace una casa y un plantío, que pone al cuidado de ella, no trabajando él sino hasta el año siguiente que hace otra siembra. — La mujer sabe conservar bien tales trabajos, y al cabo de doce o quince meses los hace bastante productibles; y como todo es para sí, deja lo preciso para el consumo de la casa y vende lo demás para proporcionarse vestidos y lo más que necesita.

Antes de Navidad las mujeres hacen grandes expediciones a Trujillo y Belice de raíces, judías, ñames, plátanos, etc., llevando a sus maridos como marineros. — Es costumbre que cuando una mujer no puede trabajar bien en su sementera, el marido se pone al frente del trabajo, y aquella le paga dos pesos por semana. — Las mujeres viajan a grandes distancias con sus frutos, que llevan en una cesta de mimbre (catahure en caribe). — He visto ir a algunas hasta el Fuerte de Wellington, a distancia de 40 millas, para cambiar sus provisiones por sal, calicó, etc. — Los hombres las acompañan en sus expediciones; pero en ninguna circunstancia les llevan sus fardos.

En la estación seca las mujeres recogen madera para quemar, que venden en tiempo de los nortes húmedos. — La industria y el trabajo son característicos en las mujeres caribes, y por consiguiente se proveen de lo necesario para vivir cómodamente. — Los hombres son cazadores, pescadores, muy diestros en el uso del hacha, y hacen buenas casas, botes, velas, etc. — Algunos son buenos carpinteros y otros sastres; y en general no puede haber una sociedad más útil.

Frecuentemente van a algunos cortes de maderas cerca del río Romano, Limás, Trujillo y Belice, que por su fortaleza y actividad los pagan bien. — Se comprometen por cinco o seis meses o más, a 8 o 12 pesos al mes y ración. — Sin embargo, he visto algunos tan inteligentes que los pagan a 15 o 16 pesos. — Cuando concluye su compromiso regresan a sus hogares, llevando artículos de uso, e invariablemente buena ropa. — Vi un caribe de Cape Town que regresó de Belice con un par de magníficas botas, un sombrero blanco, una levita negra, una buena camisa de color, un par de hermosos tirantes y un paraguas.

Cultivan la caña miel de Borbón, y aseguran que el terreno es muy propio para ella: yo mismo he visto cañas de 46 pies de largo y de un grueso en proporción en el plantío del capitán Sambuler en el río Zacarias. — El tabaco lo cultivan poco hasta ahora, así como los mosquitos en el Patuca, porque no conocen bien el beneficio. — Si este lo supieran, podrían hacer un artículo de exportación. — En los pueblos españoles del interior se cultiva bastante y lo extraen en mulas a Trujillo. — El de mejor calidad lo llevan en cigarros, que venden la docena por cinco peniques (poco menos de un real) y tres de cigarrillos por el mismo precio. — No tiene este tabaco el mismo gusto del de La Habana, por la manera en que lo cultivan los centroamericanos; pero es igual en calidad y tamaño.

«Las casas de los caribes son perfectamente bien hechas: los pilares son de quiebra-hacha o subá; las vigas de palo santa maría; y el techo de paja. — Todas tienen ventanas, que cierran cuidadosamente en la noche por el viento de tierra; pero las abren siempre a las brisas de la mar, y a esto, como al aseo, deben sin duda alguna la salubridad de que gozan.

Los viejos son sostenidos por los hijos o parientes, y tratados con el mayor respeto: vive siempre un chico con ellos en testimonio de afección. — En varios pueblos de caribes hay muchos cerdos y animales domésticos, pertenecientes a las mujeres, pero en puntos separados porque prefieren los plantíos; y cuando los cerdos son gordos los llevan a vender a Trujillo y a otros lugares.»

En los departamentos de Comayagua, Gracias, Santa Bárbara y Tegucigalpa, hay una porción de pueblos de indios puros, cuyos habitantes conservan sus antiguos idiomas y muchos de sus hábitos primitivos. — La reunión de pueblos en las montañas de San Juan, al sur de Comayagua, tales como Guajiquiro, Opatoro, Similatón,

Cacauterique, etc.; y los de las montañas de Lepaterique, como Aguanqueterique, Lauterique, Curarén, Texiguat, etc., todos son de indios. — Son industriosos, productores y pacíficos. — En los elevados distritos que ocupan cultivan el trigo, patatas y otras producciones de las más altas latitudes, que van a vender a largas distancias. — El viajero los encuentra en los más difíciles pasos, siguiendo pacientemente su jornada, sin hablar más que el primer saludo. — Llevan constantemente sus flechas, pero solo para protegerse contra las bestias feroces.

Su residencia en las montañas no parece haber sido la primitiva, sino que fueron forzados a irse a ella por la gradual ocupación que los blancos hacían de sus tierras, o por evitar el contacto con estos que les desagradaba. — Sin embargo, son excesivamente celosos de sus rústicos retiros, y jamás se excitan, sino cuando creen que se les usurpan sus límites territoriales. — Todos profesan la religión católica; pero las formas de su culto, y especialmente su música, son todavía de carácter aborigen.

La existencia del elemento indígena en Honduras promete muy poco o nada para el desarrollo del país; pero introduciéndole gente industriosa y de inteligencia, no hay duda que progresaría admirablemente. — Frugales, pacientes, dóciles y con todas las buenas cualidades de un pueblo laborioso, solo les falta dirección y medios para marchar con el mejor suceso. — Los caribes ciertamente han mostrado la mayor capacidad para el trabajo, y en su presente estado de aumento serían propios para ocuparlos en el cultivo que demandan las costas, puesto que están aclimatados en ellas y que no sería favorable para operarios extranjeros.

CAPÍTULO XIII: ORGANIZACIÓN POLÍTICA. — CONSTITUCIÓN. — RELIGIÓN. — EDUCACIÓN. — INDUSTRIA. — INGRESOS. — CIRCULACIÓN DE MONEDA. — PROSPECTO FUTURO.

La disolución de la república federal de Centroamérica en 1838 dejó a los diversos estados que la componían en una posición anómala. — Algunos de ellos, incluyendo a Honduras, permanecen adheridos a la idea de nacionalidad, y aunque de hecho ejercen todos los poderes de distintas soberanías, cuidadosamente evitan tomar el título de repúblicas independientes. — Se denominan estados, y nombran por sí sus presidentes o directores ejecutivos. — Llenan la falta de una constitución general por medio de tratados de amistad, que en ciertas eventualidades se auxilian mutuamente con las armas.

Sin embargo, los tres estados liberales de Honduras, El Salvador y Nicaragua, en la esperanza de reorganizar la federación, han procurado la concurrencia de Guatemala y Costa Rica. — Con tal fin nombraron una convención nacional en 1842, y otra en 1847; pero por la negativa de estos dos últimos estados, y por la dificultad de definir satisfactoriamente los relativos poderes de los aliados, los trabajos no tuvieron ningún suceso.

Por último, abandonada la esperanza de inducir a Guatemala y Costa Rica a entrar en la nueva república federal, los estados centrales o liberales enviaron en 1849 sus representantes a León, en Nicaragua, donde formaron las bases de unión o pacto, bajo el título de «Representación Nacional de Centroamérica». — Este pacto fue unánimemente adoptado por el pueblo de los tres estados, y eligieron representantes, conforme a él, para formar una constitución general en conformidad a los mismos principios. — La asamblea constituyente se reunió en Tegucigalpa, en Honduras, en el otoño de 1852, y comenzó a cumplir con sus deberes. — Pero en esos momentos el elemento reaccionario que existe en Guatemala extendió su influencia sobre el gobierno de El Salvador y lo indujo a que retirara sus delegados de la convención. — Nicaragua siguió pronto el ejemplo, y por consiguiente la asamblea se disolvió.

A Honduras, entre tanto, no le ha quedado más que el honor de haber permanecido fiel a los principios de unión y nacionalidad hasta el último momento:

«Faithful among the faithless found!»
¡Fiel, entre infieles metido![27]

---

[27] La reorganización política de Centroamérica se efectuará aun antes que se piensa. — No será la ley de una espada, ni el resultado de la violencia. — Será el acto espontáneo del pueblo. — El pueblo avanza, el pueblo quiere avanzar: la reacción contiene su marcha. — El pueblo es impelido por el poderoso espíritu de la época: la reacción tiene que ceder. — La desunión trae la guerra civil: el pueblo no quiere la guerra: la guerra se opone a su bienestar: — EL PUEBLO, pues, lo buscará instintivamente en el único medio de su seguridad.
Cierto. — ¿Qué es la guerra?
Es un riesgo, responde el político del día, el célebre Girardin; pero un riesgo que no existe por sí como el del naufragio o el del incendio: existe solamente por el hombre.
¿Y cómo alejar o disminuir ese riesgo?
«Nada es más simple», replica el mismo: «asegurándose contra él. — El cálculo de las probabilidades aplicado a la mortalidad humana, a los riesgos marítimos, a los incendios, etc., ha creado la ciencia de seguros. — El cálculo de las probabilidades aplicado a la vida de las naciones, a los casos de guerra y de revolución, es el fundamento de la alta política. — Que en lugar, pues, de ocurrir a los casos de guerra, se ocurra a los medios de seguro, uniéndose y ligándose las naciones para la pacificación universal.»
¡La pacificación universal! — ¿No es probable que este gran principio, escuchado ya por la Francia y la Inglaterra, las dos naciones tal vez más opuestas en intereses, lo secunde la nación centroamericana, que no es ni puede ser más que una sola familia? Nada es más posible. — La confederación germánica puede ser su guía. — Allí se ve uno de los imperios más despóticos (el de Austria) marchar perfectamente unido con condados que lo son menos, y con ciudades libres. — Así, pues, en Centroamérica puede un estado ser regido por un pachá, un sátrapa, un dey o un hetman; puede otro tener un señor o un dictador; puede otro seguir las formas monarquistas; puede otro ser republicano puro; pueden unos denominarse repúblicas; pueden, en fin, otros llamarse estados: — eso es lo que menos importa. — Conserve cada uno las instituciones con que mejor

Desde entonces Nicaragua y San Salvador tomaron el título de repúblicas; y aunque Honduras no lo tiene, es mirado como una nacionalidad distinta. — Su constitución, formada en 1848, «en nombre del Ser eterno, autor omnipotente y supremo legislador del universo», es enteramente liberal y republicana. — La declaración de los derechos y deberes del pueblo establece:

I. La soberanía es inalienable e imprescriptible, limitada a la felicidad y conveniencia de la sociedad, y ninguna fracción del pueblo, ni individuo en particular, puede ejercerla sino es en virtud de las leyes establecidas por común consentimiento.

II. Todo poder emana del pueblo, y todo funcionario es su delegado o agente; pero no puede traspasar los límites trazados por la constitución o por las leyes derivadas de ella. — Estos funcionarios son además responsables, por toda la vida, al pueblo que los ha investido con el poder, en el fiel cumplimiento de sus deberes.

III. Todos los habitantes del estado tienen un indisputable derecho a la vida, a la libertad, a procurar su felicidad y a adquirir y disponer de su propiedad, con tal de no perjudicar el bienestar de otros. — Pero al mismo tiempo son obligados a respetar y obedecer las leyes y a

---

se avenga; y formen un cuerpo, o congreso, o convención, o dieta periódica o permanente que oiga y resuelva las dificultades que se susciten entre los estados; que haga cumplir el principio de la pacificación nacional; que disponga del ejército de la nación para los casos de ataque exterior; que represente a esta en los negocios también exteriores, etc., etc. — Con tal sistema los estados no se resentirán de la intervención de una autoridad extraña en sus propias administraciones, los gastos serán insignificantes, la paz será asegurada y la NACIÓN dejará de presentar al mundo un espectáculo tan triste y degradante.

San Salvador y Honduras son los dos pueblos más uniformes en principios e intereses: ellos son los destinados a formar primero una garantía común contra los riesgos de la guerra: ellos, pues, que den el primer paso. — Pronto serán seguidos.

Escrita esta nota llegó a nuestra noticia la de la proclamación del sistema federal en México. — ¡Flagrante suceso en apoyo de nuestra opinión! — México vuelve hoy, después de una cara experiencia, al punto de donde se extravió. — ¡Los reaccionarios huyen!...

contribuir en justa proporción a sus facultades, al sostenimiento del gobierno, así como con sus vidas si la defensa del estado lo requiere.

IV. El ejército existe solamente para la defensa del país, y ningún miembro de él, en actual servicio, puede ser elegido presidente, senador o diputado.

V. La prensa es libre, y cada ciudadano puede escribir y publicar libremente sus pensamientos sin previa censura, siendo solamente responsable del abuso que haga de este privilegio.

VI. Ningún ciudadano puede ser juzgado por tribunales militares, a excepción de los militares en actual servicio. — Todo ciudadano tiene el derecho de expatriación. — La correspondencia epistolar es inviolable; y cualquiera interceptación es un abuso contra sus derechos.

VII. Todas las diferencias entre los ciudadanos pueden terminarse por árbitros; y los ciudadanos pueden, en cualquier estado que esté el juicio, someterlas a un arbitramento, cuya decisión será final.

La organización general y poderes del gobierno, según la constitución, son como sigue:

Ciudadanía. — Toda persona nacida en el estado, o en cualquiera de los de Centroamérica, y residente en territorio de Honduras, es reconocido como ciudadano. — Los extranjeros pueden adquirir el derecho de ciudadanía por un acuerdo legislativo; pero pueden gozar de los privilegios de ciudadano desde el momento que hayan declarado su intención ante una autoridad competente.

El derecho de sufragio pertenece a todo ciudadano de veintiún años cumplidos; «pero después del año de 1860 se limitará solamente a los que sepan leer y escribir». — Este derecho, como el título de ciudadano, se pierde por admitir empleo en país extranjero, o por convicción de crimen. — Se suspende durante la prosecución de un juicio criminal contra alguna persona, por deudor fraudulento, por conducta notoriamente viciada, incapacidad moral legalmente declarada, y por ser sirviente inmediato a la persona.

Los extranjeros pueden naturalizarse teniendo bienes raíces, o cuatro años de residencia, o casándose en el estado. — Son obligados a pagar los impuestos como los demás ciudadanos, y tienen el mismo derecho de apelación a la corte.

Gobierno y religión. — El gobierno es popular representativo, y dividido en tres poderes: legislativo, ejecutivo y judiciario. — El primero reside en la asamblea general, el segundo en el presidente y el tercero en la corte superior de justicia. — El estado reconoce la religión católica, apostólica romana, con exclusión en el servicio público de cualquiera otra; pero las leyes no intervienen en el ejercicio privado de otros cultos, ni en la libertad de conciencia.

Elecciones. — El estado se divide en distritos electorales de 45,000 habitantes para elegir un diputado; pero mientras se forma el censo (hasta ahora no hecho) cada departamento elige un senador y dos diputados. — Como aquellos son siete, se sigue que el cuerpo legislativo se compone de catorce diputados y siete senadores, cuyas elecciones se renuevan anualmente por mitad. — Un diputado debe tener veinticinco años, ser ciudadano del departamento que lo elige, propietario de bienes equivalentes a quinientos pesos, o en ejercicio de alguna profesión o arte que los produzca al año. — Los siete senadores no deben tener menos de treinta años, y una propiedad de mil pesos, o ser licenciados en alguna profesión liberal. — Tres de ellos se eligen anualmente. — Ocho diputados y cinco senadores forman un quorum del cuerpo legislativo, cuyas sesiones ordinarias se limitan a cuarenta días.

La legislatura establece los impuestos; nombra, en sesión general, los magistrados de la corte de justicia; vota el presupuesto de gastos; fija el contingente militar; arregla el sistema de educación; hace la guerra o la paz; ratifica tratados, y tiene el poder de declarar con lugar a formación de causa al poder ejecutivo y demás funcionarios del estado.

Poder ejecutivo. — El poder ejecutivo reside en un presidente, que debe ser natural de Centroamérica, que haya gozado de los derechos de ciudadano por cuatro años, de 32 años de edad, y que tenga una propiedad de cinco mil pesos. — Debe obtener una mayoría absoluta de votos, y en caso que ningún candidato tenga esta mayoría, la asamblea lo elige entre dos de los que hayan recibido más votos. — El presidente conserva su destino por cuatro años, y no puede ser reelegido. — Él nombra sus ministros para los varios departamentos del gobierno, quienes tienen, ex officio, asiento en el cuerpo legislativo, pero sin voto. — Los demás deberes y poderes son los que comúnmente pertenecen a un ejecutivo republicano, incluyendo el poder del veto. — Tiene especialmente poderes para hacer contratos de colonización, y para procurar el desarrollo de las fuentes de riqueza del estado.

Consejo de Estado. — Este consejo se compone de un senador elegido por la asamblea general; un magistrado nombrado por la corte de justicia; el ministro de relaciones interiores; el director de rentas, y dos ciudadanos distinguidos por sus servicios, nombrados por la asamblea. — Sus deberes principales son aconsejar; pero en caso de revolución puede ejercer ciertos poderes extraordinarios, sujetos a la aprobación de la asamblea. — La necesidad de un consejo proviene de las dificultades que hay para reunir la asamblea con prontitud en casos urgentes, por las distancias en que viven los diputados en un territorio tan extenso.

Poder judiciario. — El poder judiciario consiste en una suprema corte de justicia, dividida en dos secciones de tres magistrados, residente una en Comayagua y la otra en Tegucigalpa. — Los magistrados deben ser abogados, de buena reputación, mayores de 25 años y propietarios de mil pesos. — Son elegidos por la asamblea general y conservan sus destinos durante su buen desempeño. — Toman conocimiento de todas las causas de un carácter general, o que se les remitan de las cortes inferiores de distrito, cuyos atributos vigila cuidadosamente. — Toda persona acusada de crimen debe ser examinada dentro de cuarenta y ocho horas de su arresto, y el juez tiene que decidir su detención o absolución dentro de las cuarenta y ocho horas siguientes.

Ninguna persona puede ser obligada a declarar contra sí o contra alguno de sus parientes hasta el cuarto grado de consanguinidad. — La pena capital es abolida.

Departamentos. — Cada uno tiene un funcionario llamado «jefe político», nombrado por el ejecutivo. — Debe ser de 25 años y tener una propiedad de quinientos pesos en el departamento donde es nombrado. — Es el órgano de las comunicaciones entre el gobierno central y el pueblo de los departamentos para la promulgación y ejecución de las leyes. — Los funcionarios de cada municipalidad deben saber leer y escribir, y en común con el jefe político obran en los negocios locales.

Tales son los puntos generales de la constitución, bajo la cual los negocios interiores del país parecen bien administrados. — Pocos casos de importancia van a la corte, y todos los de pequeña naturaleza son resueltos por los jueces de paz.

Aunque la religión católica es la única reconocida por la constitución, ni el pueblo ni el gobierno son intolerantes. — Hay probablemente algunos estados de Centroamérica en donde no reina una gran libertad respecto a religión. — Esto proviene de varias causas y circunstancias conocidas en la historia del país. — Tanto en la época de la independencia de España como después, durante la en que se procuraba la organización política de Centroamérica, la iglesia, representada por un gran cuerpo de eclesiásticos, tomó una parte activa con los aristócratas y monarquistas contra el partido liberal o republicano. — La lucha fue tan prolongada y terrible como no es extraña al clero; pero al fin se cortó su influencia y poder por las más serias y decisivas medidas.

El primer golpe fue dirigido contra el arzobispo de Guatemala, desterrándolo de la república. — Luego lo fueron también todos los miembros de las órdenes monacales, suprimiéndose los conventos y destinándose todas sus rentas y propiedades a la educación pública. — Se prohibió la promulgación de bulas papales; y por último, en 1832, el congreso general, reconociendo el credo católico como creencia del país, decretó la libertad de cultos. — El estado de Honduras se distinguió por una acción todavía más decidida. — Emitió una ley legitimando los hijos de los clérigos, pudiendo heredar el nombre y propiedad de sus padres, y autorizando a estos a casarse legalmente, sujetándose a las mismas responsabilidades que los seculares.

En vano los obispos y papas publicaron bulas de excomunión contra la república. — Un anatema directo fue dirigido contra el presidente Morazán; y aunque esta extrema medida fue seguida de una especie de reacción en Guatemala, asiento de las influencias monarquistas, para el restablecimiento de los conventos y de censura sobre los libros, en los demás estados el poder de la iglesia es insignificante. — Puede concederse bastante ignorancia y superstición en el pueblo; pero es dudoso si entre las clases superiores hay una verdadera creencia en la infalibilidad del papa y en ciertos dogmas; y aunque el pueblo de Honduras, como todos los de Centroamérica, es católico, los hombres que han recibido alguna educación casi no tienen una creencia fija y son, como algunas veces se llaman, libres pensadores.

Honduras obtuvo la erección de obispado hace mucho tiempo, cuya silla se estableció en Trujillo, y después se trasladó a Comayagua, donde se edificó la catedral que existe. — Por largo tiempo estuvo vacante hasta el presente año de 1855, que se consagró el actual obispo, señor don Hipólito Casiano Flores. — La iglesia de Honduras se sostiene solamente por contribuciones voluntarias, y una pequeña parte que paga el estado anualmente. — No tiene rentas de ninguna especie.

Honduras fue erigido en obispado el año de 1531, por concesión de Paulo III.

El catálogo de los obispos que ha tenido es el siguiente:

El mismo año de 1531 llegó a Trujillo, donde existía la catedral, el ilmo. don Francisco Juan Talavera.

El año de 1570, el ilmo. don Francisco de la Cerda, promovido a Chiapas.

1588, el ilmo. don Gaspar de Quintanilla: fundó la clase de latinidad, e hizo la iglesia de la Merced de Comayagua, donde reposan sus cenizas.

1613, el ilmo. don Francisco de Tresneda Galdo.

1628, el ilmo. don Luis de Cañizares.

— el ilmo. don Nicolás Tomé.

1640, el ilmo. don Juan Merlo.

— el ilmo. don Martín Iglesias.

1678, el ilmo. don Alonso de Vargas y Abarca: fundó el colegio tridentino de Comayagua.

1700, el ilmo. don Juan Pérez de Carpintero: edificó la actual catedral de Comayagua.

1723, el ilmo. don Pedro de los Reyes.

— el ilmo. don Antonio de Macaruya.

— el ilmo. don Diego de Rivas.

1773, el ilmo. don Francisco José Placencia: hizo la fuente de la plaza mayor de Comayagua.

1783, el ilmo. don Jerónimo de San Miguel, trasladado a Michoacán.

1784, el ilmo. don Antonio de Guadalupe: edificó la iglesia de la Caridad de Comayagua, reedificó el palacio episcopal, fundó la clase de filosofía, y edificó el convento de San Francisco de Tegucigalpa.

1793, fue nombrado el ilmo. don Francisco de Molina.

— el ilmo. señor Cadinanos.

1802, el ilmo. don Vicente Navas: murió en 1809.

1811, fue nombrado el señor Barranco: no se consagró.

1844, el ilmo. don Francisco de Paula Campoy: tomó posesión el 4 de octubre del mismo año, y murió en octubre de 1840.

1855, el ilmo. don Hipólito Casiano Flores: tomó posesión el 27 de mayo. — Es el primer obispo nativo, y el obispado espera mucho de sus capacidades.

La iglesia de Honduras tiene la renta del diezmo, con que se sostiene perfectamente bien.

Honduras conserva dos universidades: una en Comayagua y otra en Tegucigalpa. — Tienen nominalmente cátedras de leyes, medicina y teología; pero en el curso general de instrucción son inferiores aun a las escuelas comunes de los Estados Unidos, excepto tal vez en la parte de idiomas. — En el ramo de ciencias naturales y en los estudios de más importancia práctica para el desarrollo del país, como química, matemáticas y mecánica, son enteramente deficientes, y muchos jóvenes van a estudiar a Nicaragua, San Salvador y Guatemala. — En verdad, la mayor parte de las personas que se llaman educadas han recibido su instrucción en otros puntos. — Se han hecho esfuerzos por levantar estos establecimientos en Honduras; pero es muy poco lo que se ha adelantado. — Y el hecho de que cuando se han restablecido de las suspensiones que han sufrido no les faltan pupilos suficientes para los estudios elementales, y las bellas disposiciones de aquella juventud, es una esperanza de que con paz y prosperidad nacional habrá hombres que harán honor al país.

El sistema de educación de Lancaster se introdujo en Centroamérica en tiempo del gobierno federal, y ha continuado con algunas modificaciones en varios estados. — No hay ningunos datos sobre las escuelas generales de Honduras, excepto algunos imperfectos estados de los departamentos que se publican en las gacetas. — Pueden considerarse cuatrocientas escuelas en el estado, con un término medio de 25 alumnos cada una, o un número total de 10,000, en una población de 350,000 habitantes. — No hay librerías, y, a excepción de la gaceta del gobierno, no se publica ningún periódico. — Hay varias imprentas; pero no sirven más que para arrojar acrimoniosos panfletos políticos o folletos de personal carácter, de donde se sigue que la ignorancia del pueblo es profunda y triste.

Tampoco hay ningún cálculo sobre el monto de los productos industriales del país, de su comercio y de sus rentas. — Sobre estos puntos toda apreciación es puramente conjetural. — Sin embargo, los productos extranjeros que se consumen son considerables, y los exportados corresponden a estos.

Los principales artículos que se exportan se pueden valuar, aunque, como he dicho, conjeturalmente, de la manera siguiente, que es la más aproximada:

Oro y plata bruta	400,000 pesos
Caoba y otras maderas	200,000
Ganado	125,000
Cueros, zarzaparrilla, tabaco, índigo, etc.	400,000
Total:	**1,125,000 pesos.**

Los ingresos pueden estimarse en 250,000 pesos. — La venta de aguardiente, ron nativo, es estancada por el gobierno y da un producto anual de consideración. — La moneda de Honduras ha sido viciada por el valor vago que tiene la llamada provisional o de cobre; es decir, cobre con una pequeña parte de plata, en cuartos o medios pesos. — Nunca ha tenido un valor intrínseco por la ley, y desde 1839 ha ido teniendo una depreciación hasta el extremo de que al presente doce pesos de «cobre» valen uno de «plata». — Pero a pesar de la ley que obliga la circulación de esta moneda, los pueblos de los departamentos de Gracias, Yoro, Santa Bárbara y Olancho han rehusado recibirla. — Es difícil saber qué cantidad circula, pero se puede calcular en valor nominal 4,000,000 de pesos, igual a 400,000 pesos de plata. — Es justo observar que el actual gobierno de Honduras ha hecho laudables esfuerzos por arreglar su valor, procurando por una gradual amortización reducirla a la denominación que tiene la de los Estados Unidos.

Además de la moneda provisional, hay la que llaman «macaco», una especie de moneda cortada del antiguo reino; y esta, con los tipos de la república federal, y el americano e inglés, forman toda la circulación de Honduras. — Las monedas extranjeras pasan por su valor, y no es como en la Nueva Granada, Nicaragua y algunos estados del sur de América, que tienen una ventaja nominal. — Como la exportación es casi igual a la importación, la poca moneda que circula queda en el estado para el limitado comercio del interior.

El ganado de Honduras constituye al presente el más fácil medio de riqueza. — El comparativamente carácter abierto del país en el interior, y sus vastas sabanas cubiertas de pastos, son circunstancias muy favorables para llevar esta propiedad a una extensión indefinida; pero por razones bastante sencillas el ganado no da a los propietarios las ventajas que debía, desde que el consumo interior ha disminuido, así como la demanda de los estados vecinos. — Mr. Baily ha sugerido la idea de poder salar carne en el estado y llevarla a las Indias Occidentales y a otros mercados, y tiene mucha razón en pensar así. — Podrá objetarse que la alta temperatura del país es un inconveniente para esto; pero ciertamente hay porción de lugares en el interior cuya elevación y frío clima salvarían la objeción, si aun fuese bien fundada.

Es preciso confesar que toda la industria del país es escasa. — Tal ha sido la natural consecuencia de la condición del propio país antes y después de la independencia, así como de la composición de su pueblo.

El mezquino sistema colonial de España en todas sus posesiones de América, y especialmente en el Centro, había prohibido la comunicación de estas con el resto del mundo. — Ninguno de los progresos en las artes o en la agricultura, que han operado gradualmente la revolución de la industria de las naciones, era permitido que llegara a aquellos lugares. — El comercio fue monopolizado por la corona, que procuró regular el monto de las producciones de ciertos artículos por el de los en que se distinguían las colonias. — Un ejemplo demostrará mejor a dónde llegaba aquella miserable y opresiva política. — A principios del siglo XVIII se introdujo en la costa del norte de Honduras el cultivo de la viña con el mejor suceso; pero pronto España fijó la atención en ello, y temiendo que la colonia fuese rival de la madre patria, mandó destruir los viñedos, cuyas órdenes cumplieron exactamente los empleados de la corona. — Desde este ensayo no se ha pensado nuevamente en tan importante ramo; pero no hay duda que produciría con abundancia y llegaría a ser una inmensa fuente de riqueza en el estado.

Las continuas turbaciones interiores que siguieron a la independencia no han permitido al país reparar los errores del anterior régimen, que tanto había suprimido su industria como el desarrollo de tanto elemento de riqueza. — Estas conmociones han contenido a la empresa extranjera de intentar nada, y han embarazado al pueblo mismo a usar de los pocos medios con que cuenta para promover su bienestar.

El grande obstáculo que se presenta en Honduras es la falta de buenas vías de comunicación interior. — Los caminos, así llamados, no lo son más que para mulas, frecuentemente conduciendo a evitar grandes y rápidos ríos, por escarpadas montañas, donde se encuentran lugares tan precipitados y tan obstruidos, que el viajero retrocede desesperado de pasar. — Las cargas que llevan las mulas necesariamente son ligeras; los gastos de transporte son tan grandes que impiden la exportación de muchos artículos del país, a excepción de los que están inmediatos a la costa. — Los de importación que no pueden ir en mulas van en hombros de hombres; y los pianos, espejos y otros objetos voluminosos y de valor se llevan de esta manera al interior, desde los puertos, a distancias de sesenta o cien millas. — Por la misma razón no se pueden introducir máquinas propias para el laboreo de las minas.

Pero abriendo una sola buena vía de comunicación a través del estado, y especialmente en el evento de la construcción del proyectado camino de hierro entre los dos mares, estas dificultades serían, si no en el todo, en la mayor parte removidas, y la industria recibiría un incentivo extraordinario. — La importancia de estas materiales consideraciones es bien comprendida por toda la porción ilustrada del pueblo; y con tal objeto están dispuestos a emplear todos los medios de su poder para que la empresa se realice, cooperando por su parte al desarrollo del país. — Liberales en política y religión, ellos repelen las sugestiones que, con siniestra mira, les inspiran los demagogos de México y Guatemala contra los Estados Unidos. — Como una prueba de su buena inteligencia con estos, y del deseo de conservarla, el gobierno de Honduras nombró en el año anterior un enviado extraordinario y ministro plenipotenciario cerca del de la Unión, cuyo encargo vino a desempeñar don José Barrundia, hombre que, como el más activo promotor de la independencia de Centroamérica, como el autor de su constitución y su presidente en otro tiempo, daba el mayor relieve e importancia a su misión. — Su violenta muerte, en el cumplimiento de ella, fue justamente mirada en Honduras como una calamidad nacional.

La civilización es armoniosa; y ningún progreso intelectual, político o social puede haber, si no precede el correspondiente progreso material. — Esta verdad se ha ido presentando por sí misma a la parte reflexiva del pueblo de Centroamérica, y la ha convencido de que no son los repetidos cambios políticos los que operarán la regeneración del país. — En esta convicción es, pues, que la constitución de Honduras autoriza al presidente para «concluir tratados de colonización»; y, como en otra parte he dicho, solamente por un juicioso sistema se introduciría la inteligencia, la industria y el comercio, y se aseguraría la paz, la prosperidad y el bienestar del pueblo. — Con vastos recursos, con un clima adaptable a cada capricho y a las producciones de cada zona, y con una posición sin igual, el poder y progreso de Honduras, tanto tiempo descuidado, se desarrollaría admirablemente.

CAPÍTULO XIV: CAMINO DE HIERRO INTER-OCEÁNICO.

Proyecto de un camino de hierro inter-oceánico por Honduras.

«Un corto y fácil pasaje» entre el Atlántico y el Pacífico, cruzando el istmo que une el Norte con el Sur América, ha sido, por más de tres siglos, el grande objeto de la ambición humana y del espíritu de empresa. — La esperanza de encontrar «el secreto del estrecho» fue la que llevó a Colón a lo largo del continente de Honduras hasta el Orinoco, la que condujo a Magallanes a los estrechos que conservan su nombre, y la que animó a Cortés, que, seguido de un puñado de soldados, avanzó hasta al corazón del hostil imperio de México, y mandó su exploradora escuadrilla a las desconocidas aguas del gran mar del Sur.

Pero desde el momento que se conoció que no había ninguna comunicación natural entre los dos mares, se fijó en la imaginación de los hombres la idea de abrir una artificial. — Así que, desde 1554, se han señalado tres puntos como los más favorables para la empresa:

I. El istmo de Tehuantepec.
II. El istmo de Nicaragua.
III. El de Panamá o Darién.

Otras dos líneas se han indicado después; a saber: una de la laguna Chiriquí, en el mar Caribe, al golfo Dulce, en el Pacífico; y la segunda, propiamente en el continente del Sur América, del río Atrato, que cae al Atlántico, al río Chocó, que va al Pacífico.

De todas ellas, tres han sido las que se han designado como más propias para abrir un canal entre los dos mares: Nicaragua, Darién y Atrato. — Se creyó una vez que también por Panamá y Tehuantepec podían hacerse canales; pero desde que se hicieron los reconocimientos necesarios en estos puntos desapareció tal idea. — Los que se practicaron recientemente en Nicaragua han demostrado que la construcción de un canal allí, aunque posible, tendrá tan grandes e inesperadas dificultades, como un costo que no permitirá fácilmente el reembolso del capital invertido. — Otro reconocimiento que acaba de concluirse en Darién ha probado igualmente la impracticabilidad de un canal en esa línea. — La del Atrato permanece aún abierta al examen; examen que para otras especulaciones no ha dado el mejor resultado. — Pero aun cuando fuese practicable un canal por esa línea, su extrema posición meridional sería siempre un obstáculo para obtener buen suceso, en razón de que los principales puntos del Pacífico con que más importa tener prontos medios de comunicación, están en las altas latitudes del norte.

En efecto, el gran desiderátum de los Estados Unidos es una ruta lo más al norte posible; y ya sea por agua o por tierra, el requisito más indispensable es que haya buenos puertos en ambos mares. — Sin estos no puede haber ni fácil ni segura comunicación, y cada milla al sur de la latitud de Nueva Orleans que tenga cada ruta, añade dos de distancia entre los estados del Atlántico y California, Oregón, islas Sandwich y los mayores centros de comunicación oriental que están abiertos a nuestra empresa.

Así, pues, la ruta que mejor llene estas dos condiciones — una alta latitud y buenos puertos — satisfará las exigencias públicas y será superior a las otras.

Y aquí debe observarse que cuando el proyecto de abrir una comunicación inter-oceánica por el istmo de Centro América llamó por primera vez la atención del mundo, no eran conocidos ni los buques de vapor ni los caminos de hierro. — Por esta razón no se habían indicado otras líneas más que las que eran adaptables para canales; y de ahí ha resultado esa predilección, casi preocupadamente, con que se han continuado mirando ciertas líneas, aun después de que modernos conocimientos han alterado enteramente la naturaleza de la cuestión. — Los españoles designaron los istmos de Panamá y Tehuantepec como los más factibles para abrir un canal; pero hicieron esta elección por el motivo que acabo de exponer, al cual toda otra consideración le era subordinada. — Mas si ellos hubiesen tenido idea de la aplicación del vapor a la navegación y al tránsito por tierra, jamás hubieran vuelto a pensar en tales istmos, sino que habrían escogido otras líneas que combinasen las grandes e indispensables condiciones para una vía permanente de tránsito: «buenos puertos, clima saludable y ventajosa posición comercial».

Siempre sería deseable y útil una comunicación por agua entre los dos mares; empero es bien sabido que al presente muchas de las exigencias del comercio, y todas las de viajar, son mejor satisfechas por caminos de hierro que por canales. — Además su mayor adaptación a las condiciones naturales, facilidad para superar obstáculos físicos y baratez para la construcción, son circunstancias que llaman más directamente la atención práctica.

A la lista, pues, de las vías de comunicación inter-oceánica ya presentadas, añado otra que tiene tales ventajas peculiares que da una superioridad permanente sobre las otras, como medio de tránsito, seguridad, rapidez y facilidad para comunicar con los puntos más importantes y centrales del Pacífico. — Esta línea está dentro del estado de Honduras; y ya tiene un concluido reconocimiento, como se verá de los resultados que se presentan.

Comienza en Puerto Caballos, en la bahía de Honduras, latitud 15° 49' N. y long. 87° 57' O., y sigue un poco al sur, atravesando el continente, hasta la bahía de Fonseca, en el Pacífico, latitud 13° 24' N. y long. 87° 35' O. — Su total extensión de fondeadero a fondeadero, o de cinco brazas de agua en Puerto Caballos, a cinco brazas de agua en la bahía de Fonseca, es de ciento cuarenta y ocho millas geográficas, iguales a ciento sesenta millas comunes. — Partiendo la línea de Puerto Caballos sigue un curso algo al este y al sur, y atraviesa el llano de Sula, hasta cortar el río Ulúa, cerca del pueblo de Santiago. — De aquí sigue por el valle de este río, después llamado Humuya, hasta su propio nacimiento en el gran llano de Comayagua, a distancia de cien millas de Puerto Caballos. — A la extremidad meridional de este llano hay una elevación, que forma la cima entre el Atlántico y el Pacífico. — Aquí el nacimiento del Humuya casi se toca con el del Goascorán, que corre por el propio valle a la bahía de Fonseca.

Dos circunstancias hay que observar en esta línea:

I. Que los valles del Humuya y el Goascorán, unidos con el plano central de Comayagua, forman un gran valle transversal que se extiende de mar a mar, cortando completamente la cadena de la cordillera.

II. Que este gran valle transversal va de norte a sur, permitiendo la locación de la propuesta ruta, sin desviarse en todo su curso ni cinco millas de una línea recta.

Estas naturales condiciones, así como la capacidad, seguridad y excepcionales fondeaderos en las dos extremidades, y la gran salubridad del país, distinguen a esta línea para una permanente vía de comunicación inter-oceánica. — Ella combina todas las circunstancias precisas, y bajo todos respectos no tiene comparación con las que se han presentado a la consideración pública.

Comenzando, pues, en Puerto Caballos, y siguiendo hacia el sur, todos los hechos concernientes a ella llevarán el mismo orden.

I. Puerto Caballos.

Habiéndose ya descrito a Puerto Caballos, nada hay que añadir, sino que es seguro y capaz para todas las exigencias presentes y de un comercio activo. — Fue reconocido en 1853 por el teniente Jeffers, de la marina de los Estados Unidos (véase la carta), quien concluye:

«Puerto Caballos es un excelente fondeadero, de gran capacidad, suficiente profundidad y fácil entrada. Situado en la base de las colinas no tiene ni esteros ni lagunatos que afecten la salubridad del lugar, que es bastante amplio para el establecimiento de una gran población. — La laguna, que es de agua salada y se abre a la mar, abunda en pescado.»

Puede agregarse solamente que el terreno inmediato al puerto es firme, limpio y de cultivo. — Su fertilidad y la abundancia de buena agua ofrecen las condiciones necesarias para sostener una floreciente población.

II. De Puerto Caballos a Santiago.

De Puerto Caballos para llegar al hermoso llano de Sula o Santiago, por donde pasan los anchos ríos de Chamelecón y Ulúa, es necesario hacer un circuito de casi tres millas, dando vuelta a la extremidad este o base de la alta cadena de montaña del Merendón u Omoa, que es un ramal de la cordillera y que termina precipitadamente.

El plano de Sula forma un gran triángulo, cuya base tiene en la mar, extendiéndose más de cincuenta millas a lo largo de la costa, al lado de afuera de las montañas de Omoa a las de Congrehoy, y pasando su ápice al sur sobre la línea de la propuesta ruta, en dirección a Comayagua. — Una porción de este plano a la derecha o hacia el este del río Ulúa, es tan bajo que en las grandes avenidas es inundada; pero no sucede lo mismo en la parte oeste del llano, sobre la cual se formará la ruta. — Allí el terreno es firme, y los ríos tienen profundos cauces. — Ni en estos lugares, como en toda la línea, se encuentran insondables pantanos como los que han obstruido al de Panamá. — En la opinión del teniente Jeffers, el camino, después de dar vuelta a la base de las colinas a la espalda de Puerto Caballos, puede ir rectamente hasta el pueblo de Santiago, donde se forma el Ulúa por la unión del Santiago, el Blanco y el Humuya. — Este, que tiene la dirección del Ulúa de norte a sur, debería llevar el mismo nombre. — Antiguamente existía un camino de Puerto Caballos a Santiago, que aún podría seguirse, a pesar de estar casi obstruido por el abandono del puerto. — El ascenso a Santiago es tan suave e imperceptible que no merece ser mencionado.

Santiago puede mirarse como la cabeza de la navegación de vapores en el Ulúa, aunque en ciertas épocas pueden llegar también con facilidad buques de regular capacidad. — El teniente Jeffers, que examinó el río minuciosamente, asegura que a vapores que calen siete pies de agua, pueden entrar en todo tiempo en el Ulúa, y de junio a enero llegar hasta la confluencia del Humuya. — Ligeros vapores pueden ascender siempre hasta la boca del Humuya, y por el río Blanco hasta cerca de Yojoa.

III. De Santiago, por el valle del Humuya, hasta el llano del Espino.

Desde Santiago la línea de la ruta es discrecional. — Puede seguirse por una u otra margen del Humuya. — Solamente un dilatado y prolijo reconocimiento puede demostrar cuál es la que ofrece más facilidades. — El teniente Jeffers opina que la izquierda, u occidental, es la más favorable. — Siguiendo esta, será necesario un puente en el Santiago o Venta, que no tendrá menos de quinientos a setecientos pies, y otro en el Blanco, que no excederá de sesenta. — Puede atravesarse también el Ulúa abajo de su unión con los otros ríos; pero el puente será naturalmente de dimensiones más considerables que el de la Venta.

Pero aun sin tomar ninguna margen, la ruta puede llevar esencialmente la misma dirección. — El llano continúa por cerca de diez millas más allá de Santiago, donde lo cortan las colinas y montañas que forman los límites del comparativamente estrecho valle del Humuya. — Desde este punto el ascenso es más rápido. — El curso del Humuya por el llano del Espino es directo, y el valle, según el teniente Jeffers, es formado por colinas de cincuenta a quinientos pies de altura, que, en general, se aplanan en las márgenes del río; pero ocasionalmente se encuentran menos avanzadas y dejan la banda del mismo nivel superior a las inundaciones. — Las pendientes rara vez son precipitadas, y en ningún punto requieren un trabajo serio. — La alternativa de cavar y rellenar es bien favorable. — Todo el terreno de las inmediaciones es generalmente abierto e interceptado por numerosos y fértiles valles; pero más propios para repastos que para la agricultura. — Las montañas están cubiertas de pinos y encinas, y en las riberas de los ríos hay grandes cantidades de caoba, cedro, guanacaste, ule y otras maderas preciosas.

Casi en la medianía de Santiago y el llano del Espino desciende el río Sulaco a la derecha y se une con el Humuya. — Es un considerable río que baña un ancho y fértil valle que se extiende en dirección del rico departamento de Olancho. — La construcción del proyectado camino de hierro desarrollaría no solo el valle del Sulaco por medio de caminos de wagones, sino que pondría también en comunicación al distrito de Olancho con la costa de Puerto Caballos.

El llano del Espino puede decirse que comienza en el pueblo de Ojos-de-Agua. — Este pueblo está aproximadamente a cincuenta y cinco millas de Puerto Caballos, y el valle está a novecientos treinta y seis pies de elevación del nivel del mar. — El grado común del camino será en este punto de setenta pies la milla.

IV. Del llano del Espino al de Comayagua.

De los Ojos-de-Agua, donde una línea transversal de colinas separa el llano del Espino del de Comayagua, no hay ninguna dificultad para la construcción del camino. — Unos pocos puentes sobre pequeños ríos, que no pasarán de treinta pies, son casi las obras de más trabajo. — El declive del llano del Espino hacia el norte es ligero, y ayudará a llegar a la cima sin ningún esfuerzo de trabajo. — De la extremidad septentrional de este llano, para llegar al de Comayagua, hay dos vías: seguir el valle del Humuya, que abre una considerable banda al pasar por las colinas interpuestas, o tomar el de estas colinas, en línea recta, sobre una intermedia cima de cerca de ciento cincuenta pies.

La elección entre estas dos líneas no dudo que será sobre la general cima, a la extremidad sur del llano de Comayagua. — Si se adopta el paso de Guajoca, entonces se tomará la línea del río; y si se escoge la de Rancho Chiquito, la línea irá directamente por sobre las colinas, pasando por la ciudad de Comayagua, capital del estado.

El llano del Espino, algunas veces llamado de Manianí, es como de doce millas de largo y ocho de ancho, y de una belleza extraordinaria. — Se asegura que en tiempo de la corona había un tráfico establecido entre Manianí y Puerto Caballos. — Últimamente han ido canoas cargadas, y aun el teniente Jeffers fue en una desde Ojos-de-Agua. — Sin embargo, la corriente del río es rápida, y en muchas partes hay obstrucciones que hacen la navegación un poco difícil y peligrosa.

V. Llano de Comayagua.

El llano de Comayagua constituye precisamente el rasgo de la topografía general del país, que no solo presenta practicabilidad, sino gran facilidad para el repetido camino de hierro. — Está situado en el verdadero centro del estado, en la mediania de los dos mares, y tiene cuarenta millas de largo y de cinco a cuarenta y cinco de ancho. — Su eje principal es de norte a sur, correspondiendo casi todo él con la línea propuesta. — Sus dimensiones son exclusivas de los valles laterales de los ríos que se concentran en el mismo bajo y de los del Humuya. — Como el del Espino, su declive va gradualmente al norte, y así hace los grados del camino por la cima ligeros y fáciles. — Este llano es el único en Centro-América que tiene su eje coincidiendo con el meridiano, razón porque los españoles fundaron la ciudad de Comayagua en el punto que ocupa.

«Se pensaba,» dice Juarros, historiador de Guatemala, «obtener por medio de este lugar una fácil comunicación entre el Atlántico y el Pacífico. — Siendo su situación casi en la medianía de Puerto

Caballos y la bahía de Fonseca, debía servir de un conveniente depósito intermedio. — Además, teniendo un clima saludable y un suelo fértil, se evitarían muchas de las enfermedades y fatigas que se experimentaban yendo por el Nombre de Dios (Chagres) a Panamá.»

La línea del camino a través del llano de Comayagua es discrecional, como he dicho. — Si se elige el paso de Rancho Chiquito, el camino irá por las colinas que separan este del del Espino, en línea recta poco más o menos, saliendo cerca de la ciudad de Comayagua; — de aquí sigue la margen derecha del Humuya hasta un punto inmediato a San Antonio, en donde atraviesa el río y pasa rectamente hasta Lamaní. — La margen derecha del Humuya es más entrecortada que la otra; pero no en términos que requiera operaciones de construcción.

Y si se designa el de Guajoca, el camino se tirará por el valle del río, a través de las colinas, en una distancia de tres millas cuando más, pasando por la margen izquierda del río, siguiendo la parte oeste del llano y atravesando los pequeños pueblos de Ajuterique y Lejamaní, la villa de la Paz o Las Piedras y la dirección de Tambla. — Esta parte del llano es extraordinariamente fértil y favorable para la obra. — Los ríos, con una sola excepción, son pequeños; y una inextinguible cantidad de piedra de canto y de mármol azul hay en las inmediaciones de la línea.

En el valle del río, entre las colinas que dividen los dos llanos, fue donde en los reconocimientos se creyó que había la mayor, o la única dificultad, entre la cima y el Atlántico. — No hay, sin embargo, ninguna para un camino de rieles; y al contrario hay lugar para una docena de caminos con poca diferencia de grados. — Las colinas son altas; pero no tan precipitadas que impidan el cultivo hasta la orilla del agua, las cuales en un país de lluvias presuponen un declive sin inconveniente para nuestro objeto.

De los Ojos-de-Agua a Lamaní y a Tambla hay una distancia de cerca de cuarenta millas. — La elevación de este último punto es de 1,944 pies, y la del segundo de 2,016 sobre el nivel del mar. — Así, pues, siendo la elevación del segundo mayor que la del primero 400 pies, el grado será de veinticinco pies dos líneas por milla. — La distancia a Lamaní es algo mayor, y el grado va ligeramente alzando a consecuencia de la intermedia cima de ciento cincuenta pies entre los llanos.

La distancia de Puerto Caballos a Tambla puede ser de noventa millas, y el término medio del grado de veinticuatro pies nueve pulgadas por milla.

VI. La cima.

Por cima llamo la sección entre Tambla o Lamaní y Rancho Grande, una distancia como de quince millas, que divide el punto, o cima propiamente dicha, entre los dos lugares. — Dentro de esta sección es solamente donde se encuentra la principal, y puede decirse la única dificultad que exige los trabajos del ingeniero. — Pero aun estos no son de una naturaleza extraordinaria ni mayores que los que generalmente ocurren en todos los caminos de igual extensión en cualquier país. — No hay que formar túneles ni que hacer grandes excavaciones en el paso de la cima; y del lado del norte se puede hacer el corte en una especie de talpetate parecido al yeso, que cede fácilmente al pico. — Se puede cortar tan fácilmente como la arcilla, con la ventaja de que se pueden formar muros verticales sin desmoronarse.

La cima puede pasarse por dos puntos, sin que ninguno varíe de una línea recta: por Rancho Chiquito, siguiendo el camino de mulas; y por Guajoca. — En el primero la cima es de 372 pies sobre Lamaní, atravesando seis millas, que da un grado de 65 pies por milla. — De Rancho Chiquito a Rancho Grande la distancia es de ocho millas, y el descenso de 500 pies, conteniendo un grado de 62 pies 6 pulgadas por milla. — Este es el máximum de altura de los grados del camino. — En ninguna parte excede de 40 pies por milla.

El paso de Rancho Chiquito no es una cima de roca escarpada que divide las aguas que corren a los dos océanos, sino un hermoso valle, una sabana natural que es cortada al este por una línea paralela de altas montañas, y por el oeste por otra línea de colinas. — En esta pradera, siempre llena de ganado, el viajero encuentra dos cristalinos ríos, separados apenas como por cien varas, que corren en direcciones opuestas. — Uno es el Humuya, que va al Atlántico, y el otro el Goascorán, que desagua en el Pacífico. — Un activo trabajador puede reversar su dirección en un día.

El paso de Guajoca es cien pies más bajo que el de Rancho Chiquito. — Del pueblo de Tambla a la cima hay siete y media millas. — El grado, por consiguiente, llegará a 47 pies 4 pulgadas por milla. — De la cima a Rancho Grande hay también de siete a ocho millas, con un uniforme descenso de 55 pies por milla.

Como el de Rancho Chiquito, el paso de Guajoca es una ancha sabana en que las fuentes del Humuya y el Goascorán casi se unen. — Al norte se eleva una continuada línea de collados de 4,200 a 4,500 pies de alto, que se extiende exactamente paralela a la línea del camino, y permite, por medio de un corte precisamente de un grado, aproximarse a la cima del norte.

En mi opinión el paso de Guajoca es preferible, en todos respectos, al de Rancho Chiquito. — No solamente es cien pies más bajo, sino que cortándolo a razón de 30 pies por milla se puede reducir ciento veinticinco más, en tanto que el extremo de Tambla no bajará de 300 pies. — El valle de Cururú, que la línea seguiría, es cortado por una línea de colinas, en cuyo declive no puede juzgarse más conveniente ningún grado; es decir: se llevaría este sobre tres u ocho millas, y el camino se elevaría de 40 a 400 pies por milla, a discreción del ingeniero.

Este iría, como he dicho, por el valle de Cururú hasta la división, y de allí descendería al del pequeño río del Carrizal y del Rancho Grande, donde los dos ríos se unen y forman el segundo. — Si el corte se hiciese en cima, el máximum del grado sobre toda la línea del camino no bajaría de 60 pies por milla, y no excedería de 40 en una distancia de más de seis.

VII. Valle de Goascorán.

Después de pasar la cima, la línea seguirá el valle del río Goascorán a los llanos que rodean la bahía de Fonseca. — El grado será casi uniforme, aunque teniendo su término medio de altura en el declive hacia el norte. — El carácter del terreno y las facilidades que presenta para la construcción del camino las explica el teniente Jeffers de la manera siguiente:

«El país es en general del más favorable carácter. — Trazándose la línea del camino sobre la margen del río, presenta el carácter de un plano inclinado desde la cima hasta el fondeadero. — Poco hay que cortar, excepto en la división a uno y otro lado de la cima: la curva será buena y los grados no serán mayores que los de todos los caminos que se han ejecutado. — Ningún túnel se requiere y muy pocas excavaciones hay que hacer sobre rocas.

«La elevación que hay que salvar en el paso de la cima de Rancho Chiquito es de 2,500 pies; pero considerándose que no hay descenso, y que es al total de los ascensos, y no la elevación de la cima, la que constituye los gastos del trabajo, se verá que no es absolutamente desfavorable.

«Al sur de Goascorán hay gran cantidad de piedra de cal, piedra de canto, cuarzo y arena mezclada con lava y piedras volcánicas. — En Goascorán hay extensas vetas de piedra de cal azul, y en el río porción de granito y piedra de canto. — Esta piedra se puede cortar bien con el pico; pero es bastante compacta. — Prueban su duración los diversos grabados que hay en las rocas, cerca de Aramecina, desde antes de la conquista. — Las excavaciones que se hagan no tendrán un gasto mayor que sobre tierra, con la ventaja de la duración. — Sobre toda la línea hay abundante piedra de cal, arena y tierra de ladrillo.

«En las colinas de Aramecina se encuentra el pino amarillo, y en San Juan y Aguanquéterique es inmensa la cantidad que hay del mayor grueso, inmediato todo al camino. — El pino llega hasta a treinta pulgadas de grueso y hasta cincuenta y setenta y cinco pies de alto, sin ninguna diferencia al mejor de North Carolina. — La encina se encuentra también en abundancia, así como otras muchas maderas preciosas.

«El valle no es ancho, comparado con su largura, y no hay que atravesar desde la cima más que treinta pies de agua; pero los gastos en este ítem serán muy pequeños, porque todas las maderas de construcción para puentes se encuentran en la cantidad que se desee. — Los riachuelos que corren al Goascorán tienen un poder de agua suficiente para toda clase de máquinas o molinos.»

VIII. Bahía de Fonseca.

La magnífica bahía de Fonseca, en los términos occidentales de la propuesta vía, es, sin disputa alguna, el mejor puerto, o más bien, la constelación de los puertos, en toda la costa del Pacífico. — Es de cincuenta millas de largo y treinta de ancho, perfectamente protegida, con dos o tres islas, puertos interiores de suficiente agua y hermosos lugares para establecer poblaciones comerciales o manufactureras de toda especie. — Los tres estados de Honduras, San Salvador y Nicaragua tocan en ella. — Sin embargo, Honduras es el que tiene su mayor frente.

El puerto de la Unión, en la pequeña bahía del mismo nombre, es el principal del Salvador. — Su comercio en el último año fue de quinientos mil pesos y sus ingresos de cuatrocientos mil pesos. — El principal puerto de Honduras es Amapala, en la isla del Tigre. — Es un puerto libre, y progresa rápidamente en comercio y en población, la cual ha doblado en los últimos dos años. — Una compañía americana ha establecido en la isla una máquina de aserrar madera, que marcha con actividad. — Esta compañía está pronta a contratar toda la madera que se necesite para la construcción del camino en la sección del Pacífico y para los edificios, estaciones, depósitos, etc.

El punto preciso donde termine la línea en la bahía dependerá del examen que hagan los ingenieros con más escrupulosidad, así como de otras circunstancias particulares. — Puede llevarse al puerto de San Lorenzo, a la cabeza de la bahía del mismo nombre, que tiene no menos que cuatro brazas de agua. — En esta dirección irá por un terreno seco y firme; pero será preciso un puente de cien pies sobre el río de Nacaome. — Por medio de otro de estacado, de cien pies, el camino puede conducir a la isla de Zacate-Grande, en el punto señalado en la carta, frente a un excelente fondeadero. — También puede llevarse, con alguna dificultad, a través de la parte septentrional de la isla, y que termine en la del Tigre, por un puente de estacado que no bajará de una milla, y en una profundidad de seis pies de agua.

Puede igualmente llevarse sin grandes dificultades a un punto en frente de la bahía del Chismuyo; pero allí sería preciso formar un muelle de considerable extensión; mientras en San Lorenzo, Zacate-Grande y el Tigre, un muelle común será suficiente para los mayores buques en «alta marea», a un lado de los depósitos de la compañía.

Tampoco sería difícil hacer terminar el camino en la Unión; pero este pertenece a otro estado, y no presentando ninguna ventaja particular sobre los otros puntos indicados, no hay necesidad de manifestar las facilidades que ofrece para el trabajo en cuestión.

La carta de la bahía de Fonseca, según el reconocimiento hecho por sir Edward Belcher por instrucciones del gobierno británico, y publicada por el almirantazgo, manifiesta la necesidad de verificar otro en esta notable bahía, que parece que el Criador la marcó como el último centro del comercio del Pacífico. — De un clima saludable, rodeada de un terreno de ilimitables fuentes de agricultura; con ricas e inextinguibles minas de oro, plata y carbón de piedra; abundante en pescado, ostras, etc.; posesora, en fin, de cuanto es necesario para una próspera y grande población, la bahía de Fonseca es sin rival para la adaptación de una obra de interés universal como la de que se trata.

IX. Grados.

En la construcción del camino de hierro la materia de grados es de la más importante consideración. — Por los precedentes datos se verá que las primeras cincuenta millas del propuesto camino tendrán un grado medio de diecisiete pies por milla, y las siguientes cuarenta millas de veinticinco pies dos pulgadas por milla. — En la división de cuarenta y cinco millas, cruzando la cima, no considerándose probable la disminución de grados en una cima cortada, será de cincuenta y cinco pies por milla, y eso solamente por una corta distancia. — De allí al Pacífico el máximum no excederá de cuarenta y cinco pies por milla. — La suma total de ascenso y descenso de mar a mar es de 4,700, que da un grado medio de poco más de veintiocho pies por milla. — Los resultados son altamente favorables, como se verá de la siguiente comparación.

TABLA DE GRADOS MÁXIMOS.

De Baltimore y Ohio, por milla	116 pies.
De Baltimore y Susquehanna	90
De Boston y Albany	89
De New-York y Erie	60
De Panamá (declive oriental)	53
De Panamá (declive al Pacífico)	60
De Tehuantepec (proyectado camino)	64
De Honduras (proyectado camino)	55

En Tehuantepec no se considera media milla de túnel.

El camino de Baltimore y Ohio que tiene los 446piés de grados, no es más que de ocho y media millas de largo; es decir: 986 piés de alto, ó casi la mitad de la suma total de ascensos y descensos del propuesto camino de Honduras.—La de los del primero, ó del de la división oriental de New-York y Erie, en una distancia de 74 millas, hai 3822 piés, que dá un medio de 54, más que el doble del referido de Honduras.—El peso de los grados, en el curso, es objetable; pero las mejoras que se han hecho en las locomotivas pueden pasar alturas que ántes se consideraban imposibles.

Anteriormente se evitaba el peso de los grados, y cualquier sacrificio se hacía en favor de ellos, aun cuando la suma de ascensos que hubiere que subir fuese la misma.—En otras palabras, se había creído que en un camino de 400 millas de largo, y con una cima de 4000 piés de alto, un medio uniforme de 40 piés por milla en toda la distancia, eran preferibles á 8 de nivel y de 20 á 50 piés por milla.—Pero prácticamente se conoce que los últimos arreglos hechos son más ventajosos; esto es, que la concentración de grados en un punto, compensada por un poder auxiliar, es más económica en tiempo y costo.

Empero la aplicación de este principio pertenecerá á los ingenieros á quienes se confíe la construcción del consabido camino.—Fortunosamente la naturaleza del terreno admite esta discreción.—Puede haber una considerable concentración de grados dentro de 40 millas sobre cada lado de la cima, siempre directamente; ó puede colocarse el camino en las bases de las filas paralelas de colinas sobre las más altas y uniformes pendientes.

En el mapa seccional que presenta el curso de la línea que debe seguir el camino, se verá que la disposición de grados es favorable en el tránsito general para trasporte de personas y de mercancías; teniendo su mayor altura á los lados del Pacífico y del Atlántico, en cuya dirección debe calcularse que pasarán las tres cuartas partes de las segundas y los dos tercios de las primeras que van de uno á otro mar.—Esta es una consideración de no poca importancia para la economía de la obra propuesta.

X. Operarios, materiales, clima.

Casi todos los materiales para la construcción del camino existen en la línea.—Hai inestinguible cantidad de magnífico mármol blanco y azul y piedra de cantería, así como el mejor pino, encina y otras maderas fábriles.—El país, con excepción de una estrecha banda en la costa del norte, es fresco, saludable y propio para trabajadores extra-tropicales.—En este respeto (de trabajadores) la propuesta línea es notablemente favorecida, pues es probable que en la división del norte se obtengan los necesarios de los cortadores de maderas.—No hai, es verdad, bajo los trópicos, un número de hombres tan fuertes y propios para la clase de trabajos que se requieren en una obra semejante, como los hai para cortar maderas; pero son bien disciplinados, y acostumbrados á la unidad de acción tan necesaria para esa misma especie de trabajos.—Son bien expertos en el manejo del hacha, en limpiar caminos y en la construcción de gradas y puentes.

Los caminos de maderas en los cortes del señor Follin, en el Ulúa, son frecuentemente de varias millas de largo, treinta piés de ancho, cuidadosamente nivelados, desmontados y con puentes tan fuertes, que pasan las más pesadas trozas tiradas por seis yuntas de bueyes.—Estos caminos se hacen por deslajo; á un precio casi general de cincuenta pesos por milla.—El salario de los trabajadores es de 45 pesos al mes y ración: esta consiste en cierta cantidad de harina y un número fijo de libras de puerco por semana.—Los plátanos, que se cosechan en la mayor abundancia en la costa, sustituyen bien á la harina.—Los ranchos que ocupan los hombres son de horcones y entechados con palmas, y rara vez exigen más de mediodía su construcción.—Una hamaca colgada de una á otra extremidad y dos piedras para formar la cocina, es lo que constituye todos los útiles del trabajador.—Pocas necesidades artificiales tiene, y el invierno no le impide sus trabajos.—Todo lo que requiere es un abrigo para el sol y el agua.—No hai duda que todo el trabajo del camino de la costa á los llanos del interior se obtendría por medio de estos hombres.—En el interior, y en la sección del Pacífico, los operarios del norte trabajarían con igual facilidad y menos riesgos que en los Estados-Unidos.—La mayor parte de la población de Centro-América está en la costa del Pacífico, y en aquella división se tendría un grande auxilio de los estados del Salvador, Nicaragua y Honduras mismo.—Sobre este punto, me remito á la opinión del teniente Jeffers, que dice que en esta porción de la línea «se obtendrían de Honduras y de los estados vecinos gran cantidad de trabajadores; y que al precio común (veinticinco centavos) sería muy cómodo.—Sin embargo, no sería difícil introducir allí trabajadores extranjeros, cuyo empleo sería más satisfactorio».

Después del llano de Sula el país es todo abierto en sabanas.—Los pinos y encinas no son tan densos que impidan pasar libremente á caballo en todas direcciones.—Así, pues, la locación del camino en casi las dos terceras partes de su extensión será comparativamente fácil.

Respecto al clima, repetiré aquí lo que en otra parte he escrito.—«No creo que haya en el mundo un clima más saludable y agradable que el de Honduras en general.—En este respecto el país es superior á los mejores puntos de Italia.—La costa del Pacífico es mejor que la del Atlántico en cuanto á salubridad, y bien podrían formarse establecimientos alrededor de la bahía de Fonseca, sin ningún riesgo por el cambio de clima.—En gente moderada y en circunstancias iguales, no dudo que en esa costa y en el interior del país se aumentarán diez años de vida que en New-York.—En el primer punto, las pulmonías, y esa porción de muertes que causan los fríos y repentinos cambios de temperatura, son desconocidas.—Las fiebres intermitentes son menos comunes que en nuestros estados occidentales, y ceden más fácilmente á las medicinas comunes.—Hay, como en todas partes, muchas personas de costumbres irregulares, que descuidan las precauciones necesarias en todo clima, y sufren sus consecuencias irremisiblemente.—Por espacio de dos años yo he estado expuesto á toda especie de fatigas, y sin embargo he gozado de la más perfecta salud; mejor aun que, en iguales circunstancias, no la he disfrutado jamás en mi propio país.»

La temperatura en la línea del camino es más alta en sus extremidades.—Pero la alta temperatura de la costa no es igual en el interior.—La modificante influencia de las montañas inmediatas se experimenta aun antes de llegar á su altura.—La de Comayagua puede tomarse aproximativamente por la de toda la línea desde San

Pedro Sula en el norte hasta Goascorán en el sur; es decir: en casi las tres cuartas partes de la línea.

En los meses de abril, mayo y junio, que son los más calurosos del año, la temperatura media de las seis de la mañana á la misma hora en la tarde, era de 79° 4'.—El punto máximo tocado por el termómetro en estos meses fué 88°; el mínimo 68°; y una escala extrema de 20°.—Los datos sobre la temperatura del país en general, y particularmente sobre los lugares menos sanos de la costa, están ya demostrados.

XI. Recursos en la línea del camino.

Además de las ricas fuentes de agricultura en todo el tránsito del camino, abrazando la gran variedad de los trópicos, como el café, cochinilla, algodón, cocos, azúcar, maíz, arroz, plátanos, tabaco, índigo, etc., hay otras vastas fuentes de riqueza sin explotar.—Los valles del Ulúa abundan en maderas preciosas, y las colinas y montañas del interior contienen numerosas minas de toda clase de metales.—Apenas hay un río en el declive del Atlántico que no lleve más ó menos cantidad de oro en sus arenas.—Recientes experimentos han demostrado que en las márgenes de algunos ríos hay placeres de oro en tanta cantidad, y de tan buena ley como los de California.—Pero las minas del interior son más y más ricas en sus metales; y fundadamente debe creerse que con la inteligencia, la industria y los capitales que la empresa del camino atraerá, Honduras será dentro de poco, y en proporción á su extensión, el país más productor de plata en el mundo.

Entre los productos del estado, hasta ahora descuidados, puedo mencionar la zarzaparrilla, el copal, el ule ó caucho, la goma arábiga, el fustoc, sangre de dragón, vainilla, brasil, liquidámbar, bálsamo, quinina, etc., etc.—El ganado es numeroso, y forma una parte considerable de la riqueza del estado.—Los cueros, que al presente apenas pagan el transporte á la costa en mulas, serán un importante artículo de exportación cuando se establezcan nuevos y baratos medios de conducción.

En suma, el establecimiento de regulares vías de comunicación con Honduras, y entre sus puertos y el interior, abrirá al mundo un rico y extenso campo á la industria y al espíritu de empresa, creará nuevos mercados para nuestras manufacturas, suministrará multitud de artículos para nuestro uso, y dará un nuevo impulso al comercio.

XII. Navegación interior.

Las capacidades del río Ulúa, que coincide en su curso con la línea del camino propuesto y que ofrece un accesorio medio de navegación general, se han indicado incidentalmente en otros párrafos.—Como se verá en las delineaciones del mapa que se acompaña, el gran río Ulúa y el pequeño Goascorán corren paralelos en la proyectada línea.—El primero puede ser navegable ahora por vapores á una distancia de 60 millas de la boca, y hasta un punto de cerca de noventa millas de la bahía de Fonseca.—El otro, con algunas mejoras, puede servir para el transporte de maderas y de materiales de construcción.

Respecto al Ulúa el teniente Jeffers dice:

«La boca del Ulúa es obstruida por una barra, que solo tiene nueve pies de agua; y puede decirse que es impasable por buques de gran capacidad, en razón de que afuera se necesitan fuertes brisas para remontar la corriente, y cuando estas son frescas la mar es muy alta.—Vapores que calen siete pies pueden entrar en todo tiempo, y de junio á enero hasta la confluencia del Humuya.

«De diciembre á marzo pueden fondear en la boca los buques que van á cargar madera.—Sin embargo hay que hacer una curva hacia el oeste donde se puede ejecutar mejor la operación en todos tiempos, excepto en el de los nortes.—De este punto á la boca hay una distancia de cerca de doscientas varas, y ligeros vapores llegarían siempre hasta la boca del Humuya, ó, por el río Blanco, hasta Yojoa.

«El Ulúa puede servir accesoriamente, y para la construcción del camino sería de la mayor utilidad.—Pequeños vapores podrían ascender en todas estaciones hasta la unión del Humuya, y, en varios meses, hasta la boca del Sulaco;—más allá no es navegable y no puede servir más que para la extracción de maderas.—Las grandes corrientes que súbitamente se elevan del nivel, y lo rocalloso que es, alejan toda esperanza de mejorarlo más arriba.»

La Venta ó el Santiago, que es el más grande tributario del Ulúa, y que pasa por los ricos departamentos de Santa Bárbara y Gracias, puede ser también navegable en alguna extensión, así como el Chamelecon en ciertos puntos.—En todos respectos los valles de estos ríos ofrecen ventajosos medios de comunicación con los departamentos mencionados por caminos carreteros, para cuya construcción existen abundantes materiales en sus inmediaciones.

Acerca del río Goascorán el teniente Jeffers dice:

«El Goascorán puede considerarse como un medio de transporte en el invierno, ó mejor dicho, en la estación de las lluvias, y con algunas mejoras en todo tiempo.—La boca de este río es obstruida por una barra de arena; pero en la marea se puede entrar hasta á una cuarta parte;—también puede limpiarse esta barra fácilmente.—Arriba hay otras causadas por grupos de pedernales; pero estas serían removidas sin dificultad del centro del río, y se formaría una especie de canal para navegarlo hasta Caridad y probablemente hasta San Juan.—Para extraer maderas y transportar materiales sería esto de grande utilidad.»

Sin embargo, aunque el Ulúa y otros ríos ofrecen grandes ventajas para la navegación, el objeto de la compañía no es sino servirse de ellas como un medio accesorio para la construcción del camino, en cuyo respecto será de la mayor importancia.—Casi en general, en toda ruta interoceánica, los transportes por buques son inadmisibles.

XIII. Resumen de las concesiones.

En 23 de junio de 1853 se firmó una contrata entre los señores don Justo Rodas y don León Alvarado, comisionados de Honduras, y M. E.-Geo. Squier, comisionado por la compañía, para construir el proyectado camino interoceánico, cuya contrata fue ratificada por la asamblea legislativa y publicada por el presidente de la república en 28 de abril de 1854.—No puede ser más liberal en los privilegios que concede á la compañía, y está fundada en bases tan explícitas, simples y de mutua utilidad que casi es imposible que se suscite ningún desacuerdo entre el estado y la compañía.—Sus privilegios son los del resumen siguiente:

Sección I.—Se concede á la compañía el derecho exclusivo para una comunicación interoceánica por navegación ó por camino de hierro á través del territorio de Honduras, dando á la compañía todas las tierras y materiales naturales necesarios para el objeto.—A los ocho años de ratificada la contrata, la obra debe ser concluida, con privilegio de extender el término en caso de interrupción por causas naturales imprevistas.—El privilegio es por setenta años de concluida la obra, en cuya expiración el estado puede comprar el camino por su justo valor, ó extender más el privilegio, como mejor le convenga.

Sección II.—La compañía tiene el libre paso por todas las tierras públicas ó privadas en la línea, y además se le conceden doscientas varas á cada lado de la línea misma;—libre uso de maderas fabriles, piedras y materiales naturales;—de todos los ríos y fondeaderos del estado;—de todas las máquinas, instrumentos, provisiones y otros materiales para el propio objeto.—Los operarios del país que se empleen en el trabajo serán excluidos de todo servicio civil y militar.—La compañía tiene el derecho de constituirse en acciones de compañía, y todos sus derechos, intereses y propiedades son libres de todo impuesto por el estado.

Sección III.—La compañía pagará al estado la suma de un peso por cada persona que pase por el camino, y que tenga de diez años arriba.—La misma compañía recibirá todos los reos convictos, en términos equitativos; y arreglará los derechos de tránsito y de comercio á los precios más bajos y compatibles con sus intereses.

Sección IV.—Todos los ciudadanos de los Estados Unidos y de las naciones que estén en paz con Honduras pasarán libremente por el camino sin pagar ninguna contribución ni necesidad de pasaporte.—Todos los efectos y mercancías in transitu pasarán también libremente, con excepción de una suma de registro que pagará la compañía.—Los bagajes de los pasajeros no pagarán nada, ni serán registrados.

Sección V.—Cede al la compañía 4,000 caballerías de tierra, que, según la ley, son 640,000 acres, ó 1,000 millas cuadradas.—También tiene la compañía el derecho de comprar, sea en la línea del camino ó en otros puntos, hasta quince mil caballerías, pagaderas en acciones de la compañía al par.—Todas las personas que se establezcan en las tierras de la compañía gozarán de todos los privilegios de los ciudadanos nativos, y se excluirán por diez años de toda clase de impuestos y de servicios, excepto los que voluntariamente quieran servir civil ó militarmente.

Sección VI.—Se estipula que los puertos en las extremidades del camino serán puertos francos.—Una comisión de dos personas por el estado, y otras dos por la compañía, elegirán una quinta, y todas formarán á un tribunal de referencia, que establecerá los reglamentos y regulaciones necesarios, conforme al espíritu de la contrata, y resolverá todas las disputas que puedan suscitarse entre el estado y la compañía.—El gobierno de Honduras abrirá negociaciones con todas las naciones marítimas para garantizar la perpetua neutralidad de la ruta, conforme á la convención de Washington de 5 de julio de 1850.—La compañía tiene el derecho de construir un telégrafo magnético.—El gobierno da cincuenta acres de tierra á cada persona que no sea casada, y setenta y cinco á toda casada que vaya á Honduras y declare su intención de naturalizarse.

Además de lo expuesto, la compañía goza del privilegio establecido en la contrata de «navegación de buques de vapor» de pasar por todos los puertos y ríos del estado, libre de derechos de toda especie.

XIV. Comparación de las rutas de los istmos respecto á distancia.

El tiempo, y no las distancias, es la verdadera medida de las relaciones entre los lugares.

La economía del tiempo, es verdad, depende más ó menos de la distancia que hay que salvarse, y la más corta siempre será un elemento importante de cálculo para las ventajas de las respectivas vías entre los estados del Atlántico y California.—Pero este no es más que un elemento.—Buenos puertos, donde los buques puedan embarcar y desembarcar rápidamente los pasajeros y cargamentos, y muelles convenientes, en lugar de botes y canoas, es otro elemento de no menos importancia, no solo en cuanto á economía de tiempo, sino respecto á conveniencia, costos y seguridad.—Otro elemento es la posesión de puertos fácilmente accesibles, y de un libre curso para salir, sin la oposición de vientos contrarios ó de causas semejantes que causan embarazos.—Y, por último, otro elemento, de bastante consideración, es el evitar las dilaciones que resultan de la frecuencia de transportes.—Esto no solo consume tiempo, sino que es una fuente de disgustos é incomodidades para los viajeros.

La propuesta ruta vía Honduras es, pues, no solo respecto á distancias, sino en cuanto á inconvenientes ó retenciones por malos puertos, vientos adversos ó cambios frecuentes, de una grande y enfática superioridad sobre todas las otras proyectadas en los istmos de Centro-América.—Por lo que hace á distancias, la siguiente carta del teniente Maury será la más concluyente prueba:

«Observatorio Nacional, Washington, 26 de junio de 1854.

E. Geo. Squier, esq.:

«Señor:—Contesto á V. la nota en que desea saber las distancias de New-York á San Francisco, vía las varias rutas de los istmos:

«V. conoce que estas distancias no pueden señalarse exactamente por las cartas que hasta ahora tenemos.—Supongo que V. no necesita las distancias en general, sino las de puerto á puerto, exclusivas de las que los buques tienen que hacer después de atravesar la barra ó entrar al puerto.—En tal virtud envío á V. la cuenta de las más cortas distancias de puerto á puerto, en números redondos:

De New-York á San Francisco, vía Panamá: 5,200 millas.

Nicaragua: 4,700

Honduras: 4,200

Vera-Cruz y Tehuantepec: 4,200

«Ningún cálculo se ha hecho de las distancias á través del continente.—De V. respetuosamente,

«M. P. Maury.»

La distancia del continente en Panamá es de 54 millas; en Nicaragua, de 484; en Honduras, de 460; y en Tehuantepec, de 486.—En consecuencia, las distancias en general son de New-York á San Francisco, vía Panamá, de 5,254 millas; por Nicaragua, 4,884; por Honduras, 4,360; y por Tehuantepec, 4,386.

Pero debe tenerse presente también que no todas las más cortas distancias «en la carrera de vapores» son siempre practicables.—Así, pues, después de los Cabos de la Florida, los vapores no pueden ir con seguridad á Vera-Cruz.—Deben tomar bastante al norte para evitar los peligrosos arrecifes y bajos que embarazan el gran banco de Campeche, al norte de Yucatán.—Esta vuelta aumenta la distancia entre New-York y Tehuantepec algunos cientos de millas, y esto hace la relativa superioridad, respecto á distancia, de la ruta de Honduras.

XV. Comparación de rutas respecto á puertos.

Para poder formar una imparcial comparación entre todas las rutas inter-oceánicas proyectadas, las tomaremos según su clase.—Miraremos las de Tehuantepec, Honduras y Panamá, como más fáciles para un camino de hierro; y las de Nicaragua y Atrato para canales.—Dejaremos las líneas de Chiriquí y Darién, como enteramente impracticables.—Nicaragua lo es también para un camino de hierro continuado de un mar al otro.—Para construir un camino en el valle del río San Juan, sería preciso pasar por grandes escabrosidades, y además sería de 449 millas de largo.—Y aun así habría necesidad de pasar el lago en botes (porque era imposible salvarlo) y luego pasar una reasunción de tierra que hay que atravesar del otro lado.—La posición geográfica de la línea del Atrato hace innecesario un camino de hierro, por su aproximación al de Panamá.—Por consiguiente la cuestión de puertos respecto al Atrato y Nicaragua no es de importancia.—No obstante, debe observarse que uno y otro son excesivamente defectuosos sobre el particular.—La presente línea de tránsito de Nicaragua no tiene absolutamente puerto en el Pacífico; y no puede encontrarse un término adecuado en aquella mar más que el puerto del Realejo, á una distancia de más de 300 millas de San Juan de Nicaragua.—La ruta del Atrato tiene la misma desventaja en el Pacífico; porque Cupica es un pequeño puerto y expuesto á los vientos sudoestes; y en el Atlántico el Atrato tiene una mala barra, con solo cinco pies de agua.

No hay que dar, en este respecto, mucha consideración á rutas que están menos que á siete grados de latitud al sur de los de la línea de Honduras; y los del Pacífico tienen no menos que cuatro días de distancia bajo la latitud de los correspondientes de la línea de Honduras.—Pero suponiendo todas las circunstancias iguales, la economía en la distancia de la línea de Honduras sobre la de Panamá no admite comparación.—Además, los puertos de Panamá en uno y otro lado son malos:—malos respecto á clima, y, si no absolutamente inseguros, ciertamente inadecuados; pues en la bahía de Panamá, en el Pacífico, los buques son obligados á quedar á algunas millas de la costa, en un punto que no puede llamarse puerto.—El tiempo que se pierde en embarcar y desembarcar por medio de botes, sin contar los gastos, molestias y peligros, será siempre una gran desventaja.

De aquí se sigue, pues, que las rutas que, en cuanto á economía de distancia, pueden ser comparadas, son las de Honduras y Tehuantepec.—Estas son las únicas que llenan las exigencias del comercio y de los viajeros.—Y aquí debe advertir el lector que en la lat. 44° N. el continente no va de norte á sur, sino casi al este y oeste.—Los términos norte de la proyectada ruta de Tehuantepec son en lat. 48° 8' N.; la de Honduras en lat. 45° 49' N.; y los términos sur en lat. 46° 42' y 43° 24' N., respectivamente.—La absoluta diferencia en latitud es, en este caso, de 2° 49'; y aunque Tehuantepec está en long. 94° 30' O., y Honduras en long. 87° 57' O., es inmaterial en el viaje de New-York á San Francisco, por ejemplo, sea que la vuelta al oeste se haga por el golfo de México ó por el Pacífico, excepto, quizá, que el Pacífico es un mar más suave que el del golfo, y se haría más pronta y fácilmente que por este.

Resulta, pues, que Tehuantepec tiene una absoluta ventaja sobre Honduras de 2° 49' de latitud, igual á 4° 38' ó á 270 millas náuticas en todo el viaje de New-York á San Francisco.—Pero esta aparente ventaja es nada en consecuencia de ciertas dificultades en la navegación del golfo de México, y de ciertas condiciones de la contrata para el camino de hierro de Tehuantepec, que deben mirarse como un punto esencial; á saber:—las de la «compañía mixta».—Esta contrata establece que los buques en conexión con el propuesto camino llegarán á Vera-Cruz, y que allí todos los pasajeros y cargamentos serán trasbordados á buques mejicanos antes de ir al istmo.

Todos los buques de los estados del Atlántico deben evitar el banco de Campeche, y sus mil arrecifes y bajas islas, alejándose siempre hacia el norte.—No podrán ir, como he dicho, en línea recta de los estrechos de la Florida por Vera-Cruz, sino haciendo un circuito para evitar los Alacranes y otros peligros en la navegación al norte de Yucatán, donde la compañía inglesa de vapores á la India Occidental perdió algunos, hasta que se dieron estrictas órdenes de pasar al norte del banco de Campeche.

Tomando en cuenta esta vuelta, y el aumento de distancia que es consiguiente yendo á Vera-Cruz, la aparente ventaja de Tehuantepec sobre Honduras no solo desaparece, sino que se la da á este de más de 200 millas menos.

Ahora vamos á la cuestión de puertos, sobre la que el capitán Fitzroy da una fuerza que ninguno de los que han hecho investigaciones de esta especie considerará enfática.—Para evitar toda imputación parcial en la materia, yo soy bien contento en citar autoridades cuya imparcialidad no puede ponerse en duda, y que prueban que Tehuantepec no tiene puertos propiamente dichos en ninguno de los dos mares.—Respecto al Pacífico:

«El puerto de Tehuantepec no es más favorecido por la naturaleza (que el de Nicaragua).—Toma su nombre de los huracanes que soplan del N.-O., y que impiden á los buques llegar á los pequeños puertos de Sabinas y Ventosa[1].»

Con referencia al mismo Tehuantepec, M. Michel Chevalier, en su obra sobre comunicaciones inter-oceánicas, observa:

«Sería necesario remediar, si fuese posible, la necesidad de un puerto conveniente en el Pacífico.—A Tehuantepec, muy apenas puede dársele el nombre de rada.—La mar de día en día retrocede más de sus playas; el anclaje cada año es peor; las arenas depositadas por el Chimalapa aumentan en altura y extensión en las barras á la entrada del primer lago al segundo y de allí á la mar, de manera que Tehuantepec casi no es accesible más que para pequeños buques.»

En efecto, el plan de ocupación al puerto de Tehuantepec fue abandonado por los ingenieros que practicaron el reconocimiento.—En consecuencia propusieron crear un puerto artificial en Ventosa por medio de una especie de canal de 2,000 pies de largo.—La dificultad, por no decir imposibilidad, de construir anclajes artificiales, quita toda importancia, como fácilmente se comprende, y no hay necesidad de hacer ninguna observación.

En una palabra, Tehuantepec no tiene absolutamente ningún puerto al Pacífico.—Menos favorecido es aun en el Atlántico; pues en él no tiene nada que parezca puerto.

Esta falta se pretende suplir entrando por el río Coatzacoalcos, que es sin ningún abrigo en su boca y que corre directamente a la mar abierta.—Además tiene una mala barra que en mal tiempo sería imposible que pasasen buques de más de 400 toneladas.—«La profundidad del agua en la barra es de cerca de 13 pies, bajando hasta once.»—Tal es la confesión de los mismos que más se han identificado con el proyecto de Tehuantepec[1].—Sobre este punto la autoridad del general Orbegoso, que fue el primero empleado por el señor Garay para examinar el istmo de Tehuantepec, no puede ser aceptada.—Asegura que hay de 24 a 25 pies de agua en la barra, cuando los ingenieros de la compañía de Tehuantepec encontraron solamente de once a trece, y el comodoro Perry doce.—El señor Moro parece que pertenece a la misma escuela.—Dice que en la barra, bocabarra y Tehuantepec hay 23 pies de agua, en tanto que la autoridad del informe sobre Tehuantepec refiere solo ocho.

Sin embargo, siguiendo el erróneo supuesto de que el Coatzacoalcos tiene dieciocho pies en su barra, en lugar de diez o trece, el capitán Liot, superintendente de la compañía de vapores ingleses a la India Occidental, observa:

«Por los precedentes resultados (aun los más favorables al proyecto) se ve que el fondo es absolutamente insuficiente para buques de bastante capacidad y llenos de carga; porque aunque el principal canal de la barra tuviese siempre una profundidad de 18 pies (como el señor Orbegoso asegura, pero que después admite que por extraordinarias circunstancias tal vez no tendrá), ¿cómo podría pasar un buque de 600 toneladas, que calase por lo menos 18 pies? Si hubiese agitación en la barra, sería peligroso aun para los buques que calasen solo 15 pies.—Así, pues, el proyectado canal sería útil solo para buques de menos de 300 toneladas, y en la estación de los nortes tendrían gran riesgo al aproximarse a aquella parte de la costa, donde no hay ningún puerto más que el de Vera Cruz (120 millas al nordeste de la barra de Coatzacoalcos).—Durante los nortes, la tierra no es más que una playa desierta, fuera de la cual los buques no tendrían ningún escape, sino es pasando los riesgos de la barra, lo que difícilmente conseguirían sin un buen piloto; y además, en un norte fuerte, la marejada de la costa es tan pesada que los pilotos no pueden abordar, sean cuales fuesen los peligros que se quisiesen evitar[1].»

Considerations upon the question of communication between the Atlantic and Pacific Oceans, by W. B. Liot. p. 8.

El coronel Abert, jefe de la oficina topográfica de los Estados Unidos, en una revista publicada por el Congreso, acerca de los tránsitos, dice:

«La barra del golfo no se la puede considerar más que como de 12 pies de agua.—Al lado del Pacífico no hay ningún fondeadero......

La bahía de Tehuantepec es baja, peligrosa y expuesta a frecuentes tempestades.»

El comodoro Subrick, comandante de la escuadrilla del Pacífico, en una carta al secretario de Marina, datada el 7 de octubre de 1847, dice:

«Hay un anclaje en la bahía de Tehuantepec; pero según todos los informes que hay y las cartas de M. Forbes, es excesivamente tempestuoso.—El capitán Hall dice que en ninguna parte ha experimentado tempestades más grandes que en esa bahía, que los españoles llaman Ventosa.»

M. J. H. Alexander, en una comunicación a la comisión especial del Congreso, expone:

«Cuanto se ha dicho hasta ahora de los defectos del puerto de San Juan del Sur, en conexión con la ruta de Nicaragua, se puede aplicar a otra que ha llamado mucho la atención: la del istmo de Tehuantepec.... En sus inmediaciones, por ningún lado lo ha favorecido la naturaleza; y la bahía Ventosa explica perfectamente bien el carácter de la rada, en tanto que sobre el lado de Coatzacoalcos nada hay que pueda proteger la entrada por el río de los nortes del golfo de México.»—J. H. Alexander, Congressional Report, N.º 145, 1849, p. 44.

Y M. Pitman, en su obra sobre la practicabilidad de una comunicación interoceánica (p. 204), concluye:

«La opinión de todas las autoridades demuestra que la boca del río Coatzacoalcos no tiene un buen puerto.—Tampoco lo hay en la boca del río de Tehuantepec capaz de recibir buques de considerable tonelaje, y no hay medios para mejorar el presente..... De todas estas consideraciones, además de las expuestas anteriormente, se concluye que la proyectada ruta es insegura y, si no impracticable, al menos inadecuada para un extenso comercio.»

En evidencia de lo expuesto, y aun en un lenguaje más enfático, se pueden acumular infinitas autoridades.

Como hemos visto, el medio propuesto para llenar la falta de un puerto en el Pacífico es construir un fondeadero artificial, a cuyo fin debe formarse una especie de canal de 2,000 pies de largo y de 36 de profundidad.—Además de otras consideraciones, basta solamente atender al costo y a lo poco adecuado que sería el medio que se propone, para estimarlo en su verdadero valor.

El reconocimiento oficial de la entrada del río Coatzacoalcos, por el comodoro Perry, publicado por el gobierno, demuestra que no hay más que doce pies de agua en un canal de 450 de ancho: fuera de este canal el agua baja a 14, 10 y 9 pies.

Los buques que generalmente se han empleado para el tránsito de California son el Ohio, Georgia, Illinois, etc., cada uno de los cuales tiene una capacidad de más de 3,000 toneladas.—El Falcon, uno de los vapores más pequeños, tiene 750 toneladas, y cala 15 pies de agua, ¡o tres más que la total profundidad de la barra del Coatzacoalcos!—El lago de Tehuantepec requiere buenos puertos; y no hay uno que llene las condiciones precisas para una comunicación interoceánica.—Sería difícil, si no imposible, encontrar en el golfo de México, o en el Atlántico en toda la costa de América, un punto más peligroso, o menos adecuado para una comunicación a través del continente, que el de Tehuantepec.—Los nortes que soplan del gran valle del Misisipi tienen allí su mayor influencia; y, como observa el capitán Liot, ningún vapor ni buque de capacidad ordinaria podría pasar la barra de Coatzacoalcos cuando aquellos reinan, que es de septiembre a marzo.—Por lo común las olas son de 5 a 6 pies, ordinariamente, y con un viento moderado de la costa que chocase con la corriente del río, la mar rompería sobre la barra.

Respecto al clima de Tehuantepec, el señor Moro dice que frecuentemente ha visto el termómetro a 92° Fahr. a las 7 de la mañana.—El vómito (fiebre amarilla) es común, como en toda la costa de México desde Vera Cruz hasta Campeche.

XVI. Comparación de rutas respecto a seguridad.

Para establecer una ruta permanente de comunicación interoceánica en la presente época de investigaciones y descubrimientos, preciso es que nos fijemos no solo en las condiciones más obvias y palpables que se requieren para que la empresa tenga suceso, sino también en las circunstancias incidentales que puedan afectarla.—Hace pocos años que se ha dirigido la atención sobre las corrientes de vientos y su influencia en la navegación y el comercio, y sus prolijas investigaciones han producido importantes resultados, que son prácticamente observados por los buques que hacen sus viajes con más rapidez y seguridad.—La economía de tiempo, la propiedad y la vida, que vale más que todo, debe ser la gran combinación del público.

Ahora, haciendo el viaje al istmo de Centro-América, no solo tienen los buques que atravesar más de 4,000 millas de agua en el Atlántico, el más turbulento de los océanos, sino que para evitar las corrientes del estrecho del golfo, pasan a barlovento de Cuba.—Frecuentemente es el regreso de los vapores de Panamá y Nicaragua, entre Cuba y Santo Domingo, y naturalmente al este o al exterior de Jamaica.

De consiguiente, no bien han pasado el tormentoso Atlántico, cuando entran a la parte del mar Caribe donde soplan con más frecuencia los huracanes.—Los dos grandes centros de esa terrible visita son las Indias Occidentales y la mar China.—Más allá de esos límites es bien rara.

La inclusa tabla copiada del «Standard Physical Atlas» del profesor Johnston demuestra el curso jeneral de los huracanes en la India Occidental, y la tabla que se acompaña, las fechas; y, tanto como ha podido conocerse, la línea que los principales huracanes han seguido en los 450 años pasados. Por ella se verá que los huracanes de la India Occidental comienzan cerca de las islas de sotavento, pasando hacia el noroeste, tomando en su curso a Jamaica y Santo Domingo, y llegando hasta el estrecho del golfo, donde cambian de dirección hacia el nordeste.—Todos, así como los pocos que llegan al golfo de México, atraviesan el tránsito de los buques de Panamá y Nicaragua.

Se observará que de los cincuenta y cinco huracanes, solamente dos han cruzado la ruta propuesta para la línea de Honduras, por tierra hasta la Florida y de ahí por vapores hasta Puerto Caballos.

Además: precisamente en la línea de toda comunicación con Nicaragua y Panamá es donde encontramos la rejión de los huracanes caribes, como lo manifiesta el profesor Johnston.—Todo se evitaría en la dirección por Honduras.

Es, pues, evidente que la propuesta línea de comunicación interoceánica por Honduras sería libre de los riesgos de los huracanes.—Cuando consideramos que no ménos de 75,000 personas pasan anualmente por los istmos de las costas del Atlántico a las del Pacífico, la seguridad de los peligros de tantas vidas es un punto de la mayor atención.—La pérdida de un buque mercante, que lleva tras sí la de diez o doce personas y algunos pocos miles de pesos, es sensible, no hay duda; pero se puede mirar como insignificante, comparada con la de un paquete de California con los 500 o 600 pasajeros y los millones de pesos que trae.

Por consiguiente, toda disminución de peligros que haya en el curso de este tránsito es un bien positivo y de la mayor importancia para el público.

Hay otro punto en la carta del profesor Johnston que merece ser mencionado.—Es el curso de los «nortes» en el golfo de México, que con frecuencia han producido las mayores desgracias a la navegación.—Estos soplan abajo del valle del Misisipí, atravesando el golfo de México, en el seno del mismo golfo entre la península de Yucatán y los estados más bajos del propio México.—Por espacio de seis meses, de septiembre a marzo, son más o ménos constantes, y a veces con una fuerza terrible, llevando casi una línea directa de la boca del Misisipí al istmo de Tehuantepec.—A medida que avanzan en el golfo su fuerza aumenta, porque la contracción de la tierra contribuye a darles más poder, tanto que a veces equivalen a los huracanes de las Antillas.—Esto añadido a la circunstancia de que Tehuantepec no tiene absolutamente un puerto en los términos del norte, en que los vapores y buques puedan refugiarse, es el mayor inconveniente para llevar al cabo la proyectada vía de comunicación interoceánica.

XVII. Costo de construcción y renta que dará.

Conozco bien la dificultad de calcular los gastos de una grande obra como la del camino de hierro de Honduras, no solo antes sino después de un exacto reconocimiento;—también sé que presentando un cálculo de esta especie de gastos, el costo del de Panamá se añadirá como una desaprobación concluyente de su exactitud, sin una justa consideración de las condiciones naturales y enteramente diferentes de los dos istmos de Panamá y Honduras, y con la negligencia de otras circunstancias casi no ménos importantes.

El camino de hierro de Panamá tiene un largo total de 49 millas, y ha costado, según el informe presentado por la compañía a la lejislatura de New-York en enero de 1855, una suma redonda de 5,000,000 de pesos.—Se necesitará aun otra suma de 1,000,000 a 2,000,000 de pesos para la construcción de un puerto artificial en la bahía de Panamá; pero esta será independiente del costo del camino propiamente dicho, del que se deducirá el costo de la formación de la ciudad de Aspinwall, que ciertamente no bajará de 500,000 pesos.

Así, pues, el costo neto del camino de hierro de Panamá es de 4,500,000 pesos, que en 49 millas da un término medio de cerca de 94,000 pesos por milla.—Siguiendo el mismo cálculo, tendríamos que para las 460 millas de la línea de Honduras se necesitarían 44,560,000 pesos.

Pero no vacilo en decir, en vista de la diferencia y favorables circunstancias del caso, que el camino de Honduras no costará la mitad, por milla, de lo que costó el de Panamá.

I. Las primeras 23 millas del camino de Panamá están en un terreno que bien puede llamarse un continuo pantano, que bajo los trópicos y dentro de una zona en que constantemente llueve, equivale a decir que es la sección peor posible para la construcción de un camino de hierro.—La mayor parte del camino en esta distancia ha sido construida sobre estacados y frecuentemente terraplenados.—Puede decirse que las dificultades que los injenieros tuvieron que vencer en esa sección jamás se han encontrado en ninguna otra, desde que los caminos de hierro se establecieron; y que esa obra debe considerarse como una maravilla de habilidad y de constancia, aunque su costo no ha podido ser más caro respecto a vidas y dinero.—En esta sección es precisamente donde la compañía de Panamá hizo los mayores gastos.

La línea de Honduras no tiene ninguna clase de pantanos, y es de creerse que no requerirá ni 400 varas de estacado en toda su extensión.

II. Según el informe citado, «hubo que hacer un corte sobre la cima, de 4,300 pies de largo y 24 en su mayor profundidad, conteniendo 30,000 varas cúbicas de escavación, que se supuso ser de una fácil ejecución; pero que se encontró más difícil que en ninguna parte del istmo, ocupándose toda la fuerza por dos meses en vencer dificultades que se creyó no pasarían de dos semanas.»

En toda la línea de Honduras no hay que hacer corte de esta especie.

III. Siendo el istmo de Panamá estrecho, despoblado y sin ninguna clase de provisiones ni de materiales, tuvo la compañía que mandarlo todo de los Estados-Unidos. «Aun la madera de construcción para tirantes fue obtenida», continúa el informe, «de los Estados-Unidos y de varias partes de la Nueva Granada».

En un parágrafo anterior se ha visto que toda la madera necesaria de construcción se encontrará en el propuesto camino de Honduras, en el lugar mismo de la línea o cerca de ella.—La caoba, guanacaste, cedro, encina y pino es abundante; y la compañía americana que ha establecido una máquina de aserrar en el Tigre, está pronta a contratar todos los tirantes del camino a precios más bajos que lo serían en los Estados-Unidos.

IV. En cuanto a trabajadores, la compañía de Panamá ha encontrado insuperables obstáculos.—«Los operarios», continúa el informe referido, «fuesen nativos o extranjeros, eran pagados en el istmo de 45 a 50 pesos cada uno: precio superior al que se da en los Estados-Unidos en trabajos semejantes; y casi todas sus provisiones fueron enviadas de los Estados-Unidos mismos».—«Las enfermedades», dice el ingeniero en jefe, «aunque no en la exagerada proporción que se ha calculado, han sido, no obstante, un considerable ítem de gastos».

Por lo que hace a esto, nada hay que agregar a lo que antes se ha dicho respecto a la línea de Honduras.—No hay duda que para la sección del norte se encontrarán todos los trabajadores necesarios de los cortadores de maderas de la costa.—Fundadamente debe creerse que los propietarios mismos de los trabajos se comprometerían en la obra, pues que sería de la mayor utilidad para ellos para transportar sus maderas, materiales, ganado, etc., etc.—Y por lo que toca a las otras secciones del camino, habría gran cantidad de operarios del populoso estado del Salvador y de Honduras mismo.—Respecto al clima, no puede ser más favorable para introducir la cantidad de extranjeros que se quiera.

V. Del informe indicado aparece que la causa principal que retardó la apertura del camino por un período de 18 meses, «fueron las continuas lluvias» de 1853–54.—Estando bajo una zona de constante precipitación, de una estación seca puramente nominal, no hay duda que esto es lo que ocasionó los mayores gastos, el retraso y la pérdida de tantas vidas.—Honduras ofrece un contraste absolutamente favorable.

Además, Honduras puede suministrar una gran cantidad de bueyes para tirar madera, y la que se quiera de ganado para el consumo, a precios más baratos que en ninguna parte del mundo, a excepción de Buenos Aires, quizá.—Habiendo en toda la línea o sus inmediaciones una población de más de 100,000 habitantes, en un país que produce ilimitadamente el maíz, plátanos, yucas y todos los vegetales de los trópicos, se obtendrá toda la demanda de provisiones que sea necesaria.

En vista de estas consideraciones, como de la de que aun en la llamada estación de aguas el trabajo no puede suspenderse, no tengo embarazo en decir que el costo del camino de hierro de Honduras será menos de la mitad del de Panamá por milla; y, consiguientemente, todo el costo del camino con sus dependencias no pasará de 7,000,000 de pesos.

Respecto a la economía del trabajo, ninguna comparación puede haber, en atención al gran costo que ha habido en hacer y reparar el camino en un clima y en un país tan destituido de recursos como el de Panamá.

El que se ha calculado para el de Tehuantepec, excluyendo el indefinible gasto para abrir un canal y construir un puerto en la bahía Ventosa, como también la excavación de la barra del Coatzacoalcos, es el siguiente:

Esclusivo de dependencias: 6,729,000 pesos

Dependencias, etc.: 1,118,000

Costo total: 7,837,000 pesos

Muelles de sesenta pies de largo, tanto en Puerto Caballos como en la bahía de Fonseca, podrían hacerse para entrar vapores de la mayor capacidad con toda seguridad al lado de los depósitos mismos del camino de Honduras.—Por otra parte, el costo de abrir la boca del río Coatzacoalcos y de construir un puerto artificial en la bahía

Ventosa, si fuese posible el proyecto de Tehuantepec, y el de formar un término en una isla pantanosa, construyendo otro puerto artificial en Panamá, son enteramente obvios en Honduras, por la existencia de sus dos excepcionales puertos en una y otra extremidad.

Ahora vamos a las rentas del camino que probablemente daría el de Honduras, el que, como se ha dicho y se verá, economizaría de cinco a ocho días de tiempo.—Esta sola circunstancia atraería por él toda la mayor parte de viajeros entre los dos mares.—Pero si a ella agregamos la facilidad del tránsito comparada con los cambios y trasbordos de la línea de Nicaragua, y el embarque y desembarque que se hace en la de Panamá (donde los buques en el Pacífico fondean a algunas millas de la playa, y adonde los pasajeros y cargamentos tienen que ir en botes), las ventajas son mucho mayores.—Y si a todo se añade la salubridad del clima, libre de «las fiebres de Chagres» y de «las calenturas de San Juan», la superioridad de la línea de Honduras no puede ser más manifiesta, y garantiza la aserción de que atraería la mayor parte de viajeros entre los dos mares.—Las malas tomarían esa expedita ruta; y una gran cantidad de cargamentos de los que ahora se expiden por Nicaragua y Panamá, con los inconvenientes que he indicado, la seguirían igualmente.—¡Quince centavos por libra o 300 pesos por tonelada es el precio presente por el transporte de bultos en el istmo de Nicaragua!

Las rentas, pues, que tendría el camino propuesto serían de malas, pasajeros, expresos y otros cargamentos, incluyendo el oro y la plata.

Hay otra consideración todavía acerca del referido camino de Honduras, y es que el país mismo tiene inmensas fuentes de riqueza, tanto minerales como agrícolas, que construyendo el camino se explotarían y contribuirían a darle más utilidad.—No es aventurado decir que un país tan favorecido en ese respecto a terreno y clima, una vez abierto el camino, atraería una emigración extraordinaria para toda clase de empresas, que proporcionaría considerables utilidades.—Pero dejando estas consideraciones eventuales, y contrayéndonos al constante comercio entre los dos mares, no hay duda que las rentas de este camino serían superiores a las de ninguno de los conocidos hasta ahora.

Los autores del informe del istmo de Tehuantepec calculan que el número de pasajeros que hubo en los cuatro años anteriores a 1852 entre los estados del Atlántico de los Estados Unidos y California fue de 442,942, de los cuales 244,522 fueron por Panamá y Nicaragua. Asimismo calculan que la suma de cargamentos que se han llevado por los istmos, en el mismo período, fue de 47,000 toneladas, el montante en oro de 138,620,000 pesos, y el término medio de peso de las malas 9,000 libras.—Además de los pasajeros indicados, 44,024 fueron por el Cabo de Hornos.

Excluyendo el año de 1848, aparece que en los tres restantes la emigración anual entre los estados del Atlántico y California fue de 144,350.—De estos, 80,190 fueron anualmente por mar.

Puede alegarse que estos guarismos son de los años en que la emigración a California estaba en su mayor auge, y que al presente han bajado.—No es así.—El número de pasajeros entre los estados del Atlántico y California en 1854 es bien sabido que disminuyó por la general depresión financiera durante los últimos seis meses del mismo año.—Sin embargo, el número de las personas que salieron y llegaron a San Francisco ascendió a 59,000:—en los últimos seis meses hubo 9,000 menos que en los primeros.—En otras palabras, si hubiera sido sostenida la emigración en todo el año, como a principios de él, el número hubiera sido de 70,000 personas, sin contar con las que salieron y llegaron por tierra.

Estos datos respecto al número de partidas y llegadas son tomados de una tabla publicada recientemente por los periódicos de California.—En los estados de la aduana de New-York encontramos las siguientes:

Salidas de New-York a California, y llegadas a New-York de California por vapores hasta el fin del año.—Marzo 16, 1855.

Salidas por Nicaragua en vapores: 13,373
Panamá: 11,746
Independientes: 4,172
Llegadas por Nicaragua en vapores: 11,195
Panamá: 8,025
Independientes: 3,345
Total: 51,851

Esto es sin contar los pasajeros por la Sur-América y los puertos del Pacífico.—Tales cifras son concluyentes sobre un punto de mucha importancia para el cálculo de las rentas del camino de Honduras; a saber: que los pasajeros tomarán siempre la ruta más corta y expedita entre los puntos dados.—La de Nicaragua es casi dos días menos que la de Panamá, y esta circunstancia le ha dado una mayoría de pasajeros, no obstante que sus vapores son inferiores en comodidades, a pesar de los miserables botes del río de San Juan, así como de los cuatro o seis trasbordos que hay que hacer según la estación.—En la seca, cuando el agua del río es baja, además de los cambios de San Juan del Norte y San Juan del Sur, hay otros en las corrientes de Machuca, en las de Castillo, en las del Toro y en la bahía de la Virgen.

Los productos del camino por las mercancías aumentarían cada año considerablemente.—En verdad no hay paralelo entre la actividad de nuestro comercio con el que se ha desarrollado por el Pacífico.—El número de tonelajes que han salido de los Estados Unidos para las islas Sandwich, China, Indias orientales y el Océano Pacífico generalmente, exclusivo California y el Oregón, por tres años de 1850 a 1854, es el siguiente:

Años	Americanos	Extranjeros	Total
1850	93,588 ton.	11,640 ton.	106,228
1851	114,330	28,880	143,210
1852	198,210	91,640	289,850

Aumento en dos años: 173,522, o cerca de 140 por ciento.

Pero sin necesidad de otras observaciones, hay datos positivos para estimar los productos del propuesto camino, deducidos de la experiencia de una sola sección del de Panamá.—En el informe de los directores de la compañía, a la legislatura de New-York, encontramos:

Productos.—Los de febrero de 1854, siendo en la mayor parte del tiempo de 23 millas	771,526,41 pesos
De febrero a 31 de octubre de 1854, en cuyo período se abrieron 34 millas	416,000,00
Productos en general	1,187,526,41 pesos

Gastos comunes	324,720,95
Crédito a la Nueva Granada	13,090,28
Transporte de malas	217,632,63
Proporción de malas de la Nueva Granada	3,470,68
Total de gastos	588,914,54
Productos netos	**628,611,87**

Fuera de los cuales y de los de noviembre y diciembre se han pagado los dividendos de la manera siguiente:

Julio, 1853, 5 p. 100 sobre	2,194,064,10	pesos 109,703,10 pesos
Enero, 1854, 3 1/2 p. 100 sobre	2,716,372,00	95,080,02
Julio, 1854, 3 1/2 p. 100 sobre	2,832,000,00	99,120,00
Enero, 1855, 3 1/2 p. 100 sobre	2,875,000,00	100,625,00
Total	**404,928,12 pesos,**	

además de pagar el interés de los bonos.»

Es decir, que en 31 millas de camino, y llevando ménos de la mitad de pasajeros, el camino ha dado á razon de 52,000 pesos por mes, igual á 624,000 pesos por año.

Si esta ruta tuviese un monopolio de tránsito como el que probablemente tendría la de Honduras, sus productos serían de 4,250,000 pesos por año en 31 millas de camino, igual á 25 p. 100 sobre el costo de él.—Este ha sido ménos que la mitad del producto general, y teniendo la misma proporcion en lo futuro, la utilidad neta que dejará el camino será de un 45 p. 100 sobre el capital.

Ahora bien, disminuyendo el costo del de Honduras, en razon de la abundancia y baratez de recursos de toda especie, siguiendo las mismas bases, incuestionablemente daría un interés anual sobre su costo de 2,000,000 de pesos, no ménos que de 48 p. 100.

En otros términos, yo calculo que los productos del camino de Honduras no serían ménos que 1,750,000 pesos por año; y con el natural aumento del comercio y de pasajeros que habría, cuando el camino estuviese en toda su perfeccion, llegaría á 2,000,000 de pesos.

Hay aun otra consideracion que, aunque toca de una manera directa los productos del camino, no debe desatenderse: es la de la utilidad pública.—Es demostrado que por la referida vía habría una economía de tiempo de los estados del Atlántico á California, no ménos que de siete días en término medio.—En consecuencia resultaría:

I. Que sobre las bases de 70,000 pasajeros por año, habría una economía de 490,000 días al público.—A dos pesos por día, á una baja evaluacion de tiempo en los Estados-Unidos, sería igual á 4,000,000 de pesos.

II. La economía en cuanto á interés, seguridad, etc., de metales preciosos en el tránsito.

III. La economía de siete días en la trasmision de la mala; y la consiguiente facilidad y actividad que tendrían las transacciones de los negocios entre las costas del Atlántico y el Pacífico del continente.

Yo sé perfectamente que muchos de aquellos cuyos intereses se perjudiquen mirarán todos estos cálculos como aserciones infundadas.—Como quiera que sea, el camino de Honduras será tarde ó temprano construido, y no temo de arriesgar mi juicio sobre su práctica ejecucion, á saber:

Que su construccion no costará mas de 7,000,000 de pesos; que sus productos en los cuatro primeros años de su establecimiento no bajarán de 2,000,000 de pesos por año; y que tendrá un término medio de siete días de economía de tiempo, sobre las líneas existentes, en el viaje de New-York á California.

CAPÍTULO XV: SAN SALVADOR

República de San Salvador.—Caractéres geográficos y topográficos.—Producciones, rentas, etc.

La república de San Salvador está sobre el Océano Pacífico, entre los paralelos de 13° y 14° 40" lat. N., y los meridianos de 87° y 90° lonj. O.—Tiene una línea de costa de cerca de 160 millas, estendiéndose desde la bahía de Fonseca, hasta el río de Paz, que la divide con la de Guatemala.—Aunque es el mas pequeño de los estados de Centro-América, es relativamente el mas poblado, mas industrioso y de mas comercio.

SAN SALVADOR - CAPITAL, SAN SALVADOR

DEPARTAMENTOS	CAPITALES	POBLACIÓN
San Miguel	San Miguel	80,000
San Vicente	San Vicente	56,000
La Paz	Zacatecoluca	28,000
Cuscatlán	Suchitoto	75,000
Sonsonate	Santa Ana	75,000
San Salvador	San Salvador	80,000
	Total	**390,000**

El área de este estado es aproximativamente de 9,600 millas cuadradas, ó 4,066 leguas cuadradas, casi igual á la de Vermont, y algo mayor que la de New Hampshire.

Los caractéres topográficos de San Salvador son bastante notables.—La costa forma en la mayor parte una banda de tierras ricas y aluviales, variando en ancho de 40 á 20 millas.—Detrás de esta, y presentando una faz precipitada ácia la mar, se eleva tanto que bien puede llamarse una línea-costa de montañas, ó mejor dicho, un ancho plateau con una elevacion media como de 2,000 piés, variado con numerosos y altos picos volcánicos.

Entre esta línea y la primitiva cadena de cordillera está un ancho valle que varía de 20 á 30 millas de ancho y como 400 de largo.—El plateau de la costa se aplana generalmente en este valle, que es bañado por el río Lempa y extraordinario en fertilidad y hermosura, sin comparacion en ninguna estension igual bajo los trópicos.—Sus límites septentrionales están en los flancos de las montañas de Honduras, que se elevan á una altura de 6 á 8,000 piés.—Al sur del Lempa el país se lleva por el inmediato y propio valle del río, primero por un terrazo de una faz bastante precipitada, y despues por un gradual declive á la cima del plateau.—Estos rasgos están ya ampliamente demostrados en las secciones físicas.

Hay otro bajo considerable de gran belleza y fertilidad, formado por el sistema de pequeños ríos que nacen en la parte occidental del estado, al rededor del pié del volcán de Santa Ana, y caen á la mar cerca de Sonsonate.—Forma un triángulo, teniendo su base en la mar, y su ápice definido por el volcán.—Otro bajo, y aun mayor todavía, es el del río de San Miguel, en direccion trasversal al del río Lempa en la division oriental del estado, y separado solamente por montañas independientes de la bahía de Fonseca.

El sistema de montañas de San Salvador, si sus separados grupos volcánicos pueden llamarse sistema, es particular é interesante.—No ménos que once grandes volcanes erizan á lo largo la cresta del plateau que acabo de describir, interponiéndose entre el valle del Lempa y la mar.—Forman casi una línea recta de noroeste á sudeste, coincidiendo exactamente con la gran línea de volcanes en accion, que se define claramente de México al Perú.—Comenzando al lado de Guatemala, continúan en el órden siguiente: Apaneca, Santa Ana, Izalco, San Salvador, San Vicente, Usulután, Tecapa, Zacatecoluca, Chinameca, San Miguel y Conchagua.—Hay otros muchos de ménos nota, ademas de numerosos cráteres que algunas veces se llenan de agua, y varios respiraderos volcánicos que llaman «infiernillos».—En la bahía de Fonseca la série es representada por el pico volcánico de la isla del Tigre, y se resume en la playa opuesta por el memorable Cosigüina, que le suceden El Viejo, Telica, Momotombo, y otros volcanes de Nicaragua.

El río Lempa, considerado bajo todos puntos de vista, es el rasgo natural mas importante del Salvador.—En cuanto á capacidad es igual al Motagua en Guatemala, y al Ulúa en Honduras.—En una considerable parte de su curso es navegable, y está destinado á hacer el desarrollo de las fuentes de riqueza del estado.—Nace en los confines de Guatemala, al pié del alto pico (algunas veces llamado volcán) del Chingo, y corre en direccion sudeste por el gran bajo que acabo de describir en una distancia de mas de 400 millas, en donde súbitamente cambia al sur, y, rompiendo la línea de la costa, continúa su curso á una distancia de 50 millas hasta la mar.—Su boca, segun el conde de Güeydon (que visitó la costa, siendo comandante del bergantín de guerra «Jénio», en 1847), está á 13° 42' 30" lat. N., y á 90° 4' long. O. de París, equivalente á 88° 44' O. de Greenwich.

El Lempa recibe varios tributarios considerables del norte, cuyos principales son el Sumpúl, Guarajambala y Torola.—El primero nace tambien en los confines de Guatemala, cerca de Esquipulas, y corre casi paralelo con el Lempa por mas de noventa millas ántes de juntarse con él.—En todo su curso forma los límites entre Honduras y San Salvador.—Corre, en su mayor parte, entre altas montañas en un estrecho valle, que apénas presenta unos pocos terrenos para agricultura.—El Torola es mucho mas pequeño: nace en las montañas de San Juan, en Honduras, y corre al sudoeste hasta el Lempa.—En la mayor parte de su curso, como el Sumpúl, divide los dos estados referidos.—Recoje sus aguas en una seccion del estado, notable por sus ricos minerales.—Los tributarios del Lempa en el sur son, ademas de la laguna de Güija, el Quesalapa, que nace cerca de la ciudad de San Salvador, el Titiguapa y el Acaguapa, que nace cerca de San Vicente, todos, comparativamente, pequeños.

Yo atravesé el Lempa en dos puntos: el primero á mas de 400 millas de su boca, cerca de Suchitoto; y el segundo como á 30 millas de la boca, en el camino real entre San Miguel y San Vicente.—Cuando lo pasé por Suchitoto fué á últimos de julio de 1853, en medio de la estacion de lluvias.—En ese punto el río tiene como 400 varas de ancho, es profundo y tan rápido que las mulas nadaban con dificultad.—Las márjenes, aunque de una altura moderada, son rara vez inundadas, y por varias señales de las playas, calculé que lo mas que suben las aguas en sus avenidas son de 15 á 18 piés.

En el segundo lugar, llamado «La Barca», donde lo pasé el 1.° de setiembre de 1853, es un magnífico río, de mas de 200 varas de ancho, de gran profundidad y de una corriente extraordinaria.—El terreno en ambos lados es planizo, pero elevado como de 15 á 20 piés sobre el agua.—Las casas inmediatas al paso estarán como á veintiun piés sobre el agua, teniendo probablemente cinco sobre su estado ordinario.—Sin embargo, en el gran temporal de octubre de 1852, el agua subió hasta seis y ocho varas españolas en las casas, igual á 28 piés sobre la altura marcada en la época de mi visita, ó no ménos que 35 piés de la ordinaria.—Todas las inmediaciones fueron inundadas, y las gentes escaparon en canoas, estendiéndose la inundacion hasta á mas de seis millas.—Sin embargo, esta ha sido sin ejemplo, resultado de lluvias tan grandes que jamás se habian conocido en el país.

Tres millas arriba de La Barca, fué examinado por órden del gobierno de San Salvador con objeto de hacer un puente suspendido.—El punto elejido fué donde el río se estrecha entre altas márjenes.—El ancho que tiene allí es de 152 varas, y la profundidad, medida de 10 en 40 varas, es, en piés, comenzando en la banda izquierda, la siguiente: 6, 10, 12, 15, 14, 12, 14, 10, 9, 7, 6, 5, 4, 4, 3½, 3, que da un término medio de profundidad de 9 piés en su ordinario estado.—Calculando una corriente de 3½ millas por hora (probablemente mayor), hallamos que el río en este punto y en su mas bajo estado descarga 1,227,450 piés cúbicos de agua por minuto.

De estos datos resulta que, á ménos que no sea ostruido por algunos bajos, el Lempa es navegable por lijeros vapores hasta cerca de cien millas de la boca.—Yo no supe que existiese ningun obstáculo, y, aunque la corriente es fuerte, creo que servirian mui bien vapores como los que constantemente se usan en nuestros ríos occidentales.—Al presente es poco útil por la dificultad, ó imposibilidad, de subirlo en pequeños botes sin el auxilio del vapor.

La boca es ostruida por una mala barra, teniendo solo seis piés de agua; pero el estero de Jaltepeque se aproxima casi una legua al río, y en efecto se une á él abriendo un canal natural.—El terreno entre el río y el estero es bajo y pueden ser permanentemente comunicados por otro canal artificial, ó profundizando el que existe.—La bahía de Jiquilisco (Espíritu Santo) tiene considerables esteros á corta distancia del Lempa, sino unidos á él.—Tanto el Espíritu Santo, cuyo nombre se le dió en 1846, como Puerto del Triunfo y La Concordia, tienen una competente capacidad para el comercio.—Hablando Güeydon respecto del primero, dice que en todo tiempo pueden pasar la barra buques mercantes, pues en la mas baja maréa nunca tiene ménos de 12 piés de agua, y que en la alta es de 22 piés.

El río Paz (Paza ó Pazaca), que separa al Salvador de Guatemala, y el San Miguel, son los únicos restantes de considerable capacidad en el Salvador.—El último baña un gran plano geográfico, bastante fértil, pero en la mayor parte bajo é insalubre.—Así como el Jiboa, el Comalapa, y porcion de pequeños ríos mas que corren al Pacífico de la línea-costa ó plateau, todos forman especies de esteros en las partes bajas inmediatas á la mar, y son navegables por botes ó canoas.

San Salvador tiene dos considerables lagos:—uno en la parte noroeste del estado, llamado Güija ó Güijar; y otro casi en el verdadero centro del estado, llamado Ilopango ó Cojutepeque.—El primero se dice que es de 15 millas de largo y 6 de ancho.—Recibe varios ríos y descarga en el Lempa, del cual se mira como la principal fuente.—Abunda en pescado de buena calidad.—Hay una grande isla en este lago, que, segun Juarros, son ruinas antiguas, llamadas por los nativos Zacualpa; es decir, «Pueblo Viejo».—El lago de Ilopango es como de 12 millas de largo y quizá de cinco de ancho, y evidentemente se conoce su oríjen volcánico.—Parece haber sido un antiguo cráter y está rodeado de altas y precipitadas colinas llenas de escoria y piedras volcánicas.—No recibe ningun río tributario, aunque tiene un pequeño desagüe que corre en una profunda quebrada al río Jiboa, cerca de la base del volcán de San Vicente.—La superficie del agua está á 4,200 piés mas baja que el nivel general del rededor, que, como se verá despues, es todo volcánico.

Además de estos lagos hay otros comparativamente pequeños en estension, que son cráteres ó sumersiones de la tierra en algunas convulsiones volcánicas.—Casi no tienen ninguna boca, y el agua que contienen es jeneralmente impregnada de sustancias salitrosas, al grado de hacerlas inútiles para ningun uso.

Los puertos principales de San Salvador son La Union, en la bahía de Fonseca, La Libertad y Acajutla.—Sin embargo, los dos últimos son poco protejidos y puede mirárseles solo como una rada.—Derivan su importancia de su proximidad á las ciudades de San Salvador y Sonsonate.—Sucede muchas veces que por algunos dias los buques que fondean en Acajutla no pueden comunicar con la playa; en verdad el desembarque es en todos tiempos difícil y algunas veces peligroso.—No obstante, este fué el puerto señalado para los galeones en tiempo de la corona, y existen aun grandes bodegas y almacenes hechos en aquella época.—Al presente se hacen esfuerzos por llevar el comercio al nuevo puerto de La Concordia, para abrir un camino que comunique directamente con la ciudad de San Vicente.

La Union, aunque situado á la estremidad del estado, será siempre el primero, y aumentará su importancia con el desarrollo de las fuentes de riqueza de la bahía de Fonseca.—Aunque constituido en un período reciente comparativamente, es el que recibe al presente la mayor parte de las importaciones del estado.—No obstante su situacion á sotavento del volcán de Conchagua, que le priva del favor de las brisas de la mar, es perniciosa para la salud, y le da una temperatura mas alta que ninguna otra parte de la bahía.—Esta circunstancia ha promovido la cuestion de trasladarlo á otro punto mas cerca á la entrada de la bahía, llamado Chiquirin, donde las brisas llegan bien, y cuya profundidad es suficiente para toda clase de buques que pueden llegar hasta la playa.—Hasta que se efectúe este cambio, la tendencia jeneral de las cosas será á concentrar el comercio al puerto franco de Amapala, en la isla del Tigre.—La poblacion de La Union puede estimarse en 2,000 habitantes, sin contar los del dependiente pueblo de Conchagua, situado como á una legua de distancia en el flanco del volcán del mismo nombre.

San Salvador, por la conformacion de su superficie y por la naturaleza de su suelo, está llamado á ser un estado agricultor.—El bajo del rio de San Miguel, el de Sonsonate, y el propio valle del Lempa, así como los aluviones limítrofes al Pacífico, son de extraordinaria fertilidad y eminentemente adaptables para todas las producciones de los trópicos.—Al rededor de la bahía de Jiquilisco y del puerto de La Libertad, se ha cultivado el algodon con el mejor suceso; pero despues los principales artículos del país han sido, y son en órden á su importancia, el índigo, azúcar y maiz.—El índigo es el primero de esportacion, y el que forma su mayor riqueza.—Sin embargo, por la baja de precio que ha sufrido desde 1830, ha disminuido considerablemente su cultivo.—En otro tiempo ascendia á 42,000 zurrones la cantidad que se cultivaba, conteniendo cada uno 450 libras y llegando su valor á 3,000,000 de pesos.

Segun observa M. Baily, puede formarse una idea de la estension de terreno que se cubre con la planta, por el hecho de que se necesitan trescientas libras de ella para producir una de índigo.—Es producido de una trienal planta indígena, conocida por los indios con el nombre de «Jiquilite» (Indigofera disperma).—Esta planta viene bien en toda clase de terreno.—Este requiere, comparativamente, ménos preparacion: toda consiste en quemarlo y pulverizarlo lijeramente en la superficie.—La semilla se riega con la mano, cuya operacion se hace en el mes de febrero ó abril, y crece con tanta rapidez que al 4.º de agosto, que es la época de cortarla, ha llegado á 5 ó 6 piés.—«En las tierras nuevamente cultivadas, dice Baily, el producto del primer año es moderado, aunque de buena calidad.—La fuerza del corte es en el segundo.—El producto de aquel se llama tinta nueva, y el de este tinta de retoño.—Los cultivadores esperimentados fácilmente mezclan porciones de cada estacion sin que se perciba.—Despues del corte, las raíces permanecen sin ninguna señal de vejetacion hasta á principios del año siguiente, que vejeta nuevamente.—Como el retoño es mas avanzado, se corta primero que la tinta nueva, la cual rara vez está en buen sazon ántes de setiembre.—La fabricacion del índigo es diaria hasta que se concluye la cosecha, y á fines de octubre, ó á principios de noviembre, comienza á llevarse al mercado.»

La fabricacion indicada no requiere ni mucho gasto, ni tiene gran trabajo; pero debe cortarse prontamente en el período propio, porque pierde en mérito.—Es preciso que los propietarios tengan la cantidad necesaria de operarios, para no sufrir pérdidas.—La dificultad de obtenerlos en épocas convulsivas, en que los trabajadores huyen de las conscripciones militares, ha ocasionado grandes trastornos en esta importante produccion.—No es fácil calcular al presente á cuanto asciende el índigo en el estado; pero segun las estracciones por los puertos, no bajará de 4,000,000 de pesos su valor.

El azúcar es groseramente manufacturado en el Salvador por pequeños trapiches, que se encuentran por todo el estado. —La mayor parte se fabrica en las inmediaciones de Santa Ana. —Es de excelente calidad: los cristales son notablemente gruesos y pesados[28].

El cacao fue antiguamente cultivado en grande extensión en las inmediaciones de San Vicente y Sonsonate; pero al presente es de ningún valor el que se produce. «El café, observa M. Baily, es otro artículo que podría ser de una grande importancia agrícola en San Salvador. —Hay muchas localidades donde viene bien, cerca de Ahuachapán, Santa Ana, San Salvador, Sonsonate y San Vicente. —En los primeros tres puntos crece con lozanía y hay algunas plantaciones que lo producen de muy buena calidad; pero como el consumo interior es escaso, aunque gradualmente va aumentando, no lo miran con el interés debido.»

El tabaco es de buena calidad; pero apenas se cultiva el necesario para el consumo del país, y se produce en varias partes del estado. —El de las inmediaciones de Tepetitán e Istepec es el mejor.

Los caracteres geológicos de San Salvador, como se puede inferir de los físicos ya presentados, indican la existencia de preciosos metales, excepto en aquellas partes del estado directamente dependientes de la primitiva línea de la cordillera, o más bien del sistema de montañas de Honduras. —Las minas del Tabanco, Sociedad y otras en las inmediaciones, hacia el nordeste en el departamento de San Miguel, en los confines de Honduras, han tenido siempre una gran celebridad. —Han sido considerablemente trabajadas, con la mayor utilidad. —A dos leguas de las del Tabanco están las de oro de Capetillas, de una extraordinaria riqueza. —El grupo de minas de plata, conocidas bajo el nombre general del «Tabanco», tienen la plata en combinación con plomo y sulfuro de zinc. —Pueden ser fácilmente trabajadas y dan de 47 a 2,537 onzas por tonelada. —La principal, llamada Santa Rosalía, es la más rica, y produce el máximum que se ha indicado. —Una considerable cantidad de sus metales se remiten directamente a Inglaterra. —En 1830 se intentó trabajarla en una escala superior por una compañía

---

[28] El azúcar y rapadura (cándida) ha tenido un aumento considerable, así como la destilación de aguardiente, en las inmediaciones de Sonsonate, para extraerlas a California.—Los buques encuentran en Acajutla una amplia cantidad de estos artículos, llevados por mulas: el aguardiente va en pequeños galones de 14 ó 15 cascos.» — Baily's Central America, p. 89

inglesa, que envió un gran cuerpo de mineros con tal objeto. —Pero las máquinas que se remitieron fueron tan pesadas, que no se pudieron transportar de la costa, cuyo inconveniente, en unión de otros, desgració completamente la empresa. —No obstante, con la construcción de caminos a propósito y con la competente maquinaria, fácil de introducir según los modernos sistemas, no hay duda que estas minas serían de un gran valor tanto para los propietarios como para el estado. Su proximidad a la bahía de Fonseca es favorable para su completo desarrollo.[29]

«Cerca del pequeño pueblo de Petapa, dice Dunlop, nueve leguas de Santa Ana, hay algunas ricas minas de hierro, que producen un metal más puro y maleable que ninguno del que se importa de Europa.—Las brosas se encuentran casi en la superficie y en abundancia; y en las inmediaciones hay inmensos bosques que suministran la madera necesaria.»—Pero la cantidad de hierro que se elabora no es ni suficiente para el consumo del país, pues no excede de 700 toneladas por año.—¡Se vende a 40 pesos el quintal, o a 200 pesos la tonelada!—Si estas minas fueran trabajadas convenientemente, la empresa obtendría inmensas utilidades.—M. Baily nos asegura que las muestras de este hierro que se mandaron a Inglaterra para examinarlas, resultaron ser de «gran valor para la conversión de buen acero, aproximándose en este respecto al celebrado woolz de la India».

Entre las inexplotables fuentes de riqueza del estado, y que con el tiempo puede llegar a ser la primera, es el carbón de piedra, que hay motivos fundados para creer que existan vastas vetas en el valle del

[29] Cinco leguas al norte de San Miguel hay un gran número de minas de plata.—Entre ellas está la llamada "Carolina", que fue trabajada por un empresario español como treinta años antes.—Comprometió su propiedad en 100,000 pesos, y después de haber organizado los trabajos, en menos de seis meses pagó sus deudas, y aunque murió antes del año, dejó 70,000 pesos en plata y oro del producto de la mina.—Después de su muerte comenzó una disputa por ella, y en este tiempo se llenó de agua, en cuya condición permanece.—Las del Tabanco son las más célebres de todas las de las inmediaciones, y cuando se trabajaron, aunque de una manera muy rústica y sin ninguna clase de maquinaria, produjeron más de 1,000,000 de pesos anualmente.—La principal de ellas dejaba 200,000 pesos al año a sus propietarios. — Dunlop's Travels in Central-America, p. 277.

río Lempa, y en los de algunos de sus principales tributarios, en una región del país de 400 millas de largo y 20 de ancho.—Que había carbón, hacía tiempo que se decía, antes de mi visita en 1853.—Pero las investigaciones que se hicieron bajo mi dirección fueron las que vinieron a resolver la cuestión.—El carbón se encontró en muchos lugares en el valle del río Titiguapa, que corre del oeste al Lempa: es de superior calidad, de propias condiciones geológicas y con indicaciones de ser abundante.—El río es navegable en seis meses del año.—El carbón se halla a dos leguas de su confluencia con el Lempa; e igualmente en el valle del Torola, como a tres leguas de su unión con aquel: también es de buena calidad, con todas las perfectas condiciones geológicas y con apariencia de ser abundante.—Cerca de la ciudad de Ilobasco se dice que existen grandes vetas y que los herreros de los pueblos inmediatos se sirven de él en sus trabajos.

Todo el carbón de San Salvador es de la clase conocida con el nombre de brown coal (carbón bruno o moreno), y es la última formación del llamado pit coal (carbón bituminoso).—En Alemania hay grandes depósitos en Croacia, Moravia, Bohemia, Tirol, Sajonia, Silesia, etc., y es muy notable que todo el que se encuentra en el sur del valle del Misisipi, en México, Centro-América, la Nueva Granada, Chile, etc., es de esta misma clase.—En Mansfeldt, en Alemania, se usa mucho esa especie de carbón para dar consistencia al cobre y para derretir el metal blanco o azul en los hornos de reverbero.—En todas las máquinas de vapor, en los puntos alemanes mencionados, se emplea el mismo carbón.—Puede usarse para la refinación de la plata y plomo, para la calcinación de los metales y en general para todas las operaciones de hornos de reverbero.—Los ensayos hechos para emplear el coke (carbón quemado) en los hornos no han dado buen resultado.—No sé si se ha intentado usar aquel en las locomotoras o máquinas de buques: no es extraño que no se haya hecho, porque no ha habido ninguna oportunidad.

El del valle del río Titiguapa indicado tiene una gravedad específica de 4.57; cenizas 40.5 por ciento.—Es de la peculiar especie de carbón moreno llamada pitch coal, y es rico en betún.

La parte de la costa de San Salvador que se extiende desde Acajutla hasta La Libertad se termina por la llamada «Costa del Bálsamo», cuyo nombre tiene por la circunstancia de que produce el conocido en la medicina con el de «bálsamo del Perú».—Hacia la mar, de la línea volcánica de montañas que he descrito, todo el tránsito es entrecortado por espolones o colinas que salen de ella, aplanándose en la misma mar, y tan espresamente cubiertas de bosques, que es imposible penetrar en ellos a caballo.—Todos están ocupados por indios que, como después se verá, apenas han cambiado de su primitiva condición.—Se sostienen del producto de los árboles de bálsamo y con las tablas de cedro que llevan en sus propios hombros a Sonsonate y a San Salvador.—Su principal riqueza, no obstante, es el bálsamo, que recogen anualmente como 20,000 libras y que venden en las ciudades principales a cuatro reales fuertes, precio medio, la libra.—«Los árboles que dan esta utilidad, según Baily, son numerosos en este lugar privilegiado, y aparentemente limitados; porque en otras partes de la costa, de igual clima, raramente se encuentra uno.—El bálsamo se obtiene haciendo una incisión en el árbol, de la cual sale gradualmente el jugo, que se absorbe en piezas de algodón preparadas con tal objeto.—Cuando estas están empapadas se sustituyen otras, y las primeras se echan en agua hirviendo.—El calor extrae el bálsamo del algodón, y como es de menor gravedad específica que el agua, queda encima, y luego se reúne y se echa en calabazos para venderlo.—La madera del árbol es de un grano compacto, muy fibroso, casi del color del caoba, pero más rojo.—Conserva por mucho tiempo un agradable y fragante olor, y puede pulirse bien.—Sería excelente para escritorios; pero no es fácil conseguirla, porque los árboles no se cortan sino hasta que por viejos se les ha agotado el jugo, o que por algún accidente caen.—Largo tiempo se creyó erróneamente que este bálsamo era producido en la Sur América; porque en las primeras épocas del dominio de los españoles, y por las regulaciones comerciales que existían de los productos de esta costa, se remitía a los negociantes del Callao, y estos lo mandaban a España, por lo cual le dieron el nombre de «bálsamo del Perú».—Son muy pocos los comerciantes que conocen el verdadero lugar del bálsamo.»

Si deseas, puedo seguir corrigiendo el texto completo de forma continua o ayudarte a unificar criterios ortográficos para toda la obra.

Los caractéres volcánicos de San Salvador, como he manifestado, son numerosos y sorprendentes.—Solo dos de los once volcanes del estado están en acción: el de Izalco y el de San Miguel.—Este se eleva perpendicularmente en el llano a la altura de 6,000 piés, en la forma de un cono regular truncado.—Arroja constantemente grandes columnas de humo; pero sus erupciones fueron, según informes, cuando se abrió el cráter en el lado opuesto a la población, del cual salieron torrentes de lava que llegaron a algunas millas.—La última que hizo fué en 1848, pero sin causar ningún mal considerable.—Es imposible concebir un objeto natural más grande que este volcán.—Su base está cubierta de gran verdura, mezclada con el color oscuro de la yerba de los bosques.—Sobre estos varios colores se mezclan otros imperceptiblemente.—Primero viene el de la gran porción de escoria, luego el plateado de las cenizas de la cima, recientemente arrojadas, y sobre todos el humo que flota en gran volúmen, o que se eleva como una pluma hacia el cielo, saliendo eternamente de sus insondables y candentes profundidades.

El volcán de Izalco, sin embargo, puede mirarse como el más interesante del estado.—Este y el de Jorullo, en México, descrito por Humboldt, son a mi juicio los únicos que se han formado en este continente después del descubrimiento.—Comenzó a formarse en el año de 1770 en un campo donde existía una hacienda de ganado, cerca de la gran masa del extinguido volcán de Santa Ana.—A fines del año de 1769, los habitantes de esta hacienda fueron alarmados por un ruido subterráneo y por temblores de tierra, que continuaron aumentando más y más, hasta que el 23 de febrero del año siguiente se abrió la tierra como a una milla de la hacienda, arrojando lava, acompañada de fuego y humo.—Los habitantes huyeron; pero los vaqueros o campistas que visitaban la hacienda diariamente refieren que las llamas y el humo aumentaban gradualmente y que la vasta cantidad de escoria, ceniza y piedras arrojadas iban formando un cono alrededor del cráter.—Esto ha continuado por un largo período; pero hace mucho tiempo que el volcán no echa lava: sin embargo permanece en un estado de constante erupción; por lo que se le llama «el faro de San Salvador».—Su explosión ocurre con regularidad y por intervalos de diez a quince minutos, con un ruido como la descarga de un parque de artillería, acompañado de una columna densa de humo y de una nube de escoria y de piedras que aumenta constantemente el cono, de manera que al presente tiene 2,500 piés de altura.

Los de San Vicente y Tecapa tienen varios respiraderos, que siempre están echando humo y un vapor sulfuroso, a los cuales llaman «infiernillos».—En una palabra, puede decirse con verdad que San Salvador comprende más volcanes y tiene dentro de sus límites más señales volcánicas que ninguna otra parte del mundo en igual estensión.—Por algunos días el viajero hace sus jornadas por capas de escoria, lava y arena volcánica, constituyendo, al contrario de lo que muchas gentes supondrán, un terreno de extraordinaria fertilidad y cubierto de vegetación.

También hay muchos cráteres apagados y al presente llenos de agua, que forman lagos sin ninguna boca, y cuya agua es salada.—Uno de estos, llamado «Joya», está como a cuatro millas al sudoeste de la ciudad de San Salvador.

Cerca de la ciudad de Ahuachapán, en el extremo occidental del estado, hay algunas aguas termales, llamadas ausoles, que echan un vapor blanco de una semifluida masa de lodo y agua en estado de ebullición, que hace continuamente burbujas en la superficie.—Estos ausoles son descritos por Montgomery en su narración de la manera siguiente:—«Hay varios de estos lagos o fuentes que ocupan una grande extensión de terreno.—Los más grandes tienen como 400 varas de circunferencia.—En éste, como en todos los otros, el agua, que es extremadamente turbia y de un color oscuro, está en una fuerte ebullición, haciendo subir burbujas hasta tres y cuatro piés de alto.—El vapor sube en una densa nube blanca y se extiende a una distancia considerable alrededor.—Yo permanecí algún tiempo a la orilla de aquella caldera natural, viendo con asombro su terrible vórtice.—El calor era tan grande en la tierra que no lo soportaba en los piés, aunque tenía un fuerte calzado.—Enterrado un cuchillo en la tierra inmediata, se calentaba tanto que quemaba los dedos.—Nuestros caballos, que, según la costumbre del país, no estaban herrados, manifestaban tal inquietud por el calor del suelo o por la fortaleza del vapor, que fué preciso llevarlos a un punto distante.—En algunos lugares solamente salen unas pequeñas columnas de humo que se filtran de la tierra; pero en otros sale el agua en estado de ebullición, como de una fuente.—Los hervideros de estos lagos han formado en las orillas un depósito de arcilla de toda clase de colores; pero parece que los nativos no se aprovechan de ella para hacer ollas y vasos; y aunque nada sería más fácil que establecer el mejor baño mineral del mundo, jamás ha llamado la atención de nadie sobre el particular».

Pero a pesar de los numerosos caractéres volcánicos, San Salvador ha sufrido menos de los terremotos que Guatemala y Costa-Rica.—La mayor catástrofe que ha experimentado por esta causa es la del año pasado (abril de 1854), en que se perdió su capital por un violento terremoto.—Antes de este acontecimiento, la ciudad de San Salvador, en cuanto a población e importancia, era la tercera de Centro-América, siendo Guatemala, en el estado del mismo nombre, la primera, y León, en el de Nicaragua, la segunda.—Fué fundada en 1528 por Jorge Alvarado, hermano del célebre don Pedro de Alvarado, el segundo de Cortés en la expedición de México, y después el conquistador y gobernador de Guatemala.—Su fundación fué primero en el lugar que hoy llaman Bermuda, como seis leguas al norte de la otra, y se trasladó de él en 1539.—Alvarado le dio el nombre de San Salvador en conmemoración de su decisiva victoria sobre los indios de Cuscatlán, que fue justamente en las fiestas del mismo.

Durante la dominación de España en América, esta ciudad fue la residencia del gobernador e intendente de la provincia de San Salvador, dependiente de la Capitanía General de Guatemala. Después de la independencia fue la capital del Estado, y siempre se distinguió por su adhesión a los principios del partido liberal de Centroamérica.

En la época de la federación de los Estados se le eligió capital de la nueva república, y se formó a su alrededor un distrito, llamado federal, a ejemplo de los Estados Unidos que erigieron el distrito de Columbia. Continuó como residencia de las autoridades federales hasta el año de 1839, que se disolvió la república.

Yo visité esta ciudad en agosto de 1853, y fui agradablemente sorprendido por su belleza, y por la general inteligencia, industria y espíritu de empresa de sus habitantes, superior en todos respectos a todos los pueblos de Centroamérica. Su posición no podía ser más hermosa, colocada en medio de un ancho y elevado plano en la cima del plateau o línea-costas de montañas que intervienen entre el valle del río Lempa y el Pacífico. Tenía una elevación, barométricamente medida, de 2,445 pies sobre el nivel del mar. Por consiguiente, el clima es fresco, comparado con el de los aluviones de la costa, aunque desfavorablemente modificado, en este respecto, por una baja línea de colinas en los términos meridionales del plano, que interceptan las brisas de la mar. Si no fuera por este obstáculo, llegarían a la ciudad, que es a 20 millas solamente del océano. En todo el mes de agosto de 1853, el máximum de la temperatura fue 84° Fahr., el mínimum 70°, y el medio 76°3', que constituye un clima delicioso.

Las colinas que rodean el plano de San Salvador están siempre cubiertas de verdura, porque, siendo el rocío extraordinariamente fuerte, la vegetación es casi la misma en la estación de aguas como en la seca. Cerca de tres millas hacia el oeste de la ciudad está el volcán de San Salvador. El cono que se eleva al extremo norte es (aproximadamente) de ocho mil pies de alto. El verdadero volcán, no obstante, es una vasta masa de una ancha base de irregular circunferencia; su cima es cerrada por cortadas extremidades, y es mucho menos alta que el cono. Este parece haber sido formado por la escoria arrojada fuera del cráter, que se considera como de legua y media de circunferencia y de 1,000 varas o 3,000 pies de profundidad. En el fondo de este cráter hay un considerable lago. Pocas personas han tenido el atrevimiento de entrar en la boca del volcán, y ninguna parece que repetiría su aventura, según los informes que han dado de sus esfuerzos y fatigas. Dos franceses que fueron en un año, o en dos épocas distintas, regresaron exhaustos e incapaces de volver; fueron salvados con gran dificultad por unos soldados de la guarnición.

San Salvador está, o más bien, estuvo, porque su destrucción ha sido completa, sobre un plateau todo formado de escoria, arena volcánica y fragmentos de piedra pómez, encontrándose a la profundidad de algunos centenares de pies capas de la lava, que corrió del volcán antes de su erupción. Los que han visto las capas de escoria que cubren a Pompeya, pueden formar una idea exacta del terreno en que San Salvador fue edificada.

Los canales de los ríos son bajos y profundos en este deleznable material, y forman inmensas quebradas que hacen difícil la entrada a la ciudad, sino es por ciertas cortaduras a uno y otro lado, por pasajes de gradas empedradas y algunas veces amuralladas, para que no se desmoronen. Algunos de estos son tan estrechos que es necesario, al subir o descender, gritar fuertemente para evitar un encuentro; pues hay lugares tan excesivamente cerrados que impiden pasar dos personas montadas, o retroceder. Más de una vez se salvó San Salvador en épocas de guerra por estas naturales fortificaciones, que presentaban al enemigo las mayores dificultades para entrar, y los mejores medios de defensa a los habitantes.

La facilidad con que el terreno descrito se desmorona ha sido causa de varios desastres en San Salvador. En las continuadas lluvias de varios días, llamadas «temporal», que hubo en 1852, no solo los puentecitos que había en un pequeño río, que corre en los suburbios de la ciudad, fueron destruidos, sino que muchas casas desaparecieron. En las calles principales llegaron las excavaciones a la más baja extremidad y fueron tan rápidas, que ningún esfuerzo pudo contenerlas. Una considerable parte de dichas calles quedaron hechas una profunda quebrada, y las casas y jardines inmediatos se precipitaron. Se contuvo un poco el mal con la cesación de las lluvias, formándose después altas murallas como las de una fortificación. Esta empresa se tomó con toda seriedad, y su conclusión, dijo el presidente en un mensaje anual, debía considerarse de la mayor importancia.

San Salvador, como muchas ciudades españolas, contenía una grande área en proporción a su población. Las casas en general eran bajas, no conteniendo más que un piso, con muros muy gruesos expresamente construidos para resistir a los temblores de tierra. Cada una tenía un gran patio sembrado de árboles y flores, y en muchos había fuentecitas. A la circunstancia de estos patios debió el pueblo de San Salvador su salvación en la última catástrofe, como se verá en la relación que adelante se inserta. Eran los mejores medios de seguridad en la destrucción de las casas.

La población de San Salvador se estimaba en el año 1852 en 25,000 habitantes. Incluyendo los pequeños pueblos de los alrededores, que prácticamente eran una parte de ella, tales como Soyapango, San Marcos, Mejicanos, etc., podría contener como 30,000 habitantes. Era la silla del obispado, y tenía una grande y hermosa catedral, así como una magnífica universidad, cuyo edificio no tenía más que un año de concluido. Tenía igualmente un gran colegio seminario, varios hospitales y como ocho o diez iglesias.

También se concluyó en 1852 un extenso cementerio de una bella fachada y con dos capillas independientes. Dos acueductos, de los cuales uno tenía cinco millas de largo, suministraban agua a la población. Era al mismo tiempo una plaza de considerable comercio. Bajo los auspicios del último presidente, el Sr. Dueñas, se comenzó o se hizo, sino todo, al menos en la mayor parte, un camino carretero de la ciudad al puerto de La Libertad, en el Pacífico. En un país donde los mejores caminos apenas pueden diferenciarse de lo que en él llaman camino de ganado, era ciertamente importante el nuevamente construido.

El mercado de San Salvador era bien surtido por los pueblillos de indios de las inmediaciones. En los días festivos, y en las ferias, tal como la que se celebraba en el aniversario de la victoria de Alvarado, la ciudad estaba cubierta de gente, no solo de todo el Estado, sino de varios puntos de Centroamérica, y aun de extranjeros. En estas ferias se cerraban todas las cuentas entre los negociantes, y los contratos, ventas y compras se hacían para el año siguiente; presentando la concurrencia y la bulla un extraordinario contraste con la monotonía y quietud común.

A excepción de la parte central y empedrada de la ciudad, San Salvador tenía un carácter bastante silvestre, estando literalmente rodeada de bosques de árboles frutales. Los rojos techos de las casas, encerrados por cercos de verdes cactus, que sombreaban las ramas de los naranjos o las anchas hojas de los plátanos, casi agobiados con el peso de sus doradas frutas, eran en verdad una pintura muy singular y bella.

Al recordarla, es imposible que un sentimiento de tristeza y de dolor no se apodere del corazón más indiferente, considerando que ese hermoso cuadro es enteramente destruido; que aquella gran plaza es ahora desierta; y que un eterno silencio, no interrumpido ni por el ruido del agua que caía de las fuentes, reina en la desolada, ¡pero en otra época animada y bella ciudad de nuestro San Salvador!

Luego se verá que la terrible obra de devastación fue cumplida en diez segundos solamente. Fortunosamente un movimiento precursor había advertido a los habitantes que tomasen las precauciones debidas, asegurándose en las plazas públicas y en los patios de las casas. Si no hubiera sido esto, la pérdida de personas hubiera llegado a un número más considerable que el que se lamenta.

San Salvador había sufrido ya otras veces grandes terremotos. Se recuerdan los de los años de 1575, 1593, 1625, 1656 y 1798. Otro, que ocurrió en 1839, dispersó la ciudad y aun se pensó en abandonarla. El volcán también ha arrojado arena varias veces, amenazando una general devastación.

Pero ninguno de los terremotos indicados ha podido compararse con el último. Ha inspirado tanto terror al pueblo que no piensa volver al mismo lugar y ha elegido otro para formar la nueva capital. En esto sigue el ejemplo de Guatemala, cuya ciudad fue primero fundada en el punto llamado ahora Antigua, o ciudad Vieja. En 1773 ocurrió un violento terremoto que la arruinó, y en consecuencia de esta desgracia se trasladó al que ocupa. Sin embargo, es dudoso que aquel haya sido tan violento como el que destruyó a San Salvador, y que pueda compararse con el que arruinó a Caracas en 1842, en donde perecieron 10,000 personas. El terremoto de Caracas fue de tres terribles sacudimientos, siendo cada uno de tres segundos.

La siguiente descripción de la ruina de San Salvador es del boletín extraordinario del gobierno del Salvador, de mayo 2, 1854:

«La noche del 16 de abril de 1854 será siempre de triste y amargo recuerdo para los salvadoreños. En esa infausta noche, nuestra hermosa capital quedó hecha un montón de ruinas. Los movimientos de la tierra comenzaron a sentirse desde la madrugada del Viernes Santo, precedidos de un ruido como el de las ruedas de artillería mayor o retumbo semejante al de un trueno a gran distancia. La población se alarmó un poco en consecuencia de este fenómeno, pero no impidió la concurrencia a los templos en las solemnidades del día. El sábado de Gloria parecía que todo había calmado; la confianza renació, y los vecinos de San Salvador se preparaban para la celebración de la Pascua. La noche del sábado fue tranquila, lo mismo que todo el día del domingo. El calor, es verdad, era un poco considerable, pero la atmósfera era calma y serena. Ninguna novedad hubo en las primeras tres horas de la noche; pero a las nueve y media un fuerte temblor de tierra, no precedido de ruidos subterráneos, puso en alarma a la población. Muchas familias dejaron sus habitaciones y se acamparon en las plazas públicas, y otras pasaron la noche en sus respectivos patios. Finalmente, a las once menos diez minutos, sin precedente alguno, la tierra se conmovió con una fuerza tan violenta, que en diez segundos la población vino a plomo. Terrible era el ruido de las iglesias y de las casas que caían, y una nube de polvo sofocaba a los afligidos habitantes, sin encontrarse una gota de agua ni para desalterarse, ni para acudir a la multitud de personas medio asfixiadas, que por dondequiera reclaman auxilios, porque las cañerías y fuentes públicas estaban rotas. La torre del reloj de la catedral llevó en su caída una gran parte de la iglesia; y la de San Francisco hundió el oratorio episcopal y una gran parte del palacio. La iglesia de Santo Domingo se hundió en la caída de sus torres y arruinó el colegio de la Asunción. El nuevo y hermoso edificio de la universidad fue demolido. La mitad de la iglesia de la Merced vino a tierra. Las casas de particulares son muy pocas las que quedaron en pie, pero ninguna habitable. Es notable que solo los antiguos muros quedaron firmes, pues de los nuevos no hay ninguno. Todos los edificios públicos del gobierno y de la ciudad sufrieron la misma destrucción.

»La devastación se efectuó en los primeros diez segundos, como hemos dicho; porque aunque siguieron tremendos temblores precedidos de un ruido que se oía bajo nuestros pies, no causaron ya tanto mal en los pocos muros que el primero había dejado.

»Solemne y terrible era el cuadro que presentaba en aquella noche aciaga una población reunida en las plazas y arrodillada pidiendo al cielo misericordia, y llamando en agonizantes acentos a sus hijos, sus deudos y amigos que suponían sepultados en las ruinas. Un cielo opaco, triste y amenazante; un movimiento ondulatorio tan fuerte y desigual, que causaba un terror indescribible; un olor sulfuroso tan pronunciado e intenso que parecía anunciar la próxima abertura de un cráter, sin ser posible huir porque las calles eran obstruidas con los escombros que habían caído; una nube de polvo casi sofocando la respiración: tal era el espectáculo de aquella desgraciada ciudad en la memorable e infausta noche del 16.

»Preciso era también en aquel conflicto atender a otras necesidades. Cien niños encerrados en el colegio, los cuarteles llenos de soldados y los inválidos del hospital exigían una pronta asistencia. El gobierno no descuidó en aquellos momentos de angustia, y cuando se creía que las tres cuartas partes de la población habrían perecido, se encontró que las víctimas no pasaban de 400 y como 50 estropeados, contándose entre estos el Ilmo. Sr. Obispo, el expresidente Dueñas, un hijo del actual presidente y la señora del secretario de cámara.

»Por fortuna, el terremoto no fue seguido de lluvias, y dio lugar a que se desenterrasen los archivos públicos, así como la mayor parte de los intereses de los particulares y las alhajas de los templos.

»Los movimientos continúan aún, con fuertes estremecimientos; y la población, temiendo un desastre mayor, se apresura a salir, dejando allí con sus lares y los dulces recuerdos de la infancia, sus propiedades, sus animales domésticos y sus raíces; tal vez la única esperanza y el sustento de toda una familia, diciendo con Virgilio: Nos patriae fines et dulcia linquimus arva.»

Las rentas del Salvador provienen de los derechos de introducción y de los estancos de tabaco y aguardiente. Los ingresos de cinco años (comenzando el año fiscal el 4° de octubre y terminando el 30 de septiembre), según los datos de la tesorería, son los siguientes:

Años —	Ingresos —	Egresos
1848–49	397,405 pesos	348,227 pesos
1849–50	353,127	342,453
1850–51	402,619	385,836
1851–52	454,113	415,207
1853–54	600,188	579,460

En el año fiscal de 1851–52, 205,494 pesos fueron los productos de los derechos de importaciones; 440,592 pesos de los estancos de aguardiente, y 40,290 del de tabaco. Los gastos del ejército en el mismo año fueron 69,000 pesos; la deuda pública, 185,747; y la lista civil, 460,360. En el año fiscal de 1853–54 el pago de la deuda interior fue 312,904 pesos. Esta era, en el primero de enero de 1853, de cerca de 350,000. El primero de octubre de 1852, según los informes de la tesorería, ascendían los bonos y vales, y obligaciones del Estado en circulación, a 213,938 pesos. Durante el año fiscal se redimieron 485,747, y se emitieron 144,243.

Los «bonos» son clasificados y recibidos a una evaluación fija, y en ciertas cantidades, en pago de las obligaciones del Estado. Su valor es enteramente arbitrario, aunque determinado por la legislatura a un 10 o 15 p. 100 de su valor legítimo. La mayor parte de la emisión de estos bonos, sino toda, proviene de los empréstitos forzosos que, por causa de las convulsiones políticas, han echado sobre los propietarios, o para indemnizar las propiedades tomadas por el Estado, y probablemente no representan la tercera parte del valor en que se emitieron.

La deuda exterior ascendía en 4° de enero de 1853 a 325,000 pesos, de la cual la mayor parte es la proporción que le correspondió al Salvador por la de la antigua federación. Esta se ha aumentado por reclamos hechos en su mayor parte, sino exclusivamente, por súbditos británicos, como a 400,000 pesos. El interés no pagado de la antigua deuda es probable que se cargue al mismo Estado. Los informes de la tesorería ponen 48,205 pesos como pagados a cuenta de la deuda de individuos particulares extranjeros. En 1850 se pagaron por el mismo respecto 20,200 pesos; y en 1854, 5,800.

Las exportaciones del Salvador en el año de 1854 fueron 7,000 zurrones de índigo, valuados en 700,000 pesos, y el valor de las brozas, bálsamo, cueros, arroz, azúcar, etc., en el mismo año, fue de 500,000 pesos. Total, 1,200,000 pesos. Las importaciones del propio año llegaron a 4,500,000 pesos.

La organización política de San Salvador corresponde generalmente con la de Honduras, con quien siempre ha simpatizado estrechamente. En 1853, bajo la temporaria influencia de un gobierno reaccionario, retiró sus delegados de la asamblea constituyente de Tegucigalpa, reunida con objeto de formar una constitución que estableciera una república federal entre San Salvador, Honduras y Nicaragua. Al mismo tiempo se declaró Estado soberano bajo el título de «República de San Salvador».

En 1850 tuve el honor de firmar un tratado, como agente de los Estados Unidos, con don Agustín Morales, plenipotenciario de San Salvador, que obtuvo las ratificaciones necesarias y ahora está en su vigor. Él asegura a los ciudadanos de los Estados Unidos todos los derechos, privilegios e inmunidades de los ciudadanos de San Salvador en comercio, navegación, minería y respecto a conservar y transferir propiedades en el Estado. Garantiza a los ciudadanos de los Estados Unidos residentes en el país la más completa protección para gozar de libertad religiosa y civil, y, en suma, todos los derechos y privilegios que jamás se han concedido a los hijos de los Estados Unidos en ninguna otra nación. Como una prueba de la simpatía y afecto que este pueblo ha tenido siempre en San Salvador, se puede observar que en 1823, cuando se dudaba la posibilidad de organizar una república federal en Centroamérica, el Estado de San Salvador solemnemente decretó su agregación a los Estados Unidos.

San Salvador, como he dicho, es relativamente el más populoso de los Estados de Centroamérica. Tiene, en proporción, mayor población que muchos de los Estados de la Unión Americana: casi cuatro veces más por milla cuadrada que Maine, y más que Vermont o New Hampshire. Considerando que no tiene ningunas grandes capitales como México o Lima dentro de sus límites, es incuestionablemente más poblado que ninguna otra porción igual de la América Española. Sin embargo, el viajero no recibiría esta impresión viajando por él; porque pocos habitantes permanecen en la porción de pueblecillos que hay en todas direcciones. Los más tienen sus sementeras de una a cinco millas de distancia, a donde se van por la mañana y vuelven en la noche. Esta circunstancia hace bien pintoresca la jornada del viajero, que, en la tarde al llegar a los pueblos, o por la mañana al salir de ellos, encuentra los caminos cubiertos de personas que regresan a sus casas, o van cargadas de los productos de sus huertas o chacras.

Hay pocas tierras baldías en el Estado, y los propietarios no las poseen en gran cantidad. Esta es una circunstancia favorable para la industria, que contrasta altamente con la de los otros Estados; y con un nuevo y más extenso conocimiento que tengo del Estado y su pueblo, puedo repetir lo que antes he dicho; a saber: que respecto a industria, general inteligencia, y todo lo que concierne a buen orden, San Salvador es el primer pueblo de Centroamérica. En ninguna parte de la América española son mejor respetados los derechos del ciudadano, ni mejor entendidos los deberes republicanos; y tal vez, en la futura historia de Centroamérica, la parte más importante en cuanto a inteligencia, actividad, concentración y fuerza pertenecerá a San Salvador.

CAPÍTULO XVI: POBLACIÓN ABORIGEN DE SAN SALVADOR

El investigador de la historia y relaciones de los aborígenes de América frecuentemente es sorprendido encontrando enigmáticos fragmentos de las grandes primitivas familias del continente, completamente separados de las primeras ramas, introducidos en las naciones y difiriendo de aquellas en maneras, idioma, gobierno y religión. Estos erráticos fragmentos, adoptando un término geológico, presentan en algunos ejemplos la más clara evidencia de su origen y relaciones, casi en un mismo idioma, y con una organización civil y social, maneras y costumbres poco o nada modificadas de las de sus lejanos progenitores. De aquí se inferiría que su separación había sido reciente; sin embargo, estas identidades se encuentran en los casos en que las tradiciones no señalan la causa de la diseminación, ni indican la manera en que se verificó.

En la época del descubrimiento se encontró una colonia o fragmento de la primitiva rama que, bajo el nombre de quichés, cachiqueles, tzendales, mayas, etc., ocuparon casi todo lo que ahora es el Estado de Guatemala, Chiapas y Yucatán, establecida en el río Pánuco. Tenían el nombre de huastecas, y de ellos salieron aquellos hombres benéficos que llevaron las artes de civilización y los elementos de una media religión a aquellas regiones donde los acolhuas y aztecas, o nahuales, formaron el célebre imperio de México. Uno de los más distinguidos, que llevaba el nombre hereditario de Quetzacóatl, en dialecto nahual, y Cuculeán en el tzendal, fue el que enseñó las artes a los habitantes de Cholula, y después regresó al lugar primitivo de sus padres, en el valle de Usumasinta, por el camino del istmo de Coatzacoalcos. El período, pues, de la emigración del Pánuco data más allá de la fundación de las principalidades de Anáhuac, y es anterior también a las dinastías de Tezcucan y Azteca.

En Centroamérica, por otra parte, dos considerables fragmentos de la verdadera rama nahual o azteca se encontraron introducidos entre las nativas familias de aquella parte del continente. Uno de estos, como he manifestado en mi obra sobre Nicaragua, ocupaba las principales islas del estrecho istmo que interviene entre el lago y el Pacífico, y probablemente una porción del país hacia el sur del golfo de Nicoya. La extensión que ocupaban era menos de 400 millas de largo y como de 25 de ancho; pero conservaban el mismo idioma e instituciones, y practicaban los mismos ritos religiosos que el pueblo de la propia rama que existía a más de 2,000 millas de distancia, en los plateaux de Anáhuac, del cual fueron separados por numerosas y poderosas naciones, que hablaban diferente idioma y que tenían una organización distinta. En mi referida obra de Nicaragua he indicado el carácter, hábitos y religión de los naturales de aquel país, y he demostrado en qué respecto difiere su idioma del de los nahuales de México. No me propongo volver al mismo asunto, y me limito solo a dar algunos pormenores de otros fragmentos de la rama nahual, situados entre Nicaragua y Guatemala, especialmente en lo que ahora se llama Estado del Salvador, donde sus descendientes conservan aún su original dialecto y muchas de sus primitivas maneras y costumbres.

Su existencia fue afirmada por los cronistas antiguos; pero, como he tenido ocasión de decir tratando de los nahuales de Nicaragua, el hecho no parece haber sido generalmente adoptado por los etnógrafos modernos. En la falta de pruebas directas, como las que se pueden deducir de la comparación de su lengua con la de los nahuales en México, esto no es extraño. Ahora la ciencia de la etnología es tan avanzada que requiere una verificación más exacta de los hechos sobre los cuales marcha, y que no siempre se pueden obtener de las observaciones vagas y frecuentemente oscuras de las antiguas crónicas.

Acerca de los datos necesarios sobre las aserciones de los conquistadores en el respecto indicado, fui bastante favorecido en mi visita a Centroamérica en 1853. Durante esa visita no solo viajé extensamente por Nicaragua y Honduras, que confinan con el Salvador por el sur y el norte, sino que atravesé este último de uno a otro extremo, y visité sucesivamente sus diversos departamentos.

Por regla general, la población aborigen ha sido bastante modificada por tres siglos de contacto con los blancos, y por igual espacio de tiempo subyugada a las leyes de España; sin embargo, hay pueblos, aun en las inmediaciones de la capital, que han conservado y conservan, a un grado sorprendente, sus primitivas costumbres, y cuya sangre aborigen ha tenido la más pequeña, o casi ninguna mezcla. En muchos lugares, no obstante, la lengua nativa ha caído en desuso, y solamente se conservan algunas palabras que han sido adoptadas por los blancos. Pero los nombres originales de las localidades sí los han conservado con la mayor tenacidad, y ofrecen casi una segura guía para definir los territorios en que fueron diseminadas las varias naciones aborígenes.

En las inmediaciones de Sonsonate hay algunos pueblos grandes exclusivamente habitados por indios, que también se sirven de la lengua nacional entre sí. Lo mismo sucede en algunos pueblos al sur del volcán de San Vicente, cuyos habitantes, en el año de 1832, intentaron restablecer su antiguo dominio y exterminar no solo a los blancos, sino a todo el que tuviera sangre europea en las venas.

Pero esta es una porción del Estado de San Salvador donde los aborígenes han permanecido en un casi completo aislamiento, conservando su original dialecto y, en su mayor parte, sus antiguos ritos y costumbres. Este distrito es conocido con el nombre de la «Costa del Bálsamo». Es como de 50 millas de largo y de 20 a 25 de ancho, cayendo entre La Libertad, el puerto de la ciudad de San Salvador, y el camino de Acajutla, cerca de Sonsonate. Es todo ocupado por indios, cuyos hábitos poco han cambiado del período de la conquista. Es transitado solo por caminos de mulas; pero tan estrechos y malos que son inútiles todos los esfuerzos de los extraños para pasarlos. Esta falta de comunicación proviene de la absoluta obstinación de los indios a admitir ninguna parte de blancos ni extranjeros. Yo, no obstante, tuve la fortuna de encontrar entre mis mejores amigos de Centroamérica dos caballeros que son de los principales compradores del «bálsamo del Perú», que se obtiene exclusivamente por medio de estos indios y que forma su único artículo de comercio y su subsistencia. No solo tienen buenas relaciones con ellos, sino una grande influencia, y me pusieron en relación con algunos de los más inteligentes, cuando fueron a la ciudad. Pude de esta manera obtener un vocabulario de su lengua, que es casi idéntica a la antigua nahual o mexicana. Las diferencias que hay están en la comparación que en otra parte se encontrará.

Los pueblos de indios de la Costa del Bálsamo ocupan generalmente el nivel de la cima de la baja línea de montañas que se extiende paralela a la costa, a la distancia de cerca de tres leguas al interior. Sus casas son todas entechadas con zacate o palmas; solamente las iglesias son cubiertas de teja. Los pueblos más grandes no tienen más de 2,000 habitantes. Muy pocos de estos indios saben leer o escribir; pero su considerable mejora la han obtenido desde la época de la independencia.

Las artes mecánicas son poco conocidas y las bellas artes menos. La música es ejercida generalmente; mas solo como un accesorio al culto público. Profesan la religión católica; pero con una clara idea de sus principales dogmas; y sus ceremonias son interpoladas con muchos ritos aborígenes.

Sus necesidades son muy limitadas. Las mujeres visten una tela azul de algodón tejida en San Salvador, pero van desnudas hasta la cintura. Se hacen dos trenzas los cabellos, que terminan en una cinta rosada, y cuando salen se cubren la cabeza con una tira de madapolán. Los hombres llevan pantalón en tela de algodón del país, tejido por ellos mismos en una especie de telar de mano. Este, con un sombrero de palma, como los que se manufacturan para vender en todo el Estado, forman su vestido.

Los matrimonios se celebran como un rito civil y un sacramento religioso, lo mismo que en otras partes del Estado; pero las ceremonias que preceden son diferentes y peculiares. Tan luego como el joven tiene catorce años y la joven doce, los padres arreglan el matrimonio, tal vez sin consultar las inclinaciones de aquellos, y muchas veces contra su voluntad. Cuando los esponsales se han celebrado, el padre del varón toma la joven bajo su cuidado y se obliga a educarla y mantenerla como si fuera su propia hija. El trabajo de los dos jóvenes pertenece a este, y cuando se supone que ya son capaces de vivir por sí, se celebra la boda, y los padres en común les hacen una casa y les dan los medios necesarios para comenzar su nueva vida.

Sin embargo, no es extraño ver entre estos indios una familia de tres generaciones, todos casados y viviendo en una misma casa y a expensas del viejo padre.

Respetan no solo la autoridad paternal y pública, sino también la de la edad en sus reuniones públicas y privadas. Llaman a las personas viejas «Ahuales». Este título y autoridad se concede solamente a personas de más de cuarenta años, que han sido tesoreros de los fondos de sus santos, o que han servido algún cargo público. Pero en estos empleos hay una rigurosa escala.

Sus leyes son ostensiblemente las del Estado; pero en el hecho no las consultan para sus decisiones civiles y criminales. La costumbre y el sentido común forman todo su código de procedimientos. Sus reuniones en los cabildos, o cortes municipales, son en la noche, comenzando a las 7 y terminando a las 10, o después si la materia lo requiere. El cabildo es alumbrado con madera seca, que colocan en un ángulo del edificio. El pueblo reunido, con los sombreros en la mano, presenta la mayor sumisión y deferencia a las autoridades.

En sus votos para presidente, diputados, etc., siguen las indicaciones de los empleados del gobierno, que miran como una orden superior.

La agricultura entre ellos no pasa de cultivar el maíz necesario para el año, y no más. Todo su comercio es el bálsamo, que, aproximadamente, se calcula que sacan 20,000 libras al año, que lo venden a cuatro reales o medio peso fuerte la libra. Podría suponerse que, con este producto anual, tendrían algunas propiedades; pero todo lo gastan en las festividades de sus santos, que se reducen solamente a comilonas y bebederas.

Físicamente estos indios tienen caras más angulares y severas que los de otras familias de Guatemala y Nicaragua. No son tan simétricas en forma; son más taciturnos, tienen un color oscuro y aparentemente menos inteligencia. Las mujeres son mucho más pequeñas que las de otras naciones indígenas, en general feas, y cuando viejas lo son extraordinariamente. En todo el Estado son industriosos; y San Salvador, favorecido generalmente con un fértil y arable suelo, es sin duda el más cultivado así como el más poblado de Centroamérica.

Habiendo indicado la presente condición de los naturales de San Salvador, y el distrito dentro del cual ha conservado la antigua raza su sangre pura y todas sus peculiaridades, me propongo ahora definir la extensión del país que ocupaban en el período de la conquista. Sobre este punto el testimonio de las antiguas crónicas no es bien directo, y aun cuando lo fuera menos, los reconocibles nombres naturales de los lugares, ríos y otros objetos naturales, nos ofrecerían una guía segura en nuestras investigaciones.

Cuando en 1524 Pedro de Alvarado subyugó el reino de los quichés, y recibió la sumisión de los cachiqueles, otra poderosa nación de la misma rama, cuya capital no era muy lejos de donde ahora está la ciudad de Guatemala, supo la existencia de un gran pueblo situado al sudoeste en la costa de la mar del Sur, que se llamaba de los pipiles, con quienes los cachiqueles casi no tenían relaciones, y vivían en un constante estado de guerra. Incitado por los cachiqueles, y más aún por su propia ambición, se determinó a emprender su reducción, con cuyo objeto salió de la capital de Cachiquel con un gran cuerpo de españoles y de indios auxiliares.

De esta expedición Alvarado mismo nos da una reseña en su segunda carta a Cortés, y es fácil seguir la ruta de su ejército por los nombres de los lugares que sucesivamente cayeron en su poder y que, con poca diferencia, existen aún.

Entre los lugares de tribus o naciones que permanecían en un constante estado de guerra, necesariamente debía haber un terreno desolado. Tal fue la banda que atravesó Alvarado dejando la capital del Quiché, que tuvo que pasar en tres días. «Su marcha, dice Juarros, fue muy lenta por razón de que no había comunicación ninguna entre el pueblo de Guatemala y los pipiles, y no se conocía ningún camino.»

A la tercera noche, sin embargo, que era oscura y lluviosa, llegó al pueblo de Escuintepeque, y aunque los más de los habitantes, llenos de terror, huyeron sin lanzar una flecha, los que quedaron hicieron una oposición obstinada. Después de una resistencia de cinco horas fue obligado a quemarles el pueblo y varios puntos. Pero aun esta desesperada medida fue inútil y no encontraba medios de atemorizar al principal cacique; y hasta que les destruyó las plantaciones de maíz y de cacao, no logró inducirlos a que se rindieran. Alvarado permaneció ocho días allí, reduciendo a los pueblos inmediatos, y reuniendo los habitantes que habían huido a los bosques. De aquel punto marchó con sus fuerzas, que se componían de 300 españoles de infantería, 400 caballos y 6,000 guatemaltecos y tlaxcaltecas auxiliares, los últimos parte de los que lo acompañaron a México.

El segundo obstáculo que encontró en su curso fue el río Michatoyal, que va a la mar en dirección a Iztapan, donde Alvarado después construyó los buques para su expedición al Perú, y que ahora es el puerto de Guatemala al Pacífico. Pasó este río con gran dificultad, y después de una azarosa batalla redujo los pueblos de Atiquipaque (llamado Atipar por el mismo Alvarado) y Taxisco (Tasisco); y por último llegó a Guazacapan, que, sostenido por Nextiquipaque, Chiquimula, Guaimaiga y Guanagazapan, hicieron una vigorosa resistencia. Los españoles tomaron al fin la plaza; pero la encontraron desierta. En vano Alvarado permaneció varios días procurando inducirlos a que volvieran a ocupar sus hogares y se sometieran a las autoridades españolas, y tuvo que dejarlos. Voluntariamente ellos se entregaron a las de Guatemala. Juarros refiere, como una circunstancia singular, que los indios de Guazacapan se batían con cascabeles atados a las muñecas.

Marchando el propio Alvarado hacia adelante del río de los Esclavos, se vio rodeado por el gran pueblo de Pazaca, auxiliado de los inmediatos de Sinacantán, Nancinta, Tecuaco y otros más distantes. Los indios sembraron estacas envenenadas en el terreno, que hirieron muchos hombres y caballos, y causaron la muerte de otros en una terrible agonía, después de tres días de fatiga. La batalla de Pazaca fue larga y sangrienta; pero por último quedó a los españoles; sin embargo, «esta victoria, dice Juarros, no decidió enteramente la conquista del distrito; porque, aunque algunos de los pueblos (entre ellos Texutla) se sometieron, otros bastante poderosos conservaron su libertad y gobierno nativo».

Alvarado continuó su marcha y pasó el río Paza (o Pazaca) en el distrito de Izalco, que era, como ahora, bien poblado. Allí encontró de nuevo otra tenaz resistencia, y aun él mismo fue varias veces herido. No obstante, luego tomó a Moquisalco (al presente Mohuisalco, o Nahuisalco), Acatepeque, Acasual (Caxocal), Tlacuscualco y otros pueblos; y por último llegó a la principal capital de los nahuales, llamada Cuscatlán, nombre que también dieron al país.

Después de haber permanecido Alvarado 47 días en aquel punto, y habiendo comenzado la estación de lluvias, regresó a la capital de los cachiqueles, cerca de la cual encontró la antigua ciudad de

Guatemala. Los detalles de la gradual rendición de Cuscatlán a las autoridades españolas no han llegado a nosotros en una forma compilada. Solo sabemos que el pueblo resistió a los españoles con grande intrepidez, y que si estos vencieron fue debido a las armas de fuego y a sus caballos. Sin estos dos elementos, la conquista de América no se hubiera verificado.

El nombre del primer pueblo reducido por Alvarado en esta expedición, llamado Escuintepeque, escrito algunas veces Iscuintepec, es sin duda nahual, probablemente derivado de itscuintli, nombre de una especie de perros indígenas, y tepec, montaña, o altepec, lugar; es decir: «Lugar o Montaña del Perro». Este pueblo, que aún existe, da su nombre al distrito que se halla hacia el oeste del río Michatoyal, y dentro del cual, según Juarros, se hablaba generalmente el dialecto sinca. Puede ser esto cierto, porque los nahuales trasladaban con frecuencia a su propio idioma los nombres dados a territorios o lugares de sus vecinos, o por no poderlos pronunciar, les daban los suyos. Así Atziquinixai (la casa del águila), que era el nombre de la capital del reino de Zutujil, fue llamada Atitlán por los pipiles o nahuales, que significa literalmente lugar de agua, y está situado en la margen de un lago. De la misma manera Quezaltenango fue sustituido del quiché Xelahuh, Zapotitlán de Xetulul, y en Nicaragua, Xolotlán de Nagando. Así que no es improbable que Escuintepeque fuese un nombre dado por los nahuales a un pueblo de los sincas, y conservado por los españoles de su antigua familiaridad con la lengua mexicana.

No es imposible, por otra parte, que los nahuales estuviesen esparcidos a lo largo de la costa, no solo hasta Escuintepeque, sino hasta el río Nagualate. Como quiera que sea, Alvarado expresamente nos informa que después de haber pasado el río Michatoyal fue a Atiepas (Atiquipaque), donde el pueblo hablaba un dialecto diferente del de Escuintepeque. Si este pueblo hablaba el nahual o mexicano, se sigue que los habitantes del distrito o provincia de Guazacapán, que se extendía desde el río Michatoyal hasta el de Paza (o Aguachapa), tenían una lengua diferente. Esta conclusión daría alguna fuerza a la aparente total ausencia de los nombres nahuales en ese distrito. Sin embargo, Herrera nos presenta la verdadera llave de toda la dificultad. «Los nativos —dice— de esta provincia son humildes y hablan la lengua mexicana, aunque tienen otra peculiar de ellos. Cuando eran gentiles observaban los ritos de los chontales de Honduras». De aquí podemos fácilmente inferir que el distrito de Guazacapán fue probablemente ocupado por un pueblo de la misma familia que los chontales de Honduras, subyugado por sus vecinos nahuales y compelido a adoptar su lengua, o que gradualmente la fue aprendiendo y asimilándose a ellos en otros respetos por un largo contacto. Su similitud viene completamente a justificarnos su clasificación bajo la misma designación general.

Después de pasar el río Paza o Pazaca (o Aguachapa) en el distrito de Izalco, toda duda sobre las relaciones de los habitantes desaparece. No la hay de que en la época de la conquista fueron, como ahora, nahuales; y desde ese río hasta las márgenes del Lempa el pueblo fue homogéneo. Que el propio Lempa constituye sus límites hacia el sur, se conoce no solo por la falta de nombres nahuales o mexicanos al este de él en la antigua provincia de Chaparrastique, ahora San Miguel, sino también por el testimonio de Herrera, quien nos informa que el pueblo de Iztepeque, situado al pie del volcán de San Vicente, cerca de la ciudad del mismo nombre, fue el último pueblo de los nahuales en esa dirección. Citaré sus propias palabras: «En este pueblo de Iztepeque comienza el país de los chontales, que hablan distinta lengua, y es un pueblo brutal». También parece que el Lempa formaba los límites del territorio de los nahuales por el norte; y no hay más que uno o dos pueblos que tengan nombres de su dialecto en la margen izquierda del río; y si no se extendieron más en esa dirección, es seguramente porque no se los permitieron las altas y desiertas montañas de la cordillera que va paralela al propio río, y que constituyen los límites sur del distrito de Cerquín, cuyos habitantes fueron ligados, sino por sangre, políticamente, al pueblo de Copán, que era de la familia cachiquel. Lempira, el último de los jefes de Cerquín, hizo su última resistencia a los españoles en las montañas de Piraera, que dominan el valle del río Lempa, el cual fue bautizado con este nombre en conmemoración de aquel.

Se sigue, pues, que los nahuales de San Salvador, en el período de la conquista, estaban diseminados en todo el territorio contenido entre el río Michatoyal (tal vez el río Nagualate) al noroeste, y el Lempa al sudeste; y entre el océano Pacífico por una parte, y las líneas de montañas de la cordillera, sobre el valle del referido Lempa, por otra; es decir, en un territorio de 180 o 200 millas de largo, y poco más o menos de 60 de ancho, abrazando un área de 44,000 millas cuadradas.

Se sigue, pues, que los nahuales de San Salvador, en el período de la conquista, estaban diseminados en todo el territorio contenido entre el río Michatoyat (tal vez el río Nagualate) al noroeste, y el Lempa al sudeste; y entre el océano Pacífico por una parte, y las líneas de montañas de la cordillera, sobre el valle del referido Lempa, por otra; es decir, en un territorio de 480 o 200 millas de largo, y poco más o menos de 60 de ancho, abrazando un área de 44,000 millas cuadradas.

Los cronistas son acordes en representar este distrito «como el mejor poblado en toda la América». Había muchos pueblos grandes, bien construidos y semejantes en todo a los de México. Alvarado, en su carta a Cortés, nos dice que más allá de la ciudad de Cuscatlán, el punto más lejos a donde llegó en su primera expedición, «había grandes ciudades y pueblos construidos de cal y piedra». También añade, por vía de apología por no haber continuado su empresa, que el país era demasiado extenso y poblado para sojuzgarlo antes que entrara la estación de lluvias.

El nombre dado a los nahuales de San Salvador fue Cuscatlán, que, según el cronista Vásquez, significa «tierra de piedras o preseas», que traducido libremente es «tierra de riquezas», nombre que, considerando la gran belleza del país, la fertilidad de su suelo y la frondosidad de la vegetación, fue propio y hermoso. Según la misma autoridad fue también llamado Zacuallitlán. Conforme Juarros, el nombre de pipil se dio al pueblo de Cuscatlán por la circunstancia de «que hablaba un corrompido dialecto de la lengua mexicana, con una pronunciación de niño: pipil significa niño». Ciertamente este nombre no fue bastante conocido, y aun se duda si fue aceptado como una designación general. Puede, en verdad, haber sido usado desdeñosamente por los mexicanos que acompañaron a Alvarado, los cuales afectaban una superioridad sobre sus parientes de Cuscatlán. Molina, en su diccionario, le da al término pipilpipil la significación española de muchachuelo; y a pipillotl la de niñería. El traductor del «código Chimalpopoca», citado por Bourbourg, le da a pipilpipil la acepción de viejito.

El término nahual o naguatl, y su antiguo plural nauahuall, son nombres bajo los cuales se conocían todas las tribus que hablaban el idioma mexicano. Significa en su aplicación un hombre experto que habla bien su propio idioma. En su primitivo sentido la palabra nahualli tiene la significación de secreto, oculto, misterioso, y últimamente vino a designar también a un hombre; y los españoles dieron el nombre de nagualismo a ciertas creencias idolátricas en general. Núñez de la Vega, en sus «Constituciones diocesanas»,

Cuscatl, en lengua mexicana, significa joya o piedra preciosa, y tlan es un término común que significa lugar o localidad,

nos ha dado una relación de los nagualistas de su tiempo, en cuya época el término nagual se usaba para expresar la idea de un demonio o espíritu malo.

La forma de gobierno que existía en el antiguo Cuscatlán parece no haber diferido de la que regía en el pueblo de la misma rama en México. Había una porción de jefes diferentes que ejercían autoridad en un solo pueblo o distrito y sus dependencias; pero todos de la misma sangre, lengua y religión, más o menos ligados políticamente y obrando siempre de consuno. Lo mismo era en México; pero las relaciones no eran tan íntimas que evitasen las ocasionales guerras que sufrían. Cuanto más grande es el poder, más reconcentrado debe estar, y la concentración, sin los medios de una fácil y rápida comunicación, es imposible. La transmisión y ejecución de las órdenes, la colectación de hombres y recursos y los movimientos de las fuerzas, que son requisitos absolutamente indispensables para sostener un grande imperio, no pueden obtenerse sin la ayuda de la navegación, el servicio de caballos u otras bestias de carga y el establecimiento de buenos caminos. Sin tales auxilios, ninguna conquista puede conservarse, ni es posible refrenar a los ambiciosos o descontentos interiores. El imperio de los incas, el único de todos los establecidos en América por los aborígenes, debió su existencia en gran parte a los naturales medios de fácil comunicación entre todos sus puntos, mejorados por un vasto sistema de caminos y puentes, que transitaba un bien organizado cuerpo de mensajería para la conducción de órdenes, etc.

Juarros, citando de segunda mano a Fuentes, habla de una monarquía establecida entre los pipiles poco antes de la conquista; pero por muchas razones se puede tener esto como apócrifo. Ni Alvarado, ni ninguno de los cronistas, con esta sola excepción, refieren que hubiese ninguna alta autoridad en Cuscatlán, más que los capitanes o jefes locales. Si hubiera habido un rey, o un jefe que conservase una general supremacía como la que ejercía Moctezuma en México, el hecho no habría dejado de mencionarse, por la vanagloria misma de los conquistadores, quienes exageraban más, antes que disminuir, el valor e importancia de los jefes que vencían. No hay duda de que hubo jefes que poseían un poder superior sobre los otros, ejerciendo una grande influencia, y quizá una arrogante autoridad; pero, como he dicho, no hay sobre este punto ningunos informes precisos.

Más escasos son los datos que tenemos sobre la religión, maneras y costumbres del pueblo; pues todos los que conocemos son tomados del imperfecto compendio que da Herrera. Podemos, no obstante, asegurar que, en este respecto, corresponden perfectamente con las naciones de México. Parece positivo que tenían un clero organizado, y una clase de personas correspondientes a los guardas de los registros del valle de Anáhuac. El gran sacerdote, dice Herrera, llevaba un largo vestido azul, y una especie de mitra adornada con plumeros de varios colores, portando una forma de báculo en las manos. El que le seguía en dignidad era «un notable doctor en los libros y hechicerías, que explicaba los agüeros». Además de estos había una clase de consejo eclesiástico, compuesto de cuatro personas, que se consultaba en todas las materias concernientes a los ritos de la religión. En caso de muerte del gran sacerdote, se elegía el sucesor dentro de los cuatro del consejo, por suerte.

Adoraban la salida del sol, y «tenían dos ídolos, uno en figura de hombre y otro en la de mujer», a los cuales ofrecían sus sacrificios. Estos se ejecutaban en ciertos períodos particulares, fijados por los calendarios. Dos eran los principales: «al principio del invierno, y al del estío», probablemente en los solsticios del invierno y del estío. Entonces, según Herrera, sacrificaban seres humanos, por lo regular niños ilegítimos de su nación, «de seis a doce años de edad». Las ceremonias eran las mismas que las practicadas en México, y consistían en extraer el corazón de la víctima y sacarle la sangre en los cuatro puntos de compás. Los sacerdotes eran consultados acerca de declarar la guerra, y las victorias eran celebradas con fiestas que duraban quince días, en cada uno de los cuales se sacrificaba un prisionero. Si los sacrificios se hacían a la divinidad mujer, las fiestas duraban solamente cinco días.

Los matrimonios parece que se hacían bajo la dirección de los jefes, y consistían en someter a los contrayentes a lustraciones, tales como lavarlos en un río, y después se llevaban juntos a la casa de la novia, a donde se practicaba la boda, estando presentes a la ceremonia el sacerdote y el cacique. Los niños eran bautizados por los sacerdotes, a quienes se hacían presentes en la ocasión del bautizo. Después la madre llevaba al recién nacido a lavarlo en un río, a cuyas aguas ofrecía copal y cacao, «para que no le causaran ningún mal».

Solamente los parientes lamentaban la muerte de una persona común; pero a la de un cacique o jefe guerrero se ordenaba un duelo general por cuatro días, en cuyo término el sacerdote anunciaba que el alma del difunto estaba con los dioses. El hijo del jefe, o en su defecto el pariente más cercano, sucedía en la autoridad. El rapto era castigado con pena de muerte, y el adulterio, haciendo al ofensor esclavo del marido ofendido, «a menos que no fuese perdonado por el gran sacerdote en razón de distinguidos servicios en la guerra». Tenían cierto grado de relaciones consanguíneas, hasta siete, dentro de las cuales era prohibido el matrimonio, y toda comunicación sexual era castigada con pena de muerte. En toda materia de esta especie había el mayor rigor; «pues, según Herrera, el que cortejaba o manifestaba a una mujer intenciones de casarse era desterrado». La fornicación era castigada con azotes. Los ladrones, conforme Juarros, eran desterrados, y los asesinos los arrojaban de una alta roca.

La aserción de Herrera sobre la práctica de los sacrificios humanos es bien terminante; pero si damos crédito al manuscrito pipil, citado por Fuentes, y después por Juarros, estos sacrificios eran tan repugnantes al pueblo, que la tentativa de Cuanemichin de introducirlos produjo una insurrección general y su deposición y muerte; pero, como he tenido ya ocasión de observar, doy poco valor a esta autoridad, y no dudo de la existencia de los sacrificios como afirma Herrera.

Juarros nos da una relación sobre el origen de los pipiles, que parece tomada de Fuentes, quien, a la vez, la sacó de cierta historia manuscrita de aquel pueblo, escrita por uno de los jefes pipiles. Dice que no habiendo podido Autzol (Ahuitzol), el octavo rey de México (que reinó desde 1486 hasta 1502), sojuzgar a los tzendales, quichés, cachiqueles y demás naciones inmediatas por medio de la fuerza, pensó en conseguirlo por la traición. A este fin mandó un gran número de sus súbditos que se introdujeran en el país disfrazados de comerciantes, para que obraran en combinación con él cuando hiciera su segunda tentativa; cuyo plan falló por su violenta muerte acaecida el año de 1502. Entre tanto los indios que habían entrado al país se «multiplicaron» y se extendieron por todas las provincias de Sonsonate y San Salvador. Como eran de la clase baja del pueblo, y hablaban un dialecto corrompido de la lengua mexicana, con un acento de niño, los llamaron pipiles.

Su rápido progreso alarmó a los cachiqueles y quichés, y pensaron oportunamente en oprimirlos. Pero ellos hicieron una firme resistencia, y reunieron un grande ejército que pusieron bajo las órdenes de algunos jefes para su defensa. Estos jefes gradualmente fueron ejerciendo una suprema autoridad sobre el pueblo; y el cacique principal, llamado Cuaucmichin, intentó introducir los sacrificios humanos. Esta tentativa sublevó al pueblo y lo mató en su rabia. Entonces eligió otro jefe de mediano carácter llamado Jutecotzimit, y redujo todos los otros jefes a la clase de alahuaes, o cabezas de calpules. Sin embargo, Jutecotzimit no carecía de ambición; y deseando perpetuar la soberanía en su propia familia, creó un consejo de ocho miembros, compuesto de sus parientes y adictos, que los constituyó nobles. Estos fueron investidos con alta autoridad, y distinguidos de los demás empleados por unos largos vestidos de colores particulares, cuyo uso era prohibido a las otras clases. Haciendo esto por su propio bien, logró mejorar la condición del pueblo en general, y se hizo tan popular que fue investido él y su familia con el poder supremo, sin oposición ninguna. La sucesión correspondía al hijo mayor, con tal que el consejo indicado lo declarara capaz de administrar los negocios; y si no, el segundo hijo o el pariente más inmediato al difunto era el rey.

Las mujeres eran excluidas de la sucesión, pero no privadas de heredar propiedades. Todos los empleos elevados, civiles y militares, eran las prerrogativas de los nobles, a cuyas dignidades llegaban por gradaciones de empleos inferiores.

Esta tradicionaria relación, en cuanto a lo que toca al origen del tan nombrado pueblo pipil, es pueril y absurda. Tanto Fuentes como Juarros deben haber olvidado que Ahuitzol no ascendió al trono de México el año de 1486, treinta y seis años solamente antes de que Alvarado invadiera a Guatemala. Este encontró el país, desde el río Michatoyat hasta el Lempa, a una distancia de 160 millas, enteramente poblado por los indios de la raza nahual, que tenían una regular organización y poseían grandes y bien construidos pueblos. En la hipótesis de esta tradición, «los comerciantes enviados por el estratégico Ahuitzol debieron no solo desalojar a los primeros ocupantes del país y construir grandes pueblos, sino también aumentar su número a tan increíble extensión, todo en el corto espacio de treinta años; pues que la tradición terminantemente dice que el monarca mexicano no se valió de este recurso sino hasta después de haber fallido su tentativa de reducir por la fuerza a las naciones guatemaltecas».

Las relaciones que existían entre los nahuales o pipiles y sus vecinos los guatemaltecos, según los cronistas, eran las menos cordiales. «El pueblo de Guatemala, dice Fuentes, les tiene un grande odio y jamás se mezcla con ellos».

Sin aventurar ninguna opinión sobre el origen de los nahuales de Nicaragua y San Salvador, puede observarse que la hipótesis de una emigración de Nicaragua y Cuscatlán a Anáhuac es más conforme con las probabilidades y con la tradición, que la de que provengan de los mexicanos del norte. Y es un hecho bastante significante el de que, en el mapa de sus emigraciones presentado por Gemelli, el lugar del origen de los aztecas es designado por el signo de agua (atl en lugar de Aztlan) y un templo piramidal con gradas, cerca del cual hay un árbol de palma. Esta circunstancia no la deja pasar desapercibida el observador Humboldt, quien dice: «Mucho me llamó la atención encontrar una palma cerca de este teocalí. Tales árboles no indican ciertamente una región septentrional». El primitivo país de los naturales debe considerarse al sur de México. Ninguna historia o conocimiento jeroglífico de los mexicanos señala un origen septentrional a las tribus naturales, excepto la relación de Ixtlilxóchitl, que escribió a la expiración de un considerable período después de la conquista, y quien, en esto, siguió solamente a Cortés y a los españoles que le precedieron. Aun Moctezuma, en sus conversaciones con Cortés, afirmó que sus antecesores vinieron de una dirección diferente; pero los españoles, concibiendo que debían haber venido del norte, creyeron al emperador equivocado, ¡como si él no hubiera conocido mejor las tradiciones de su pueblo que ellos mismos!

Acerca de los nahuales de Cuscatlán hay muy poco que manifestar. Según antes he dicho, obtuve un pequeño vocabulario del dialecto que ahora se habla en la Costa del Bálsamo, de uno de los principales hombres del pueblo de Chiltiapán, que está en el mismo distrito. También obtuve unas pocas palabras del gran pueblo de Izalco, cerca de Sonsonate. En los dos adopté la ortografía española, y di a las palabras el sonido tal como pude percibirlo, sin intentar armonizarlo con el de las mexicanas. En la tabla comparativa que adelante se verá, se encontrará que las variaciones de los diccionarios mexicanos son mucho menores que lo serían si diferentes investigadores escribieran las mismas palabras como les sonara de la misma persona. La principal variación es precisamente la que noté en la pronunciación de los nahuales de Nicaragua; a saber: la general omisión o la contracción de la bien conocida terminación mexicana tli. Algunas otras peculiaridades se hallan prefijadas en una nota manuscrita en una copia del diccionario de Molina (1574) que tuve la fortuna de adquirir en la ciudad de San Salvador, y que considero pertenecía al extinguido convento de frailes de San Francisco, que introdujeron la cristiandad en el antiguo Cuscatlán. Esta nota es parcialmente testada; pero los parágrafos que son legibles dicen:

«En esta provincia la l no es pronunciada; así, en tlativez, arrojar, la l se omite, y la palabra es tativez; no hacen… como, por ejemplo, totoæ hace toto, o… La c se confunde con la q y así en cue, dicen que… No encontramos en estas partes ni tla ni tla; así, en tlateum, descender, dicen simplemente teum.»

BIBLIOGRAFÍA

En la introducción geográfica de esta memoria he ofrecido dar la lista cronológica de todos los libros y panfletos relativos a Centroamérica en general, o a parte de ella, que están en mi poder y que he consultado en el curso de mis investigaciones. Es la siguiente:

1. **Cockburn, John**, y cinco ingleses más. *Viaje por tierra desde el golfo de Honduras hasta la gran mar del Sur*. Londres, 1735.
2. **Cook**, teniente. *Viaje de Honduras a Mérida*, etc. Londres, 1769.
3. **Edwards, Bryan**. *Noticia sobre los establecimientos británicos en la costa Mosquito*. En *Historia de las Indias Occidentales*, vol. V. Londres, 1773.
4. *Respuesta al último manifiesto del rey de España respecto a la bahía de Honduras*, etc. Londres, 1779.
5. **Wright, John**, capitán R. N. *Memorias sobre el territorio Mosquito*. Londres, 1808.
6. **Henderson, George**, capitán del regimiento 44. *Relación sobre los establecimientos británicos de Honduras*, conteniendo un informe acerca de su comercio, agricultura, suelo, clima e historia natural; con algunas descripciones de las maneras y costumbres de los indios mosquitos, precedido de un diario de un viaje a la costa Mosquito, e ilustrado con un mapa. Londres, 1811.
7. *Noticia sobre los establecimientos británicos en la costa Mosquito*, sacada de un manuscrito del coronel Hodgson. Edimburgo, 1822.
8. **Strangeways, Tomás**. *Bosquejo de la costa Mosquito, incluyendo el territorio de Poyas*. Edimburgo, 1822.
9. **González Saravia, Miguel**. *Bosquejo político y estadístico de Nicaragua*. Guatemala, 1824.
10. **Laraguino, Dr.** *Diario desde Omoa hasta Guatemala*. *British Net Monthly Magazine*, n.º 60. Diciembre de 1823.
11. **Veith, William**, y **Brysson, George**. *Memorias*. Edimburgo, 1823.

12. **Juarros, Domingo**. *Historia estadística y comercial del reino de Guatemala en la América española*, traducida por John Baily. Londres, 1825.
13. **Pitman, Robert**. *Practicabilidad de unir los océanos Atlántico y Pacífico por un canal marítimo en los istmos de América*. Londres, 1825.
14. **Hale, J.** *Seis meses de residencia y viajes en Centroamérica, por los Estados libres de Nicaragua y particularmente de Costa Rica*. Nueva York, 1828. *(En París se publicó un compendio por Mr. Worden).*
15. **Roberts, Orlando W.** *Relación de los viajes y excursiones a la costa oriental y al interior de Centroamérica*. Edimburgo, 1827.
16. *Anales de Jamaica*, vol. II, cap. XIII. Londres, 1828.
17. **Dunn, Henry**. *Guatemala, o las Provincias Unidas de Centroamérica en 1827–1828*. Nueva York, 1828.
18. **Thompson, G. A.** *Visita oficial a Guatemala e informe al gobierno de S. M. B. sobre los Estados de Centroamérica*, con mapa. Londres, 1829.
19. **Haefkens, J.** *Reis naar Guatemala in 1829. Central América beschouwd uit een geschiedkundig en statistisch oogpunt*. Dordrecht, 1832.
20. **Montúfar, José**. *Memorias para la revolución de Centroamérica*. Jalapa, 1832.
21. **Dumartrey y Rouhaud**. *Revista sobre la república de Centroamérica*. París, 1832.
22. **Phillips, Caleb**. *Sobre la comunicación entre el Atlántico y el Pacífico por el lago de Nicaragua*. *Journal of the Royal Geographical Society of London*, vol. III, pp. 280–375. Londres, 1833.
23. **Galindo, Juan**. *Descripción del río Usumasinta*. *Journal of the Royal Geographical Society*, vol. III. Londres, 1833.
24. **Galindo, Juan**. *Noticia sobre los caribes en Centroamérica*. *Transactions of the Royal Geographical Society of London*, vol. III. Londres, 1833.
25. **Galindo, Juan**. *Relación sobre la explosión del volcán de Cosigüina en Nicaragua, el 17 de enero de*

1835. Transactions of the Royal Geographical Society, vol. V. Londres, 1835.

26. **Galindo, Juan**. *Sobre Centroamérica. Journal of the Royal Geographical Society of London*, vol. VI. Londres, 1836.
27. **Galindo, Juan**. *Las ruinas de Copán. Transactions of the American Antiquarian Society*, vol. II. Estados Unidos, 1835.
28. **Montgomery, G. W.** *Narración de un viaje a Guatemala en Centroamérica*. Nueva York, 1839.
29. *Memoria sobre Guatemala y la colonización del departamento de La Paz*. Bruselas, 1840.
30. **Stephens, John L.** *Incidentes de un viaje a Centroamérica, Chiapas y Yucatán*. Nueva York, 1844.
31. *Centroamérica. Reclamación contra la intervención del coronel Alejandro Macdonald en San Juan del Norte*. León, 1842.
32. *Defensa de los derechos del país en la cuestión promovida por el cónsul de S. M. B.* León, 1843.
33. **Larreinaga, Miguel**. *Memoria sobre el fuego de los volcanes de Centroamérica*. Guatemala, 1843.
34. **Marure, Alejandro**. *Efemérides de los hechos notables de la república de Centroamérica (1821–1842)*. Guatemala, 1844.
35. **Lawrence, George**. *Excursión al lago de Nicaragua sobre el río San Juan. Nautical Magazine*, 1840–1841.
36. **Allen, Bird**, capitán. *Relación sobre la costa oriental de Centroamérica. Journal of the Royal Geographical Society of London*, vol. XI. Londres, 1844.
37. **Escobar, fray Alonso de**. *Noticia sobre la provincia de Vera Paz. Journal of the Royal Geographical Society*, vol. XI. Londres, 1841.
38. **Friedrichsthal, Emanuel**. *Notas sobre el lago de Nicaragua y la provincia de Chontales. Journal of the Royal Geographical Society*, vol. XI. Londres, 1844.
39. **Baily, John**. *Sobre el istmo entre el lago de Granada y el Pacífico. Journal of the Royal Geographical Society*, vol. XIV. Londres, 1844.

40. **Master, Peter**. *Notas sobre el golfo de México, río Tampico y río Tabasco. Journal of the Royal Geographical Society*, vol. XV. Londres, 1845.
41. *Bericht über die Untersuchung einiger Theile des Mosquitolandes*. Berlín, 1845.
42. **Bonaparte, Luis Napoleón**. *Canal de Nicaragua*. Londres, 1846.
43. **Young, Thomas**. *Narración de una residencia en la costa Mosquito*. Londres, 1847.
44. *Documentos sobre el derecho de Nicaragua al territorio Mosquito*. León, 1847.
45. **Dunlop, R. G.** *Viajes a Centroamérica*. Londres, 1847.
46. **Buitrago, Pablo**. *Memoria sobre los derechos territoriales de Nicaragua*. León, 1847.
47. *Documentos sobre la usurpación del puerto de San Juan del Norte*. San Salvador, 1848.
48. **Guerrero, José**. *Manifiesto del supremo gobierno de Nicaragua*. León, 1848.
49. **Byam, George**. *Vida rústica en el interior de Centroamérica*. Londres, 1849.
50. **Molina, Felipe**. *Revista rápida sobre la república de Costa Rica*. París, 1849.
51. **Liot, W. B.**, capitán. *Comunicación entre los océanos Atlántico y Pacífico*. Londres, 1849.
52. **Von Bülow, A.** *Der Freistaat Nicaragua*. Berlín, 1849.
53. **Crowe, Frederick**. *El evangelio en Centroamérica*. Londres, 1850.
54. **Mitchell, R. C.**, comandante. *Relación estadística de la isla de Roatán. United Service Magazine*, 1830.
55. **Baily, John**. *Centroamérica*. Londres, 1850.
56. **Squier, E. G.** *La cuestión Mosquito. American Whig Review*. Nueva York, 1850.
57. **Squier, E. G.** *La gran cuestión del canal interoceánico. American Whig Review*. Nueva York, 1850.
58. **Squier, E. G.** *Los volcanes de Centroamérica*. 1850.
59. *La isla del Tigre en Centroamérica*. Documento oficial n.º 73. 1850.

60. *Extracto de una relación del ingeniero Luis Díaz de Navarro*. 1745.
61. **Van de Culebrock**. *Investigaciones sobre la colonia de Santo Tomás*. Bruselas, 1850.
62. **Cloquet**. *Informe sobre la colonia de Santo Tomás*. Bruselas, 1850.
63. **D'Arlach, H. de T.** *Recuerdos de Centroamérica*. París, 1850.
64. **Oersted, A. S.** *Canal del lago de Nicaragua*. *Journal of the Royal Geographical Society*, vol. XXI. Londres, 1851.
65. **Reichardt, C. F.** *Centroamerika nach gegenwärtigem Zustande*. Braunschweig, 1851.
66. **Molina, Felipe**. *Bosquejo de la república de Costa Rica*. Nueva York, 1851.
67. **Squier, E. G.** *Despachos como encargado de negocios de los Estados Unidos en Centroamérica*. Documento oficial n.º 43. Washington, 1854.
68. **Childs, O. W.** *Informe sobre el reconocimiento de la ruta del canal de Nicaragua*. Nueva York, 1854.
69. **Squier, E. G.** *Centroamérica y el proyecto de Crampton y Webster*. *Democratic Review*. Nueva York, 1852.
70. **Squier, E. G.** *Las islas de la bahía de Honduras*. *Democratic Review*. Nueva York, 1852.
71. *Correspondencia sobre los reclamos británicos en la costa Mosquito*. Documento oficial n.º 27. 1853.
72. **Castellano, Francisco**. *Documentos relativos a la cuestión Mosquito*. San Salvador, 1852.
73. **Squier, E. G.** *Nicaragua: su pueblo, monumentos y el canal*. 2 vols. Nueva York, 1852.
74. **García Peláez, Francisco de Paula**. *Memorias para la historia del antiguo reino de Guatemala*. 3 vols. Guatemala, 1852.
75. *Informe del Senado de los Estados Unidos sobre la colonia de Roatán*. Documento n.º 407. 1853.
76. *Correspondencia entre Mr. Marcy y Mr. Crampton*. Documento oficial n.º 43. 1853.

77. **Hein, Willem**. *Wanderbilder aus Centro-América.* Leipzig, 1853.
78. **FitzRoy, Robert**, capitán. *Consideraciones sobre el istmo de Centroamérica. Journal of the Royal Geographical Society*, vol. XXIII. Londres, 1853.
79. **Reichardt, C. F.** *Nicaragua nach eigener Anschauung im Jahre 1852.* Braunschweig, 1854.
80. **Bard, Samuel A.** *Aventuras en la costa Mosquito.* Nueva York, 1855.

ÍNDICE

www.ingramcontent.com/pod-product-compliance
Lightning Source LLC
Chambersburg PA
CBHW071147130626
46553CB00004B/1559
* 9 7 9 8 8 9 2 6 7 5 5 2 9 *